U0724541

WENMING JIAOLIU HUJIAN SHIYU XIADE
QUANQIU WENMING CHANGYI

文明交流互鉴视域下的
全球文明倡议

李明磊　著

济南出版社

图书在版编目（CIP）数据

文明交流互鉴视域下的全球文明倡议 / 李明磊著．
济南 ：济南出版社，2024. 5. —— ISBN 978-7-5488
-6375-5

Ⅰ. G115

中国国家版本馆 CIP 数据核字第 2024WK4481 号

文明交流互鉴视域下的全球文明倡议
WENMING JIAOLIU HUJIAN SHIYUXIADE QUANQIU WENMING CHANGYI
李明磊　著

出 版 人　谢金岭
责任编辑　张伟卿　梁　浩
封面设计　谭　正

出版发行　济南出版社
地　　址　山东省济南市二环南路 1 号（250002）
总 编 室　0531-86131715
印　　刷　山东新华印务有限公司
版　　次　2024 年 6 月第 1 版
印　　次　2024 年 6 月第 1 次印刷
开　　本　170mm×240mm 16 开
印　　张　14.5
字　　数　215 千字
书　　号　ISBN 978-7-5488-6375-5
定　　价　58.00 元

如有印装质量问题 请与出版社出版部联系调换
电话：0531-86131716

版权所有 盗版必究

目录

导　论

　　文明因多样而交流、因交流而互鉴、因互鉴而发展。中华文明传承数千年而历久弥新，一个重要原因就是善于在文明互动中汲取其他文明的养分，不断创造出新的文明成果和文明形态。2023 年 3 月 15 日，习近平总书记在中国共产党与世界政党高层对话会上，向世界发出了"全球文明倡议"，倡导世界各国要尊重世界文明多样性、弘扬全人类共同价值、重视文明传承和创新、加强国际人文交流合作。这一文明倡议充分体现了中国共产党人的深邃历史眼光、宽广全球视野和强烈使命担当，为加强世界文明的交流交往提供了新的思路和新的视野，成为加强全球文明治理、促进人类文明进步以及推动构建人类命运共同体的行动指南。立足百年未有之大变局、顺应人类历史发展大潮流，在文明交流互鉴的基本框架内多维度广视角透视全球文明倡议，进而深入理解其内涵要义、梳理其生成逻辑、探究其重要意义、查摆其现实挑战、审视其实践要求，这对于加强世界文明交往交流、推动构建人类命运共同体、努力建设中华民族现代文明、繁荣世界文明百花园等具有十分重要的理论价值和现实意义。

第一节　研究背景

　　党的十八大以来，以习近平同志为核心的党中央以人类命运紧密相连的战略视野，科学把握国内外发展大势，提出了一系列具有开创性全局性的新思想新理念新战略。其中，全球文明倡议就是习近平总书记围绕人类命运共同体理念而为推动国际社会文明发展提供的思想公共产品，是继全球发展倡议、全球安全倡议后的第三大全球性倡议。全球文明倡议在遵循国际交往新要求的基础上深刻回答了世界多元文明在当下如何相处、未来走向何处等重大问题，彰显了中国共产党胸怀天下的大党担当，对于推动构建人类命运共同体、推进人类社会现代化理论与实践创新具有重要意义。

一、缘起：从文明交流互鉴视域探究全球文明倡议的背景契机

党的二十大报告指出："深化文明交流互鉴，推动中华文化更好走向世界。"文明交流互鉴是一个全球性话题，它不仅关涉人类文明的发展进步，也关乎世界的和平发展。文明交流互鉴是中国共产党的优良传统。进入新时代，习近平总书记在诸多场合都曾谈及文明交流互鉴的重要性。2014 年 3 月 27 日，习近平主席在联合国教科文组织总部的演讲中谈到，文明因交流而多彩，文明因互鉴而丰富。文明交流互鉴是推动人类文明进步和世界和平发展的重要动力。2018年 6 月 10 日，习近平主席在上合组织青岛峰会上再次强调，不同文明交流互鉴是各国人民的共同愿望。2019 年在亚洲文明对话大会上，习近平主席强调要通过文明交流互鉴来共同创造亚洲文明和世界文明的美好未来。习近平总书记的历次讲话涉及文明交流互鉴的原则、重要性、内容等一系列重要问题，形成了新时代以"平等、互鉴、对话、包容"为核心内容的文明交流互鉴观。在这一理念的指引下，新时代的中国积极创造中外文化交流互鉴的条件，在推动中华文化更好地走向世界的同时，也吸收着外国文明的优秀成果。正是在这一过程中，为了化解"人类社会现代化"面临的共同挑战，解决人类文明进步发展的共同问题，习近平总书记向世界提出了全球文明倡议。

2023 年 3 月，继全球发展倡议和全球安全倡议后，习近平总书记在中国共产党与世界政党高层对话会上紧接着向世界发出了全球文明倡议。这一对话会是中国共产党与世界政党开展交往的重要机制保障，加之笔者的研究兴趣在于国际政治和对外党际交往领域，因此这一对话会尤其是主旨演讲中提出的全球文明倡议引起了笔者的关注。全球文明倡议的提出是落实文明交流互鉴思想的重要实践方案，它的提出是基于什么样的现实动因和时代背景呢？它的提出具

有什么样的世界意义？它将对推动世界不同文明的交流互鉴起到何种作用？全球文明倡议与全球发展倡议以及全球安全倡议之间具有什么样的逻辑关系？这一系列问题引起了笔者的反复思考，并最终确定了这一选题。以"文明交流互鉴视域下的全球文明倡议"为选题是基于强烈的现实基础，尤其是国情和世情的发展变化。只有察清国情、观清世情才能直面挑战、提出应对挑战的方案并最终战胜挑战。

党的二十大报告正式提出了"中国式现代化"这一重要命题，并且大会确定了以中国式现代化全面推进中华民族伟大复兴是中国共产党的中心任务之一。中国式现代化作为一个政治命题，意在凝心聚力、总结经验，指明未来前进和发展的方向；作为一个学术命题，意在深入探讨中国和世界以及中国和现代化之间的关联。中国共产党团结带领全国人民找到了一条实现建设社会主义现代化强国、实现中华民族伟大复兴的正确道路——中国式现代化新道路。中国式现代化的成功推进需要和平稳定的国际环境，同时走和平发展道路也是中国式现代化的重要特征之一。中国式现代化的成功推进对于世界各国尤其是发展中国家踏上现代化具有重要借鉴意义，而中国式现代化的成功经验恰好可以通过"相互尊重、平等对话、传承创新、人文交流合作"的全球文明倡议与世界各国相互交流。

世界各国在求和平、促发展以及探索现代化道路的过程中面临着共同挑战，人类社会的发展面临着"现代化之问"。当今世界百年未有之大变局加速演进，在和平与发展仍旧是时代主题的背景下，世界局部不稳定和不确定等因素较为突出，人类世世代代追求的现代化正处于历史的十字路口。当今世界，绝大部分国家实行的都是政党政治，因此面对"现代化之问"，政党必须进行理性思考和正确回答。正是在作答"现代化之问"这一关涉世界各国发展的问题时，习近平总书记在中国共产党与世界政党高层对话会上提出了"现代化之问"的中国方案，首次向世界各政党提出了全球文明倡议，既强调了政党在各国走上现代化道路中的作用，又为人类文明进步发展指明了方向。面对"现代化之问"，文明交流和民心相通至关重要。

二、探索：理解文明交流互鉴视域下全球文明倡议的价值意义

研究"文明交流互鉴视域下的全球文明倡议"这一选题，有利于我们更好地领悟文明交流互鉴相关理论以及把握全球文明倡议基本要求，同时也将为世界不同文明在当今错综复杂的国际关系中把准前进方向提供有益启示。

本书将在收集和整理相关资料的基础上对文明交流互鉴视域下的全球文明倡议进行多维度诠释和多视角剖析，基于对文明交流互鉴的基本内涵和原则要求等问题的梳理认识，全面把握全球文明倡议提出的时代背景、分析全球文明倡议的理论支撑、全球文明倡议的实践基础、全球文明倡议的内涵要义以及全球文明倡议所彰显出的基本特征、时代价值和实践路径等问题，从而力图做到加深对新时代文明交流互鉴观的理论认识，继承和创新马克思主义文明观的精神内核，弘扬中国共产党文明交流互鉴的优良传统。

全球文明倡议是推动构建人类命运共同体理念中的重要部分，它与全球发展倡议和全球安全倡议一同形成了一个有机整体，在人类命运共同体视域下深入探究三者之间的内在逻辑关系，有利于充分彰显习近平外交思想的重大意义，有利于体现中国共产党人的深邃眼光和宽广的全球视野。

文明交流互鉴是一个双向互动的运动过程，不同国家和民族所形成的文明必然会在意识形态、文化习惯等多方面存在差异甚至争端，这是文明交流过程中所不可避免的。因此，全球文明倡议在提出后所面临的重要问题就是，在厘清当前文明交流互鉴所面临的现实挑战的基础上，提出切实可行的推进落实方案，这也正是本书开展研究时非常关注的一个问题。通过分析当前人类文明交流互鉴时存在的"文明冲突论""文明优越论""文化帝国主义论"等彰显西方中心主义的错误论调，分析其主要表现和产生原因，从而为全球文明倡议的落实落地提供有益借鉴，进一步提出具体推进落实的路径等。因此，研究文明交流互鉴视域下的全球文明倡议具有重要的实践价值，对于推动中华文明在世界

范围内的传播以及中华文明的现代转型将起到重要的推动作用，对于提升中华文明的国际影响力具有重要意义。

第二节 研究动态

全球文明倡议提出后，引起了各国政要和专家学者的关注。从国外学者对全球文明倡议的基本认知上看，全球文明倡议的提出背景、现实动因和世界意义等是国外学者广泛关注的。从国内学者来看，全球文明倡议的理论支撑、时代背景、内涵要义、价值意蕴以及全球三大倡议的内在关联等，是研究的热点和重点问题。

一、国外学者对全球文明倡议的基本认知

2023 年 3 月，习近平总书记在中国共产党与世界政党高层对话会上发表了《携手同行现代化之路》的主旨演讲，分析了政党在实现现代化中所扮演的重要角色，并借此向世界各政党发出了全球文明倡议。全球文明倡议面向世界舞台，它的提出引起了国际社会的高度关注，产生了积极反响。由于提出时间较短，目前国外学者对于全球文明倡议的关注主要集中在对它的评价上。针对全球文明倡议提出的时代背景、现实动因以及世界意义等问题，国外学者展开了广泛讨论，讨论部分主要围绕以下几个方面来展开。一是关于全球文明倡议提出的时代背景，多数学者认为，全球文明倡议的提出正当其时，它是在西方"文明冲突论"甚嚣尘上，地缘政治对抗越发明显的时代背景下提出来的。利卡特是伊斯兰堡战略研究所的研究员，他认为，西方国家推崇的文明冲突论和文明优越论不可避免地会加剧地缘对抗和人类苦难，而全球文明倡议的提出正是对这一现实的积极回应，是全球文明由混乱转为和谐的倡议。美国《外交政策》杂志副主编帕尔默指出，全球文明倡议的提出，是将中华优秀传统文化与党的政策主张的有机融合，全球文明倡议是推进文明交流互鉴的重要倡议。另

有学者认为，国际政治经济发展现状暴露出西方现代化模式的痼疾，体现了西方文明日渐没落的趋势，这也正是中国共产党提出全球文明倡议的时代背景。二是关于全球文明倡议的现实动因，部分学者指出，全球文明倡议由中国共产党提出，体现了中国共产党政党外交的基本政策，或者说是中国政府开展软实力外交的基本策略。当然，也有学者基于意识形态的差异，曲解中国共产党提出的全球文明倡议，比如《华盛顿邮报》曾报道全球文明倡议旨在推翻美国领导下的全球秩序。三是关于全球文明倡议的现实影响。世界各国同处"地球村"，但这并不能主观忽略不同国家之间在文化等各方面的差异性。针对全球文明倡议，世界不同国家和地区对其未来对世界走向可能产生的影响从不同维度进行了探讨。有学者指出，全球文明倡议的提出同"一带一路"倡议、全球发展倡议、全球安全倡议一道组成了完整系统的全球公共物品，是中国推动构建人类命运共同体的具体体现。另有学者认为，全球文明倡议的提出将为广大发展中国家探索适合自己的现代化模式提供有益借鉴。总体来看，国外尤其是广大发展中国家的政要和学者对于全球文明倡议总体上表示肯定和赞赏，并表示愿意参与到全球文明倡议具体方案的落实中。

二、国内学者对全球文明倡议及其相关问题的探讨

国内学者是全球文明倡议的主要关注者和研究者。具体来看，国内学界的目光主要聚焦全球文明倡议提出的时代背景、理论支撑、基本内涵、价值意蕴、现实挑战和实践路径等。除此之外，与之相关的研究主题还包括全球发展倡议、全球安全倡议和全球文明倡议之间的关系，文明交流互鉴的基本理论问题等。

（一）关于全球文明倡议的研究

国内关于全球文明倡议研究的相关成果总体上数量并不是很多，主要以期刊论文和报纸文章为主，具体内容涉及全球文明倡议的基本内涵、全球文明倡议的理论来源、全球文明倡议的价值意蕴、"三大全球倡议"下的全球文明倡

议以及人类命运共同体和人类社会现代化视域下的全球文明倡议等。

1. 关于全球文明倡议提出的时代背景

戴圣鹏在《全球文明倡议的三重解读》一文中指出，全球文明倡议的提出具有历史必然性。这种历史必然性来自中国综合国力和国际影响力的提升，来自国际力量对比发生显著变化，同时也是构建人类命运共同体的必然要求。卢静在《全球文明倡议：理念与行动》一文中指出，全球文明倡议的提出正当其时，世界百年未有之大变局的加速演进、"文明中心论"、"文明冲突论"的悄然出现和发展，民粹主义与局部热点问题的发生与发展等推动全球文明倡议的提出。蒯正明在《"现代化之问"的中国方案和全球文明倡议：政党的责任与担当》一文中指出，当今世界处于百年未有之大变局，不稳定性和不确定性的突出使人类处于十字路口，面对各种挑战，各国政党必须对此做出思考和回答，基于此，习近平总书记提出了全球文明倡议，向世界政党阐明其责任与担当。韦红在《"三大全球倡议"：全球治理新思维及推进路径》一文中指出，全球治理面临着文明间的隔阂以及全球治理合作受到阻碍，国际格局发生深刻变化，这是全球文明倡议提出的重要背景。孙吉胜在《全球文明倡议：推动建设开放包容的世界》一文中指出，全球文明倡议的提出，是对"用什么样的文明观塑造和引领人类文明走向和历史发展潮流？世界各国之间是合作还是孤立、团结还是分裂？"等问题的深刻回答。

2. 关于全球文明倡议的理论来源

基于历史、理论和现实的考察，研究者们对于全球文明倡议的理论来源主要是坚持史论结合的方法进行概括和归纳总结。一方面，研究者们普遍认为，全球文明倡议的提出并非一蹴而就，马克思主义的思想精华中的马克思主义文明观以及马克思主义关于世界历史的理论为全球文明倡议提供了重要的理论智慧。张新平在《全球文明倡议：理论内涵、生成逻辑与世界意义》一文中指出，全球文明倡议源于马克思主义文明观，马克思和恩格斯在批判资本主义文明固有局限性的基础上深刻阐释了资本主义文明的二重性，进而指出共产主义文明才是符合社会历史发展趋势的文明形态。刘先春在《全球文明倡议的提出依据、理论内涵及价值意蕴》一文中指出，马克思的普遍交往和世界历史理论、马克思主义文明观以及共同体思想共同构成了全球文明倡议的理论依据。另一方面，研究者们普遍认为，全球文明倡议的提出汲取了中华优秀传统文化的优秀基因。朱旭在《全球文明倡议的内在逻辑、理论基础与时代价值》一文中指出，中华优秀传统文化是中华民族五千多年来所积淀与磨砺的智慧结晶，全球文明倡议的提出是对"和平""尊重""包容""大同"等理念的继承，更是对传统文明观的超越与升华。邵新盈在《全球文明倡议的生成逻辑、时代价值和实践路径》一文中指出，全球文明倡议的提出，是马克思主义基本原理与中国具体实际相结合、与中华优秀传统文化相结合的产物，具体来看，体现了中华优秀传统文化关于马克思主义哲学矛盾普遍性与特殊性辩证关系原理的有机结合、与马克思主义共同体思想的有机结合、与马克思主义交往理论的有机结合等。

3. 关于全球文明倡议的基本内涵

关于全球文明倡议的基本内涵，学者们的研究主要集中于对习近平总书记在演讲中提出的"四个共同倡导"的解读。学者们从不同维度来界定"四个共同倡导"在全球文明倡议中的地位。孙悦在《全球文明倡议的内涵意蕴、生成逻辑及世界意义》一文中指出，"四个共同倡导"逻辑严密、层次分明，其中尊重世界文明多样性是文明交流发展的前提条件，弘扬全人类共同价值是文明交流发展的根本遵循，重视文明传承和创新是文明交流发展的动力源泉，加强国际人文交流合作是文明交流发展的践行路径。卢光盛在《全球文明倡议的丰富内涵与世界意义》一文中指出，全球文明倡议内涵丰富而又层次清晰，其中尊重世界文明多样性是其"道"，弘扬全人类共同价值是其"法"，重视文明传承和创新是其"术"，加强国际人文交流合作是其"器"。邢丽菊在《全球文明倡议的理论内涵及时代意蕴》一文中指出，"四个共同倡导"以实现文明交流互鉴为核心，其中尊重世界文明多样性是前提基础，弘扬全人类共同价值是理念指引，重视文明传承和创新是内容源泉，加强国际人文交流合作是路径方法。张新平、董一兵在《全球文明倡议：理论内涵、生成逻辑与世界意义》一文中，从逻辑前提、价值基础、发展动能和实践路径四个方面解读全球文明倡议的理论内涵。

4. 关于全球文明倡议的价值意蕴

关于全球文明倡议的价值意蕴，学者们的研究集中于不同的视角。戴圣鹏在《全球文明倡议的价值彰显与现实基础》一文中指出，从价值维度观之，全球文明倡议凸显了文明交流互鉴之价值、文明发展之价值以及人文交流合作之价值。王枫在《习近平关于全球文明倡议的深刻内涵及意义》一文中指出，从理论意义上看，全球文明倡议实现了人类命运共同体知识体系的意义增量，在实践层面展现了中国共产党和中国人民的文明观。高翔在《揭示文明兴衰规律　擘画文明发展路径——全球文明倡议的理论意涵与实践价值》一文中指出，全球文明倡议是在中国式现代化的历史进程中所产生的重大理论创新成果，它积极践行促进人类文明进步的新理念、稳固发展促进人类文明进步的新制度、推动建立促进人类文明进步的新秩序，充分彰显了中国式现代化的实际意义。景向辉在《北京日报》发表的《"三大倡议"：引领世界潮流浩荡大势》一文中认为，全球文明倡议"为天地立心"，有力彰显了新时代全球治理观的包容性理念。吴志成在《光明日报》发表的《携手推动"三大全球倡议"落地走实　引领人类发展迈向光明未来》一文中认为，全球文明倡议成为加强全球文明治理、促进人类文明进步的行动指南。

5. 关于落实全球文明倡议的现实挑战和路径

全球文明倡议的提出，不仅仅体现在理论上的传承和其独特的价值意蕴，同时它还是一个事关全球文明交流互鉴的实践方案。因此，如何落实全球文明倡议是一个更为重要的话题。当前学术界对于这一问题的关注度较低，相关研究成果不多。其中，吴志成在《全球文明倡议的核心要义与推进路径》一文中指出，推进全球文明倡议，在尊重世界文明多样性方面，要做到尊重世界文明多样性的客观现实、维护人类文明多样性的基本原则;在理解全人类共同价值方面,要以此来进一步深化全球化和全球治理;在传承与创新方面,要在准确处理二者关系的基础上既弘扬传统文化又创新发展现实文化,同时还要处理好本土文明与外来文明的关系。在加强国际人文交流合作方面,要完善双边人文交流合作机制、拓展人文交流合作平台、构建多元互动的人文交流大格局。朱中博在《全球文明倡议:缘起、内涵与中国实践》一文中指出,全球文明倡议的落地落实,要充分利用现有机制性平台和典范与标志性平台,从而为其提供持续动能。

(二)关于"三大全球倡议"的研究

党的十八大以来,习近平总书记先后提出了全球发展倡议、全球安全倡议和全球文明倡议,共同构成了"三大全球倡议"。"三大全球倡议"是推动构建人类命运共同体的重要倡议,当前研究者们对于这一问题的关注主要集中在阐释"三大全球倡议"之间的逻辑关系及其在推动构建人类命运共同体方面的作用方面。中共中央对外联络部部长刘建超在《深刻把握构建人类命运共同体理念和"三大全球倡议"的内在关系》一文中,从历史逻辑、实践逻辑、哲学逻辑和文明逻辑四个维度分析了三者的关系,指出"三大全球倡议"共同构成人类命运共同体的"三大支柱"。刘志刚在《"三大倡议":人类命运共同体理念的立体化呈现》一文中指出,全球发展倡议、全球安全倡议和全球文明倡议是中国为世界贡献的重要的思想公共产品,"三大倡议"一脉相承又彼此呼应,与构建人类命运共同体的目标高度契合,是世界各国共同繁荣发展、文明交流互鉴的重要方向指引和实践路径。保建云在《三大全球倡议的理论境界与深远意义》一文中指出,"三大倡议"之间具有严密的逻辑关系,体现了习近平总书记倡导的全球治理观,是全球经济发展、国际安全和人类文明进步的重要行动指南。门洪华在《中国三大全球倡议的战略逻辑》一文中提出了推进三大全球倡议落地实施的具体战略路径,即以发展为中心的战略布局、以文明交流互鉴为根基、秉持共商共建共享的原则等。吴凯在《以"三大倡议"审视人类命运共同体的文明新境界》一文中指出，基于"三大倡议"来观察人类命运共同体，将使世界在全球发展、全球安全与人类文明等方面互利共赢、多元发展、和谐相处，从而为全人类可持续发展积极贡献中国力量。杨鲁慧在《三大全球倡议：中国式现代化视域下的全球治理观》一文中指出，三大全球倡议之间具有深刻的内在逻辑关系，它将对构建人类命运共同体形成强大支撑，并使中国在参与推进全球发展、安全治理和文明互鉴等领域发挥独特作用。耿嘉晖在《"三大倡议"的时代意义与推进路径探析》一文中指出，"三大倡议"是习近平外交思想的最新成果，它超越了既有的理念，为人类社会发展开辟了一条和平、共赢的现代化新路。

（三）关于文明交流互鉴的研究

交流互鉴是人类文明发展的本质要求，也是中国共产党的优良传统。文明交流互鉴一直是学术界研究的重要问题。通过中国知网期刊数据库检索相关资料时发现，学者们的研究重点集中在以下几个方面：一是研究习近平总书记关于文明交流互鉴的重要论述，主要从理论基础、内涵要义、时代价值等维度展开。仰义方在《习近平关于文明交流互鉴重要论述的出场逻辑、核心要义及实践路向》一文中指出，习近平总书记关于文明交流互鉴的重要论述是对马克思主义文明观基本立场的坚守，是对中华民族和合文明观的继承，也是对中国共产党文明观生动实践的赓续。其中全球文明倡议体现了文明交流互鉴的实践路向。陈明琨在《习近平新时代文明交流互鉴观论析》一文中指出，文明交流互鉴具有鲜明的实践性，只有重视中华文化的创新发展，推动中华文化走出去，运用现代化传媒手段才能推动世界文明的交流互鉴。万欣荣在《习近平关于文明交流互鉴重要论述的生成逻辑、主要意蕴及时代价值》一文中指出，这一重要论述反映了世界文明的本质特征和世界文明的发展规律，实现了理论价值和实践价值的统一。二是研究文明交流互鉴的载体原则。如华中师范大学马克思主义学院教授戴圣鹏在《论文明交流互鉴的载体与原则》一文中指出，人、商品、通婚以及国际交往都是文明交流互鉴可以借鉴的重要载体，开放、包容、平等、创新则是文明交流互鉴时必须遵循的基本原则。除此之外，马立志在《深入把握"人类文明交流互鉴"的四点内涵》一文中指出，深入理解习近平总书记提出的"文明因交流而多样，因交流而互鉴，因互鉴而发展"的重要观点，要从四个方面对其进行理解：人类文明能发展到今天离不开文明交流互鉴；不同文明的交流互鉴要重点把握文明的相通性；平等是文明交流互鉴的重要前提；人文交流合作的纽带对于促进文明交流互鉴的作用不容忽视。

综上分析，国内学者对文明交流互鉴以及全球文明倡议的研究产生了系列成果。现有研究成果为本书开展研究提供了丰富的资料和可供借鉴的方法，对于本研究的开展具有重要的参考价值和深刻启发。但是，社会历史是不断发展进步的。随着时间的推移，相关理论也在不断发展，目前的研究成果仍有需要进一步完善的地方。加强对全球文明倡议的整体性研究，从不同维度和视角对其进行全方位透视，深化对"三大全球倡议"的理解，理顺文明交流互鉴与全球文明倡议之间的逻辑关系，分析落实落地全球文明倡议切实可行的路径，等等，都是可以进一步探讨和发展的研究空间。这些问题，也是本书尝试去解决和回答的一些重点问题。

第三节　研究思路

本书以习近平总书记提出的全球文明倡议为研究对象，基于文明交流互鉴的视角，遵从理论与现实、历史与逻辑、国内与国际的研究视野，按照"本体本质—功能价值—实践应用"的研究思路，对全球文明倡议的内涵要义、生成逻辑、价值意义、现实境遇、实践进路等进行研究，从而为促进世界文明的交流互鉴提供学理支撑和实践指南。

第一章是文明交流互鉴观论析。本书以文明交流互鉴为研究视域，因此本章主要是在梳理大历史观视域下中华古代文明交流互鉴、互融互通的历史脉络、文明交流互鉴的基本内涵、基本原则、基本载体以及文明交流互鉴与全球文明倡议的内在逻辑关联等问题。

第二章是全球文明倡议的内涵要义。习近平总书记在中国共产党与世界政党高层对话会上提出"四个共同倡导",向全世界发出了全球文明倡议,本章以习近平总书记的重要论述为研究基点,从逻辑前提、价值指引、动力支撑和实践指向四个方面,全面系统地分析全球文明倡议的内涵要义。第一,尊重世界文明多样性是全球文明倡议的逻辑前提。我们要共同倡导尊重世界文明多样性,坚持文明平等、互鉴、对话、包容,以文明交流超越文明隔阂、文明互鉴超越文明冲突、文明包容超越文明优越。第二,弘扬全人类共同价值是全球文明倡议的价值指引。我们要共同倡导弘扬全人类共同价值,和平、发展、公平、正义、民主、自由是各国人民的共同追求,要以宽广胸怀理解不同文明对价值内涵的认识,不将自己的价值观和模式强加于他人,不搞意识形态对抗。第三,重视文明传承与创新是全球文明倡议的动力支撑。我们要共同倡导重视文明传承和创新,充分挖掘各国历史文化的时代价值,推动各国优秀传统文化在现代化进程中实现创造性转化、创新性发展。第四,加强国际人文交流合作是全球文明倡议的实践指向。我们要共同倡导加强国际人文交流合作,探讨构建全球文明对话合作网络,丰富交流内容,拓展合作渠道,促进各国人民相知相亲,共同推动人类文明发展进步。

第三章是全球文明倡议的逻辑必然。理解全球文明倡议从何而来,才能在实践中更有效地贯彻落实。全球文明倡议的提出,是理论逻辑、历史逻辑、文化逻辑和现实逻辑的辩证统一。首先,从理论逻辑上看,马克思主义文明观强调人类文明形态的多样性、文明交流互鉴的必然性以及不同文明在交流互鉴中难以避免文明冲突的产生等,这些思想为全球文明倡议的提出奠定了理论基础。其次,从文化逻辑上看,中华优秀传统文化中蕴藏的"和而不同""和合共生""天下大同""兼收并蓄""吐故纳新"等优秀因子,集中彰显了中华文明的突出特征、理想追求、价值取向与创新精神。全球文明倡议的提出，正是对中华传统文化优秀基因进行的创造性转化与创新性发展。再次，从历史逻辑上看，重视文明交流互鉴是中华文明的重要特征，中国共产党作为中华优秀传统文化的忠实继承者和弘扬者，始终坚持弘扬文明交流互鉴的优良传统，党的历代领导人都高度重视文明的交流互鉴，这为全球文明倡议的提出提供了重要的历史借鉴。最后，从现实逻辑上看，全球文明倡议的提出是对国际局势的全盘考量和人类文明发展时代趋势的深刻把握，可以说，全球文明倡议的提出顺应了世界历史发展潮流。其一，破解世界各国人民共同面临的挑战是全球文明倡议的现实基础。其二，推进人类社会现代化进程是提出全球文明倡议的客观需要。其三，主动顺应中国与世界关系的历史性变化是提出全球文明倡议的内在动力。

第四章是全球文明倡议的多维透视。第一，从"三大全球倡议"的视角解读全球文明倡议。2020~2023年，习近平总书记在国际舞台上先后提出了全球发展倡议、全球安全倡议和全球文明倡议，共同构成了三大全球倡议。三大全球倡议分别回答了关乎世界和平的发展、安全和文明三大议题，将全球文明倡议置于三大全球倡议中去理解，着重突出发展、安全与文明三者之间的必然联系，进一步彰显全球文明倡议的世界意义。第二，从"人类社会现代化"的视角解读全球文明倡议。追求现代化是世界各国的共同追求。中国式现代化是中国共产党团结带领全国各族人民为实现中华民族伟大复兴而取得的重大成果，是世界现代化进程中的重要部分，创造了人类文明新形态。在中国共产党与世界政党高层对话会上，习近平总书记深刻回答了"现代化之问"，并提出了全球文明倡议，向国际社会阐释了现代化的文明意蕴。可以说，全球文明倡议就是对中国式现代化文明观的集中表达。第三，从"人类命运共同体"的视角解读全球文明倡议。习近平总书记所倡导的人类命运共同体理念至今已提出十周年。十年来，人类命运共同体多次写入联合国宪章，得到了国际社会的高度关注和广泛认可。新时代全球文明倡议坚决摒弃西方文明冲突、文明优越、文明霸权等错误论调，超越了意识形态分歧，从文化层面为构建人类命运共同体夯实了人文基础。

第五章是全球文明倡议的实践思考。首先，全球文明倡议作为一个世界性的文明方案，它的推广和实施必然会遭受来自西方资本主义国家的阻挠，比如"文明冲突论"在新时代的变种"对华文明冲突论"，比如"文化霸权""文化帝国主义"等。只有正确认识和分析这些现实挑战，才能真正践行全球文明倡议。其次，在新时代新征程上全面落实全球文明倡议，要以"四个共同倡导"为实践指南，在构建人类命运共同体的理念下协调推进"三大全球倡议"，坚持以中国式现代化助推世界文明发展，以多边机制建设助力国际人文交流，以全球文明对话合作网络打造实践平台等，让世界文明百花园生机盎然，让各国人民在携手共建人类命运共同体的历程中奏响绚烂的华美乐章。一是统筹推进全球发展倡议、全球安全倡议与全球文明倡议，这是推动构建人类命运共同体的重要实践路径。二是以中国式现代化助推世界文明发展。三是以多边机制建设助力国际人文交流。四是创新人文交流与合作形式，搭建全球文明对话合作网络。

第四节　研究方法

问题是研究的起点。本书坚持以问题意识为导向，在遵循上述研究思路的过程中，主要采取文献分析和归纳、历史与逻辑相统一和系统分析三种研究方法。

一、研究方法

一是文献分析和归纳的研究方法。这是社会科学研究的基础性方法。通过图书馆、中国期刊网等渠道全面查阅马克思主义经典作家以及中国共产党领导人关于文明交流互鉴的文献资料。在此基础上认真阅读，做好笔记的同时对其进行有选择性地分析加工，去粗取精、由此及彼，以获得大量的理论支持和研究素材为目的，从而为本研究做好充分的知识储备。

二是历史与逻辑相统一的研究方法。"逻辑的方式是唯一适用的方式。但是，实际上这种方式无非是历史的研究方式，不过摆脱了历史的形式以及起扰乱作用的偶然性而已。"一定的历史背景和现实条件推动思想的诞生。正确理解和认识全球文明倡议的基本内涵和实践要求，必须将其置于社会历史发展进程中去考察，并揭示这一过程中所展现出的逻辑机理，既尊重历史叙事的动态描述，也注重逻辑机理的归纳推理。

三是系统分析的研究方法。本书将侧重整体性和系统性的视野，通过分析考察全球文明倡议的现实基础、理论渊源、逻辑起点、基本内涵、实践路径、重要意义等要素，以实现对全球文明倡议的整体动态研究，进一步加深对全球发展倡议、全球安全倡议在内的三大倡议的理解。

二、研究手段

首先，查阅相关资料和解构话语。本书在撰写过程中，通过收集和查阅与全球文明倡议以及文明交流互鉴的相关资料，构建起资料库。基于当前已有的研究成果，解构话语体系，建构新的内容和体系框架。

其次，借助信息技术和大数据。本书在撰写过程中将借助信息化手段，通过中国知网学术期刊数据库、中国共产党思想理论资源数据库、读秀学术搜索等来查阅资料，了解当前学术理论界的研究动态，准确掌握当前研究的最新成果。

第一章　文明交流互鉴观论析

　　中国共产党成立以来一百多年的历史，是用鲜血和汗水铸就的，是筚路蓝缕、披荆斩棘、艰苦创业的光辉历史。新民主主义革命时期，中国共产党团结带领全国人民完成了救国大业，创造了新民主主义革命的伟大成就，中国人民真正成为国家和社会的主人，这是开天辟地的伟大创举。在社会主义革命和建设时期，中国共产党团结带领人民完成了兴国大业，在较短时间内完成了对农业、手工业和资本主义工商业的社会主义改造，确立了社会主义基本制度，顺应了历史发展的大潮流，这是改天换地的伟大创举。在改革开放和社会主义现代化建设新时期，中国共产党团结带领全国人民成功推进了富国大业，解放思想、实事求是，团结一致向前看，我国经济实现了快速发展，社会实现了长期稳定，中华民族实现了从站起来到富起来的飞跃，这是翻天覆地的伟大创举。中国特色社会主义进入新时代，中国共产党团结带领全国人民推动党和国家事业实现历史性成就和历史性变革，全面建成了小康社会，开启了全面建设社会主义现代化国家的新征程，党的面貌、国家的面貌、人民的面貌都发生了前所未有的变化，中华民族实现了从富起来到强起来的伟大转变，这是惊天动地的伟大创举。

　　新时代，中国共产党日益走进世界舞台中央，国际影响力和感召力大幅提升，这不仅是中国共产党人坚持将马克思主义基本原理与中国具体实际相结合、与中华优秀传统文化相结合的过程中找到的一条具有中国特色适合中国国情的发展道路，更是中国共产党立足于中华文明与世界各国文明交流互鉴的历史沉淀，坚持文明平等、对话、互鉴、包容文明观的不朽成果。中国共产党一百多年来开辟的伟大道路、创造的伟大成就，必将在中华民族发展史以及世界文明发展史上熠熠生辉！

第一节　大历史观视域下中华古代文明的交流互鉴

中华文明的历史基因中深深地印刻着文明交流互鉴的足迹。无论是古代中华文明的形成发展还是现代中华文明的转型升级，文明交流互鉴都贯穿其中。汉代历史学家司马迁所著《史记》中就曾记载汉武帝时期"使者相望于道，商旅不绝于途"的壮观场面。古代陆上丝绸之路就是起源于这一时期，成为中华文明与世界文明友好往来、交流互鉴的重要桥梁。隋唐时期，国家的统一为经济发展和文化繁荣提供了契机，中国与新罗（朝鲜半岛国家）、日本、天竺（对印度以及印度次大陆国家的统称）、波斯（伊朗）、大食（阿拉伯帝国）等国建立起了经济和文化联系，文明交流交往达到空前繁荣的状态，长安街头有来自世界各地的商人、使者和留学生，佛教自西汉传入中国后也在这一时期进入全盛时代。两宋时期，随着商品经济的活跃，民间通过丝绸之路进行的交往联系日益密切。元朝时期，中华文明与世界文明的交流更为广泛，既有地理学家、航海家汪大渊等旅行家周游非洲，也有马可·波罗访华的记载。明朝时期，郑和下西洋，中华文明交流互鉴的脚步最远触及红海沿岸。明末清初，在朝廷任职的外国人越来越多，既有西方传教士，又有经科举考试进入官场的朝鲜人等。

自汉代以来，历朝历代的史书中都有过对文明交流互鉴的记载。这种文明交流互鉴在国家统一和社会安定时期更为兴盛，在社会动荡和战乱时期就会中断受限。不管是兴盛时期还是受限时期，中华文明与其他文明的交流互鉴既使自身汲取了发展的养分，也极大推动了世界文明的进步发展。

一、中华文明的形成发展离不开与世界其他文明的交流互鉴

一部人类发展史，就是一部多元文明共生并进的历史。世界上不同文明正是在交相辉映、互学互鉴的过程中造就了人类文明发展进步的壮丽诗篇，绘就

了文明发展进步的生动图景。佛教是世界三大宗教之一，起源于印度，但是却在中国生根发芽，并且它的影响范围已经遍及世界各地；儒家"仁爱"思想产生于春秋战国时期的中国，但是它的伟大哲学思想却影响了整个东南亚，并且其中所蕴藏的解决人类共同挑战的深刻启示受到了许多西方哲学思想家的青睐。马克思主义由德国哲学家卡尔·马克思和弗里德里希·恩格斯两位革命导师在19世纪40年代所创立，包括马克思主义哲学、马克思主义政治经济学和科学社会主义在内的伟大思想体系，但是它虽诞生于欧洲却最终在中国大地上落地生根、枝繁叶茂，不仅如此，马克思主义的中国化还深刻影响着中华优秀传统文化的创新发展，二者相互结合，造就了一个新的文化生命体。诸如此类的种种事例都在向我们说明一个问题：五彩斑斓的人类文明世界，正是经由交流互鉴才最终塑造形成。

文明因交流互鉴而丰富多彩。中华文明能够跨越千年流传至今，正是遵循着流动开放的文明传播发展这一具体规律，与世界各个国家和民族的进步如影随形，既为自身发展找到了动力和正确路径，也为世界和平发展提供了有益借鉴。人类文明交流互鉴有着几千年的历史，考察古代中华文明的交流互鉴，则不能忽视古代丝绸之路这一文明交往的重要载体。公元前139年，为了解决日益猖獗的匈奴问题，汉武帝刘彻派遣张骞出使西域以寻求盟友，共同夹击匈奴。路途的遥远、地形的阻隔、政权的博弈，让中原与西域之间难以有宽阔平坦的"通天大道"。张骞首次出使西域并没有达到预期目的。公元前119年，汉朝已经控制了河西走廊，张骞奉命第二次出使西域。张骞前后两次出使西域，开辟了一条中原地区与西域交往的重要通道，一条空前绝后的商道逐渐形成。这条商道以甘肃的河西走廊为起点，途径高山、荒原、盆地，绵延数千里直至欧洲地中海附近。这就是举世闻名的"丝绸之路"。丝绸之路打开了中国人胸怀天下的视野，留下了汉朝开放包容的气度，成为联系中西方商贸和文化往来的重要通道。关于"丝绸之路"这一名称的由来，则要追溯至1877年德国地理学家李希霍芬著作的《中国》一书，他在书中将中国与中亚、印度之间以丝绸为媒介进行商贸往来的商路称作"The Silk Road",译作中文即"丝绸之路"。丝绸之路起源于汉代,经过隋唐等朝代的推进,成为传递信息、文化交流和商贸往来的重要通道。

文明交往交流是双向的互动过程,在向外传播中华文化的同时,经由丝绸之路这一通道,其他文明国度里的动植物、宗教、科学技术以及文学艺术等开始传入中国。经过丝绸之路这一大动脉,这些外来的新鲜事物在与中华文明原有物质文化交流中实现了融合与碰撞,创造出了不同于原有形态也不同于外来文明的独特样态。可以说,丝绸之路就像是一条五彩缤纷的彩带,它将古代亚洲、欧洲和非洲的文明连接起来。首先,在丝绸之路的朝贡和贸易中,沿线国家的动植物开始进入中国,对于中国军事、文化和中医药的发展起到了重要的推动作用。马匹作为古代重要的交通工具,也是丝绸之路上最为热门的动物之一。当张骞在出使西域途中发现大宛国(古代某中亚国名)的汗血宝马后,汉武帝便频繁派遣使节前往求之。除了马,还有狮子、犀牛等动物。除了动物外,途经各国发现的大量植物也开始借此机会进入中国,其中包括产自印度西北部的"胡瓜"(后更名黄瓜)、产自亚洲西南部到非洲北部一带的蚕豆、产自西域的苜蓿、产自欧洲西南部地中海附近的芜菁、产自亚洲西南部伊朗的胡萝卜,以及石榴、芒果、菠萝、菠菜、茄子、洋葱、大蒜等诸多蔬菜水果。外国产物进入中国,极大丰富了中国人民的饮食生活。不仅如此,其中胡黄连、茉莉等具有药用价值的植物也进一步推动了中医中药的发展。其次,伴随丝绸之路的开展,外来宗教也借此进入中国。佛教是三大宗教中最早传入我国的,它在中国的传播经历了漫长的历史。汉武帝时期的张骞出使西域开辟了中印两国交往的通道,随着外国商人和使节的到来,佛教开始在中国流传。经过多次适应和融合,在中国扎根的佛教披上了具有中华传统文化的外衣,形成了与印度原教旨不同的中国佛教,并对中国社会和文化产生了深远的影响。这种影响一方面体现在产生了独特的艺术形式,比如石窟艺术、壁画、佛塔等;另一方面则是佛教所倡导的因果报应、慈悲为怀等教义与中国传统哲学中和谐的世界观相结合，使中国社会对人际关系和道德伦理有了更为深刻的认识。比如释迦牟尼的本生故事增添了中华"孝文化"的内容等。同时，随着佛教的传入，印度的数学、医学和天文学等也传入中国，促进了中国科学技术的发展。伊斯兰教则最早是在唐宋时期传入我国，随着阿拉伯帝国的崛起，阿拉伯商人带着珠宝和香料进入中国沿海以及边疆地区，这为伊斯兰教传入我国提供了途径。阿拉伯侨民与中国人的通婚也加速了伊斯兰教的中国化。元朝时期，伊斯兰教在中国得到蓬勃发展，大量穆斯林加入蒙古军队，随着穆斯林人口的增加和活动范围的扩大，伊斯兰教得以广泛传播。伊斯兰教在中国的长期传播、发展和演变，也是一个与中华传统文化相结合的过程，已经形成了独具民族特色的伊斯兰教信仰体系。伴随丝绸之路进入中华大地的除了上述所提及的以外，还有琵琶、胡琴、箜篌以及唢呐等乐器。

在外来文化不断传入中国之时，古代中华文明并没有惊慌失措，而是秉持着好奇和学习借鉴的良好态度。一方面，对外来文化进行加工改造，使其适应中国的"水土"；另一方面，在内忧外患之际积极向来华的传教士学习数学、天文、技术等自然领域的科学知识。中华文明在这两方面的运动过程中为自身增添了多样元素，丰富了自身内涵，在交流互鉴中形成了一个开放的体系。

二、中华文明在交流互鉴中推动了人类文明的发展

世界上不同国家不同民族的文明都各有所长，文明交流互鉴就是一个互学、互鉴、互补、互惠、互利的双向运动过程。几千年来，中华文明在吸收借鉴外来文明有益因素的过程中实现了创新发展，同时中华文明在走向世界的过程中也深刻影响了其他文明，推动了人类文明的发展。正如习近平总书记所指出的："中国的造纸术、火药、印刷术、指南针、天文历法、哲学思想、民本理念等在世界上影响深远，有力推动了人类文明发展进程。"[①] 中华

---

① 《习近平外交讲演集》（第二卷），中央文献出版社 2022 年版，第 198 页。

文明对世界文明的贡献是多方面的，具体可以从器物、制度和哲学思想三个方面进行概括梳理。

在器物方面，不得不提中国"四大发明"对于世界文明发展进程的重大影响。马克思曾将中国四大发明在欧洲的传播和运用称之为资产阶级社会到来的"预兆"。首先，文明的代代相传需要借助于一定的载体，而文字的创造可以说是人类文明发展史上具有重要里程碑意义的事件，它的出现使人类能够充分表达自己的思维与意识，也为文明的交流碰撞创造了有利条件。当然，对于一个民族的发展而言仅仅形成文字还是不够的，更需要借助一定的文字载体将民族的历史记录下来。在纸尚未发明以前，龟甲、兽骨、竹简、布帛等都曾作为书写材料来记录历史发展。造纸术作为一项发明最早可以追溯至公元前 2 世纪的西汉时期，那时人们用大麻纤维制出了"灞桥纸"。东汉时期的蔡伦虽然不是纸张的首先发明者，他的主要贡献在于改进了造纸的工艺，并降低了造纸的成本投入。随后，借助丝绸之路这一文化交流的重要通道，阿拉伯人于 8 世纪习得了造纸术，并将其带到了西亚、欧洲和北非等地。在造纸术尚未传入欧洲大陆前，羊皮是主要的书写材料，而中国造纸术的传入，为欧洲教育、政治以及商业的发展都提供了极为有利的条件。其次，文字的发明、纸张的出现促使人们开始思考如何更为广泛地传播文化，于是印刷术应运而生。北宋毕昇发明的活字印刷术是印刷史上的一次伟大技术革命。13 世纪，蒙古人沿着丝绸之路将其带到了西亚、中亚和东欧。15 世纪，德国人古登堡在毕昇泥活字的基础上发明出了铅活字，极大地促进了欧洲现代化的发展。14～15 世纪的欧洲，文艺复兴运动使其摆脱了宗教势力的黑暗统治，文化和艺术呈现出崭新的面貌，而中国活字印刷术的传入给这种局面增添了"一把火"。金属活字印刷术特别适合欧洲人的文字特点，这极大地增加了宗教读物、学校教材和各类工具书的印刷数量，使更多的人有识字和读书学习的机会，促进了欧洲教育的大发展和知识的世俗化，打破了过往教会对于知识的垄断，促进了科学技术革命的发生。① 活字印刷术的出现也催生出了大量用本民族语言出版的读物，文学艺术的发展进入了一个小高峰。再次，火药传入阿拉伯、印度以及欧洲各国。13 世纪，蒙古军西征将火药传入了波斯以及阿拉伯等地。随后，制作火药和火药武器的方法经由阿拉伯人传入欧洲。火药不但轰击了欧洲旧社会，也变革了欧洲的历史进程。火药的应用使战争形态发生了巨大变化，传统的冷兵器被热兵器所替代，战争的格局和模式发生了巨大变化。最后是指南针。指南针在 14 世纪经由阿拉伯人传入欧洲，欧洲人将其改进后运用于航海事业，使船只具备了远洋航行的能力，在地理大发现中，帮助哥伦布、麦哲伦等航海家开辟了新大陆，引发了世界格局的剧变，为资本主义早期的发展起到了重要的推动作用。除了四大发明外，铸铁技术、深井钻探、纺丝车、提花机等技术全部涌入欧洲社会，对于世界历史的推动和世界文明的发展做出了重大贡献。

在社会制度方面，中华文明自秦汉时期就建立起了一套文官制度和科层管理体系。随着丝绸之路以及大航海时代的到来，欧洲各国对中国的政治制度产生了初步的了解。在许多西方思想家的眼中，中华文明孕育的一整套政治制度是"开明专制"的典范，以至于有学者将中国的秦汉时期称之为现代国家。法国启蒙思想家孟德斯鸠就曾认为，在中国，世袭的贵族和官吏是不存在的。真才实学的人只有通过科举考试制度才能取得成为官吏的名额，在这个过程中，出身是被忽视的。由此可见，科举制度对世界的影响是不可忽视的。科举制度在中国有 1300 多年的历史，其最早于 605 年由隋炀帝开始实行，至 1905 年被废除。科举制度不仅对中国封建社会的发展起到了重要作用，而且科举考试也有许多外国人参加。科举制度实行后，亚洲诸国纷纷效仿，建立起了自己国家的科举制度，欧洲等国也相应地建立起了文官考试制度。科举考试制度在中华民族的政治制度遗产中占据着十分重要的地位，是对世界文明的一项重大贡献，

① 潘吉星：《中国古代四大发明——源流、外传及世界影响》，中国科学技术大学出版社 2002 年版，第 528 页。

因此一些学者将其称为中国影响世界文明进程的"第五大发明"。除此之外，历史上的中国社会制度曾经多次被周边国家学习借鉴。日本的"大化改新"政治变革运动就是一个重要的例证。645 年左右的日本，统治阶级内部矛盾不断加深，中上层统治阶级的地位受到严重挑战。正当社会危机不可控制的时候，推古朝时期派遣至中国的交流生开始陆续回国，其中就包括南渊请安和高向玄理。他们在中国学习交流超过 20 年，经历了隋朝和唐朝两个朝代，深受两个朝代丰富的文化知识和政治制度的熏陶。归国后他们积极传播在中国的见闻，从而在贵族中产生了学习中国政治制度和文化知识的强烈愿望。在"大化改新"发生的第二年即 646 年，孝德天皇便颁布了《改新之诏》，正式开启了改革。这一改革的主要内容就包括学习唐朝的政治体制和经济体制，成立中央集权国家。这一历史事件在日本历史上产生了很大影响，它在一定程度上制约了旧贵族所享有的特权，农民则在经济上获得了一定的独立，使日本经济社会得到发展，成为日本进入封建社会的开端。

在哲学思想方面，中华文明从未停止其对世界文明的贡献。在此我们以儒家思想为例进行论证。儒家思想的集大成者孔子开创这一思想以来，经过其弟子以及历朝历代思想家结合时代要求而进行的阐释和补充，最终建构出一个完整的思想体系，它不仅对中国古代道德伦理和政治社会的发展产生了重要影响，还传播到中国以外的国家和地区，经受住了异乡风土人情和历史文化的洗礼，扎根后向阳生长，深刻影响着世界不同国家的文明发展进程。首先，儒家思想在东亚地区占有重要地位。儒家思想与汉字以及佛教一样，很早就传播到了东亚各国。在韩国，虽然可供选择信奉的宗教种类繁多，但是在道德伦理上儒家思想占据重要位置。当西方文明入侵韩国后，在各种社会问题层出不穷的时代背景下，儒家思想所宣扬的仁、义、礼、爱等仍然是政府视作维护社会稳定的重要力量。在日本，儒家思想传入后，日本根据自身社会现实和实际需要将其改造成了具有日本形态和特色的日本儒学，最终成为日本资本主义精神形成的一个重要推动力。其次，儒家思想对欧洲的文明进程产生重大影响。中华文明对欧洲的影响不仅体现在"四大发明"上，以"四书"和"五经"为代表的道德伦理和政治文化在中西文明交流互鉴中，为 17～18 世纪脱离黑暗神学统治的欧洲世俗社会提供了一种新的社会治理理念，成为治理国家的重要基础。儒家思想体系中所蕴含的孝道、礼仪等理论思想和行为规范，也引起伏尔泰、歌德等启蒙思想家和文学家的关注，极大充实了欧洲文学艺术的内涵。

中华文明与世界不同文明通过交流互鉴实现了共同进步、共同发展，这一过程在人类文明发展史上留下浓墨重彩的一笔。考察中西文明交流互鉴的历史我们可以获得如下几点认识：

第一，不同文明间的交往与交流通常是由浅入深、由易及难的，遵循"物质—技术——思想"的逻辑脉络。当然这一顺序并不是固定不变的，有时也会出现特殊情况。

第二，现实需要推动着不同文明交流互鉴的主动性。比如 17～18 世纪的世界，这时的中国正处于明清时期，"天朝上国"的美梦使当权者不屑于西方文明的科学技术产品，对于利玛窦等西方传教士带来的西方工业革命之产物不屑一顾，并将其视作"奇技淫巧"，这是因为当时的中国并未产生相应的需求。随着资本主义的崛起，生产力的发展内在推动其吸收不同文明的有益因素，从而为自身实现现代化转型提供正能量。这一时期，处于主动一方的西方资本主义国家把握住了主动权，中西交往交流之术语和礼仪等皆成为欧洲国家广泛讨论的话题。

第二节　文明交流互鉴的理论释义

文明是人民群众在社会实践中所创造出来的精神财富的象征。自身文明要想实现长久发展，就必然要与其他文明进行交流。任何文明如果长期处于封闭状态必然难以实现长久发展。文明发展的本质就在于文明交流互鉴。同时在文明交流互鉴中，还需要借助一定的载体，比如人、风俗与习惯、商品等。

一、文明发展的本质在于文明交流互鉴

文明是在文化基础上形成的一种人类实体，包括一系列物质实体和精神实体，比如文字语言、宗教信仰、价值观、城镇建筑等。因此，从这一角度而言，文化与文明相关，但文化不等于文明。首先，文明自身所内涵的价值构成了文明从古至今延续发展的原动力。文明的形成熔铸了人们长期的探索和劳动实践，在这一过程中形成的文明的自身价值是其立足、发展、演变、对外传播甚至是衰落的根源。人作为创造文明的主体，他们的需要是历史的、变化的、多样的，是有着公共性和个性差别的，当然也有物质和精神的差别。人们需要的共通性、差异性、可变性和多样性激励和推动着文明相互交流、广泛传播，推动着文明进行交融、演变和发展。其次，异质性在文明交流互鉴中扮演着重要角色，可以说是文明交流互鉴的重要动力。异质性意味着不同文明之间的差异和独特性，这些差异成为交流的动力，推动了文明之间的互动和互鉴。如果世界上不同国家和文明所尊崇的文明都是同质的，那么这个世界就不会有文明交流互鉴，也就不会有普遍交往和世界历史的形成。其一，异质性能够激发不同文明之间进行交流探索的欲望。不同的文明拥有各自独特的文化、价值观、社会制度和生活方式，这些都使得人们对其他文明产生了浓厚的兴趣。通过了解和探究其他文明，人们可以开阔视野、增长见识，进而推动文化创新和进步。其二，异质性带来了文明的互补和互利。不同文明之间的优势和特点可以相互补充，使得各方能够借鉴和学习彼此的优点，实现共同发展和繁荣。例如农业文明和游牧文明的交流使得双方能够共享资源、互通有无，推动了社会的稳定和发展。其三，异质性也促进了文明的融合和创新。在交流互鉴的过程中，不同文明相互交融、碰撞，产生了新的文化元素和创意。这些新的文化元素和创意又进一步丰富了文明的内容，推动了文明的演进和发展。

二、文明交流互鉴中的载体

任何文明之间的相互交流与相互借鉴都需要借助一定的载体和中介，这是必不可少的。没有载体，文明间的交流互鉴是空洞乏味、无法进行的。载体，是指能够承载其他物质或能量的物质，在化学、物理和生物、医学等领域都扮演着重要的角色。文明交流互鉴中的载体和中介特指不同国家文明进行交流时的工具和途径。

习近平总书记在亚洲文明对话大会上指出："人是文明交流互鉴最好的载体。"[1] 人类在创造和发展文明的过程中，始终扮演着重要的角色。首先，人是文明的创造者。在人类历史的长河中，不同地区的人们通过不断的实践和创新，创造了各种独特的文明。这些文明在交流互鉴的过程中，互相学习、互相借鉴，进一步推动了人类文明的进步。其次，人是文明交流互鉴的推动者。在人类社会的发展过程中，不同文明之间的交流互鉴从未停止过。人们在交往过程中，通过文化、贸易、战争、宗教等多种方式，促进了不同文明之间的交流互鉴，推动了人类社会的共同进步。最后，人是文明交流互鉴的受益者。文明交流互鉴不仅有助于促进不同文明之间的了解和学习，还有助于推动人类社会的进步和发展。通过文明交流互鉴，人们可以更好地了解其他文明的特点和价值，学习其他文明的优秀成果和经验，从而不断提升自身的素质和能力。因此，可以说人是文明交流互鉴的载体，人类在文明交流互鉴中发挥着重要的作用。在未来的发展中，我们更应该注重文明交流互鉴中人的重要作用，尊重不同文明之间的差异和多样性，共同推动人类文明的进步发展。

不同文化的风俗与习惯是文明交流互鉴的重要载体。通过风俗与习惯的交流互鉴，受不同文化滋养的人们可以深入体会该民族或地区的独特生活方式，独特价值理念，以及宗教信仰和文化传统。这些风俗和习惯不仅在日常生活中

---

[1]　《习近平谈治国理政》（第三卷），外文出版社 2020 年版，第 470 页。

起重要作用，而且在跨文化交流中也发挥重要价值。首先，风俗与习惯是民族认同感和凝聚力的源泉。通过共享风俗与习惯，人们能够形成对共同文化与历史的认同感，从而加强凝聚力。这种认同感也是跨文明进行交流的基础，可以帮助人们理解和欣赏不同文化之间的共同性与差异性。其次，风俗与习惯也是知识、艺术和技能传承的重要途径。人们可以通过风俗与习惯交流借鉴彼此的道德准则以及社会规范秩序。同时，不同文明中的艺术和文学也经常以风俗和习惯为灵感来源，反映出一个民族或地区的独特审美和创造力。总体来说，风俗与习惯作为文明交流互鉴的载体，有助于增强民族认同感，传承知识和艺术，以及促进文化间的相互理解。在全球化不断加深的当代社会，促进不同文明间风俗与习惯的了解，对于维护文明多样性以及推动文明交流互鉴具有重要意义。最后，商品在文明交流互鉴中也起到了载体中介的作用。从马克思主义政治经济学来看，商品是用于交换的具有使用价值和价值的劳动产品，它反映的是不同国家或民族的物质生产水平。不仅如此，商品背后也凝结着该国家或民族的精神文明发展状况。通过商品，不同文明之间得以实现交流互鉴，商品最终成为传递文化、思想和价值观的载体。因此，商品可以说是除了人类之外最好的文明交流互鉴的载体。第一，商品可以承载各种文化元素。无论是生产环节还是销售环节，商品都深深烙印着各种文化的印记。通过这些元素，人们可以了解不同文明的文化传统、审美观念和生活方式。所以，一种文明的发展状况，既可以借助人本身来体现，也可以借助人所创造出的商品来体现。第二，商品在贸易往来中促进了文明的交流互鉴。当商品在市场上流通时，它们不仅是一种物质产品，更是一种文化传播的媒介。通过商品的交换，人们可以了解和接触到不同的文明，从而促进不同文化之间的交流和理解。这种跨文化的交流有助于打破偏见和刻板印象，增进不同民族和国家之间的相互尊重和友谊。第三，商品也是技术传播和科技创新的重要途径。随着商品的生产和流通，新的科技、工艺和创意也会随之传播开来。这种技术的传播不仅有助于推动经济发展，也有助于提升人类社会的整体福祉。

总的来说，商品作为文明交流互鉴的载体，在文化传播、贸易往来和技术进步等方面都发挥着重要作用。它们不仅是满足人们物质需求的物品，更是传递文化价值、促进文明交流的重要媒介。通过商品的流通和使用，我们可以更好地理解和欣赏不同的文明，促进世界各国之间的友好交往。

第三节　文明交流互鉴的丰富内涵

多极化和全球化的发展趋势不可阻挡，国际格局和国际秩序正在加速调整。新时代，中国共产党人深刻总结文明发展规律，科学把握时代主题特征，总结时代发展大潮流，提出了文明交流互鉴的丰富内涵，为世界文明多样性发展提供了中国智慧和方案。新时代文明交流互鉴的丰富内涵主要包括平等与尊重是文明交流互鉴的重要前提条件，开放与包容是文明交流互鉴的源源不竭动力，交流与合作是文明交流互鉴的重要途径，和谐共生是文明交流互鉴的最终目标。

一、平等与尊重是文明交流互鉴的重要前提条件

针对平等与尊重这一文明交流互鉴的重要前提条件，习近平总书记发表过一系列论述。在世界经济论坛 2017 年年会和访问联合国日内瓦总部以及中华人民共和国恢复联合国合法席位 50 周年纪念会议上，习近平强调："文明没有高下、优劣之分，只有特色、地域之别。"[1] 在第三届核安全峰会并访问欧洲四国和联合国教科文组织总部、欧盟总部时，习近平强调，各类文明在价值上是平等的。

文明间的平等与尊重，是地位的平等、价值的平等和发展权利的同等。人类文明正是因为多样多彩才具有了交流互鉴的价值。在人类文明的各个历史发展过程中，不同民族和国家的文明都为人类社会的进步发展做出了不可替代的

---

[1]　《习近平著作选读》（第二卷），人民出版社 2023 年版，第 543 页。

独特贡献。因此，平等和尊重是促进不同文明之间交流和互鉴的前提，也是实现持久和平与共同发展的基础。首先，平等是文明交流互鉴的基石。只有当各种文明被平等对待，而没有优劣、高下之分时，我们才能真正欣赏和学习不同文明之间的精华。每种文明都有其独特的魅力和价值，只有通过平等交流，我们才能发现这些价值，并从中汲取灵感。其次，尊重是文明交流互鉴的保障。尊重意味着理解和接纳不同文明之间的差异，而不是对其进行排斥或贬低。只有当我们尊重其他文明时，他们才会同样尊重我们的文明。这种相互尊重的关系，可以促进不同文明之间的交流和互鉴，也可以加强各国人民之间的友谊和合作。总之，平等与尊重是文明交流互鉴的重要前提条件，每种文明都有无法替代的价值。只有当我们真正做到平等对待和尊重各种文明时，才能实现真正的文明交流和互鉴，从而推动人类社会文明的进步和发展。

二、开放与包容是文明交流互鉴的源源不竭动力

习近平总书记强调："文明是包容的，人类文明因包容才有交流互鉴的动力。"[①] "对待不同文明，我们需要比天空更宽阔的胸怀。"[②] 文明之间的开放与包容，特别强调的是不同国家和民族的文明是不能相互对立、相互排斥的，而是应该坚持开放包容、求同存异和兼收并蓄，这是文明蓬勃发展必须坚持的一种态度。从文明交流的本质上来讲，不同国家和民族所创造的文明凝结了这一国家和民族人民的勤劳和智慧，是人民群众在丰富的社会实践和劳动生产过程中所创造出来的宝贵财富，都值得同样的尊重和珍惜。人类文明的多姿多彩，不应该是造成民族矛盾的根本原因，反而应该是世界文明进步发展的前提与保障。从历史发展的纵向来看，人类社会发展的历史揭示了这样一个道理：只有以开放包容为动力的文明交流互鉴，才能使文明得以延续发展。若闭关锁国式

---

① 《习近平著作选读》（第二卷），人民出版社 2023 年版，第 229 页。
② 同上，第 232 页。

的一味封闭，其长期形成的文明必然会走向衰落。古代中华文明与其他古文明的不同之处在于，中华文明从来不坚持排他性，而是在开放包容中繁衍生息，永续发展。

历史和现实都已证明，无论是哪一种文明，要想获得持久的发展动力以及旺盛的活力，就必须以开放包容为动力，以兼收并蓄为心态积极接纳不同文明，在与之深入交流的过程中化解分歧并寻找契合点，在交流互鉴中与时俱进。

三、人文交流与合作是文明交流互鉴的重要途径

在纪念孔子诞辰 2565 周年国际学术研讨会暨国际儒学联合会第五届会员大会开幕式上，习近平强调："任何一种文明，不管它产生于哪个国家、哪个民族的社会土壤之中，都是流动的、开放的，这是文明传播和发展的一条重要规律。"[1] 习近平总书记的讲话深刻指明了文明的流动性、开放性以及包容性。新时代的文明交流互鉴观强调平等与尊重、开放与包容，那么就必须在不同文明的交流合作中相互交流、互学互鉴，在交流中遵循文明交流互鉴的前提条件和动力源泉。通过人文交流与合作，不同文明可以相互了解、相互学习，发现和借鉴其他文明的优点和长处，从而促进自身的发展和进步。同时，交流与合作也有助于消除文明间的隔阂和误解，增进彼此之间的友谊和信任，推动不同文明之间和谐共处。在全球化时代，加强不同文明间的交流与合作已经成为维护世界和平、促进人类文明进步的重要手段。

"人是文明交流互鉴最好的载体。深化人文交流互鉴是消除隔阂和误解、促进民心相知相通的重要途径。"[2] 人文交流与融合广泛存在于人类社会各个领域，泛指人类社会的各种文化现象。人类共同生活在地球家园，人类社会虽然文明不同，但命运紧密相连。对于与自身不同的其他国家的文明成果，无论是

---

[1] 《习近平著作选读》（第一卷），人民出版社 2023 年版，第 280 页。
[2] 《习近平谈治国理政》（第三卷），外文出版社 2020 年版，第 470 页。

古代文明还是现代文明，无论是西方资本主义文明还是东方社会主义文明，都要在深入了解的基础上以虚心学习的态度对待。

四、和谐共生是文明交流互鉴的最终目标

"万物并育而不相害，道并行而不相悖。""美美与共、和合共生"的和谐共生思想既是文明交流互鉴的一个重要目标，也是人类文明发展的主流大势。和谐共生意味着不同文明之间能够相互尊重、理解和融合，形成一种多元共生的局面。通过交流互鉴，各种文明可以取长补短、共同进步，为人类社会的繁荣和进步做出贡献，最终实现以文明交融超越文明偏见。在当今全球化的时代，因文明差异而产生的各种冲突和对抗依旧存在，种族对立、地区冲突此起彼伏。在这种情况下，不同文明之间的交流互鉴愈显重要。各种文明都有其独特的价值和魅力，但也存在差异和不同。只有通过交流互鉴，才能更好地理解各种文明的特点和优缺点，从而更好地发挥它们的优势，克服它们的不足。

"历史呼唤着人类文明同放异彩，不同文明应该和谐共生、相得益彰，共同为人类发展提供精神力量。"① 和谐共生也是人类社会发展的必然趋势。随着全球化的不断深入，各国之间的联系和互动越来越紧密，人类社会已经成为一个命运共同体。只有通过和谐共生，才能实现各国之间的互利共赢，共同应对全球性的挑战和问题，推动人类社会的可持续发展。总之，和谐共生是文明交流互鉴的最终目标，也是人类社会发展的必然趋势。只有通过相互尊重、理解和融合，才能实现各种文明的共同进步和发展，推动人类社会的繁荣和进步。

第四节　文明交流互鉴与全球文明倡议的内在关联

文明交流互鉴以及全球文明倡议都是中国共产党在处理中国与世界关系的

---

① 《习近平谈治国理政》（第三卷），外文出版社 2020 年版，第 434 页。

过程中产生的推进人类文明进步发展的重要方案，体现了中国共产党胸怀天下的世界观和方法论，彰显了中华优秀传统文化所蕴含的世界智慧。本书从文明交流互鉴的视域来探讨全球文明倡议的基本问题，其原因就在于文明交流互鉴和全球文明倡议二者之间具有内在关联性，这种内在关联性主要体现在，无论是文明交流互鉴的理念、主张还是全球文明倡议的内涵要义、实践举措，它们都是人类命运共同体理念框架内的一环，都是推动构建人类命运共同体的重要实践理念和方案。

党的十八大以来，以习近平同志为代表的中国共产党人，在马克思主义文明观以及世界普遍交往理论和世界历史理论的指导下，弘扬中华传统文化的优秀基因，传承中国共产党文明交流互鉴的优良传统，经由新时代 10 年伟大变革的实践酝酿和养成，在回答"为什么文明交流互鉴以及如何文明交流互鉴"等重大问题时，形成了新时代的文明交流互鉴观。新时代的文明交流互鉴观是对人类命运共同体理念的丰富、拓展和补充，是促进世界和平发展的重要理念，为推动人类文明进步、建设更加美好的世界指明了前进的方向。2023 年 3 月，习近平总书记在中国共产党与世界政党高层对话会上发表了《携手同行现代化之路》的演讲。在谈及人类社会面临的"现代化之问"时，习近平总书记以"全球文明倡议"作答，向发展中国家提供了如何解决现代化发展难题的方案。全球文明倡议的生成与新时代文明交流互鉴观的面世有着相似的逻辑线索，二者面对的是同样的国际背景，即世界百年未有之大变局。全球文明倡议的提出同样离不开马克思主义文明观和世界历史理论的指导，离不开中华传统文化中所蕴含的优秀基因，离不开中国共产党文明交流互鉴的传统。可以说，全球文明倡议、文明交流互鉴与人类命运共同体之间是依次递进的关系。全球文明倡议的提出彰显新时代文明交流互鉴的理念主张，全球文明倡议与新时代文明交流互鉴观都是推动构建人类命运共同体的方案，为构建持久和平、普遍安全、共同繁荣、开放包容、清洁美丽的世界提供了文化力量，是构建人类命运共同体的"文化支柱"。

第二章　全球文明倡议的内涵要义

为人类进步事业而奋斗，是历史与时代赋予中国共产党人的神圣使命，加强与世界各国政党的交流合作，是由中国共产党作为马克思主义政党的性质和使命决定的。中国共产党与世界政党高层对话会，是由中国共产党发起的具有世界历史意义的重要行动，是中国共产党与世界各政党开展治党治国理政经验交流互鉴的重要机制平台。2023 年 3 月 15 日，中国共产党与世界政党高层对话会在北京召开，此次高层对话会的主题为"现代化道路：政党的责任"。习近平总书记在《携手同行现代化之路》的主旨讲话中，向世界各国政党发出了全球文明倡议，并以"四个共同倡导"深刻阐述了其逻辑前提、价值指引、动力支撑以及实践指向等问题，深刻揭示了人类社会文明交流与发展的基本规律，彰显了世界文明的一般性、多样性与创新性等基本特征。"四个共同倡导"逻辑严密、内涵丰富，构成了文明交流发展的科学体系，指明了文明交流发展的基本规律，是习近平总书记为世界文明共同发展进步提供的中国智慧与中国方案。

第一节　尊重世界文明多样性是
文明交流互鉴的逻辑前提

"我们要共同倡导尊重世界文明多样性，坚持文明平等、互鉴、对话、包容，以文明交流超越文明隔阂、文明互鉴超越文明冲突、文明包容超越文明优越。"① 这

---

① 习近平：《携手同行现代化之路——在中国共产党与世界政党高层对话会上的主旨讲话》，载《人民日报》2023 年 3 月 16 日。

反映的是文明相互尊重与交流互鉴之价值。唐代诗人孟郊在《答姚怨见寄》一诗中写道:"日月不同光,昼夜各有宜。"尊重世界文明多样性是全球文明倡议的基本原则和逻辑前提,也是世界文明得以交流互鉴的重要基础。尊重世界文明多样性,体现了人类社会文明发展的客观规律,是准确把握、科学应对时代发展大势而做出的必然选择。在此基础上形成的"平等、互鉴、对话、包容"的文明观则是对西方资本主义文明观中"文明霸权论""文明冲突论""文明优越论"等错误观点的坚决摒弃。

一、文明的多样性是世界的基本特征

全球文明倡议是习近平总书记基于对世界文明多样形态正确认识和准确把握的基础上提出的。习近平总书记指出:"历史和现实都表明,人类文明是由世界各国各民族共同创造的。"① 世界的基本特征就在于文明的多样性,这不是一个理论问题,而是一种客观现实。文明的多样性就如同自然界物种的多样性,它是标志不同民族与不同国度社会进步程度与水平的重要范畴,反映的是不同民族与不同国度社会实践活动所产生的积极成果,彰显的是人类社会生活的差异性、丰富性以及创造性。文明作为一种精神内涵,其丰富多彩的表现形式离不开国家和民族等具体实体的承载。当今世界由 200 多个国家与地区构成,其中居住着 80 亿人口,分布着 2500 多个民族,具有 5000 多种不同的语言形态,信仰着不同的宗教,正是这些文明实体彼此间既竞争又合作,造就了当今世界文明实体的多样化。在悠长的人类文明发展史中,世界人民依靠勤劳与智慧,在不同的地理环境与气候中构建出千姿百态的风土人情、各有千秋的民族风俗,形成了形态各异、彰显地域特色的多样文明,共同创造了精彩纷呈的世界文明图景。人类社会发展的历史可以说就是一部不同文明产生发展与交往交融的历史。每个国家、每个民族都有自己独特的文明历史。经由历史积淀而传承下来

---

① 习近平:《坚定文化自信,建设社会主义文化强国》,载《求是》2019 年第 12 期。

的文明是一个国家和民族的集体文化记忆。每一种文明都有自己赖以生存的实体空间，凝聚着不同国家与民族物质、精神与制度的成果，蕴含着人类社会发展进步的精神动力与价值旨归。

世界文明是一个百花园，经由历史积淀与洗礼而流传下来的任何文明都有其独特价值，这是世界文明多样性的客观现实。文明作为一个动态系统，其多样性特征不仅仅是指整体文明上的多种多样，不同文明传统所形成的独立文明单元也是多种多样的。世界文明多样性的表现是异彩纷呈的，人类文明在不同时空与场域下的具体样貌可以用"文明形态"这一概念来概括。马克思主义经典作家认为，社会形态的更替从一定程度上来说也就是文明形态的演进，并将文明形态的历史演进归结为生产力与生产关系矛盾运动的规律性。

（一）时间维度下的世界文明多样性表现

从时间维度上来看，基于大历史观视角窥探文明发展的历史进程，文明形态依次展开为：奴隶制文明、封建制文明、资本主义文明以及社会主义文明四种。

1. 奴隶制文明

奴隶制文明产生于人类历史的第二个社会形态——奴隶制社会。"随着在文明时代获得最充分发展的奴隶制的出现，就发生了社会分成剥削阶级和被剥削阶级的第一次大分裂。这种分裂继续存在于整个文明期。"在这一阶段，人们的生产劳动从原始社会的"石制工具"进入了"金属工具"时代，农业、畜牧业也较之原始社会有了一定程度的发展。手工业与商业日益繁荣，这意味着社会生产力水平有了进一步提高，这也推动了物理学和数学以及文学艺术的发展。奴隶制时期的文明形态从本质上来说，属于剥削与阶级对立的文明形态，实行的是野蛮的剥削制度。但是在这一时期随着社会生产力水平的提高，在天文、地理、物理、文学等方面的成就使其在人类整个文明形态的历史演进中起到了积极正向的奠基作用。

2. 封建制文明

封建制文明产生于人类历史的第三个社会形态——封建制社会。在这一阶段，以自然力为动力的简单机械开始运用于劳动生产，人们征服自然界的能力大大提高，物质文明进入了一个新的发展阶段。在封建制的生产方式下，农业与手工业的生产规模和技术水平有了较大发展。在这一文明形态之下，具有代表性的就是在中华文明熏陶与影响下而产生的四大发明——造纸术、印刷术、指南针以及火药。四大发明彰显出中华文明对世界文明发展产生的极其深远的影响。

3. 资本主义文明

资本主义文明产生于人类历史的第四个社会形态——资本主义社会。15 世纪末至 16 世纪初，人类历史进入"近代"。西方通过文艺复兴、工业革命等变革从根本上摆脱了其落后的局面，在世界上占据了支配地位。其中，资本主义社会的形成与发展建立在暴力手段为基础的资本原始积累和残酷的殖民掠夺这两个基础之上，资本主义社会的历史发展充满着血雨腥风；另一方面，资本主义社会是对上一社会形态——封建社会的超越，是人类社会由低级至高级的一个历史阶段，是适应社会生产力发展而建立起来的。资本主义文明与过往的文明形态截然不同，它通过科学技术变革极大地提高了社会生产力的发展水平，首次彻底地突破了民族与地域的封闭性和狭隘性，使民族历史进入世界历史，极大拓展了人类文明的生存发展空间。资本主义文明表现出极度的扩张野心，从非洲到美洲再到亚洲，通过文明渗透，逐渐控制了整个世界。但是，资本主义文明在发展过程中所表现出来的"文明危机""文明悖论"等矛盾是不可避免的，这一系列弊端暗示了它最终要被取代的历史命运。

4. 社会主义文明

社会主义文明产生于人类历史的第五个社会形态——社会主义社会。社会主义文明根本不同于奴隶制文明、封建制文明和资本主义文明为代表的私有制文明，这三种文明始终表现为剥削阶级对被剥削阶级的统治关系。恩格斯在

《家庭、私有制和国家的起源》一书中指出，古代农奴制、中世纪农奴制和近代雇佣劳动制"是文明时代的三大时期所特有的三大奴役形式"。也就是说，这三种文明的更替只是较低的文明层次被较高的文明层次所取代，而其并没有发生根本变化。相反，社会主义文明的诞生实现了人类文明发展史上的质的飞跃，它是马克思主义对共产主义新文明曙光的进一步展望。进入 20 世纪后，社会主义逐步显示出自己独特的轮廓与样貌，并在致力于物质文明建设的同时也创造了新型的精神文明，成为维护世界和平的重要力量。同时，社会主义文明形态也十分清晰地认识到，要想实现文明的跃迁发展，就必须汲取包括资本主义文明等不同文明形态所创造的一切有益文明成果。社会主义文明以实现对人类美好生活的不懈追求为最终理想，它是人类文明发展史上迄今为止最为进步的一种文明形态，它反映了时代潮流，代表了人类文明与历史发展的方向。

（二）空间维度下的世界文明多样性表现

从地理空间透视人类文明多样性，文明可分为欧洲文明、亚洲文明（东亚文明、印度文明）、美洲文明以及非洲文明等不同形态。

1. 亚洲文明

"亚洲是人类最早的定居地之一，也是人类文明的重要发祥地。在数千年发展历程中，亚洲人民创造了辉煌的文明成果……璀璨的亚洲文明，为世界文明发展史书写了浓墨重彩的篇章，人类文明因亚洲而更加绚烂多姿。"[1] 亚洲是人类文明的摇篮之一。从地理上看，亚洲各国山水相依；从历史上看，亚洲各国有着相似的遭遇。亚洲这片神奇的土地孕育产生了中国、古印度、古巴伦等文明古国，形成了东亚、南亚、西亚"三大文明圈"，诞生了中华文明、印度文明、东南亚文明、伊斯兰文明等对世界具有重大影响的历史文明。在欧洲资本主义文明萌发之前，亚洲始终是人类文明的中心。亚洲最早出现农业，农业

---

[1] 习近平：《深化文明交流互鉴　共建亚洲命运共同体》，载《人民日报》2019 年 5 月 16 日。

与文明密切相关，孕育出农耕文明，是全世界农业最发达的地区，而这正是人类繁衍生息的根基，也是国家诞生的基础。得益于农耕文明的发展，以中国为代表的亚洲各国能够生产出欧洲人十分需要的丝绸、瓷器、香料、茶叶等产品，这也进一步促进了亚洲对外贸易的发展，使商业体系高度发达。以海上丝绸之路和陆上丝绸之路为代表，亚欧大陆与亚非大陆通过商业连接在一起，同时这也为不同文明间的交流互鉴提供了重要途径。但是不可避免的是，伴随着资本主义在西欧的诞生，以侵略扩张为目的的欧洲资本主义文明改变了世界格局，它使亚洲文明开始沉沦，古老的文明形态笼罩在殖民主义的阴影下。

2. 欧洲文明

2014、2015 年，习近平主席在德国柏林以及英国伦敦金融城发表重要演讲，分别提及"中华民族和德意志民族是两个伟大的民族，为人类文明进步作出了重大贡献"①，"中国人民和英国人民都创造了灿烂的文明，对人类文明进步产生了深远影响"②。一种文明在演进过程中所表现出的特质，很大程度上会受到地理环境的影响。独特的地理风貌激起了欧洲人民探求自然、改造自然的强烈欲望，在这一过程中造就了灿烂的欧洲文明。欧洲文明的色彩不是单一的，它既有共性又有个性，是共性与个性的统一。从共性来看，欧洲文明中蕴含着丰富的哲学智慧、经济思维、政治伦理、宗教理念以及科学实践精神。欧洲是资本主义最早产生的大陆，因此资本主义文明也与欧洲文明有着密切联系。从个性来看，"希腊文明、罗马古典文明、法兰西文明、意大利文明、俄罗斯文明、日耳曼文明"等文明同源异流，它们之间存在着较大差别，彰显着自己独特的魅力，共同构成了欧洲文明的整体。其中，希腊文明对整个欧洲的影响至深，可以说是欧洲文明的始端。在欧洲文明历史发展演进的脉络中，"现代化"与"全球化"这两个关键词与其密切联系③。一方面，中世纪是欧洲文明历史

---

① 《习近平在德国发表重要演讲》，载《人民日报》2014 年 3 月 30 日。
② 《习近平在伦敦金融城发表重要演讲》，载《人民日报》2015 年 10 月 23 日。
③ 陈乐民：《欧洲文明的进程》，生活·读书·新知三联书店 2014 年版，第 9 – 10 页。

上的黑暗时代，封建基督教严重禁锢了人们的思维。文艺复兴时期，资产阶级与封建基督教之间展开了激烈的斗争，欧洲在思想文化领域进行了一场具有划时代意义的思想文化启蒙运动，理性原则、公正法则极大地改变了欧洲的精神面貌。另一方面，从起源上看，欧洲文明最早是从亚洲传过去的，属于次生型文明，经过古希腊和古罗马的传播进而整体扩散至欧洲大陆。但是后来伴随着地理大发现以及欧洲向外殖民扩张的开始，欧洲文明体系之下的生产生活方式、文化风俗习惯以及思维方式等，又不同程度地传播至欧洲以外的大陆，对世界其他文明的交往交融产生了不同程度的影响，使大多数民族卷入全球化浪潮之中。

3. 非洲文明

2015 年，习近平主席在亚非领导人会议上指出，"亚非两大洲都是人类文明的重要发源地……亚非地区有 100 多个国家……共同构成异彩纷呈的文明画卷"①。非洲大陆从地形上看属于完整的块状结构，它具有独特的地理环境、显著的气候特征，这使其动植物资源极其丰富，矿藏资源也异常富有。人类的祖先最早在这片大陆上开始直立行走，非洲在人类的进化发展中扮演着十分重要的角色。非洲大陆上诞生的非洲文明也对人类文明发展做出了杰出贡献。其中，伟大而又神秘的古埃及文明被世人公认，这是非洲文明历史悠久、贡献突出的有力铁证。古埃及文明诞生于四大文明古国之一的古埃及，其创造了"世界八大奇迹之一"的古埃及金字塔和神秘的古埃及木乃伊等精美绝伦的文化瑰宝。除了古埃及文明，非洲大陆上也有着其他丰富的物质文明和精神文明，如非洲岩画、非洲金属冶炼技术、非洲象牙雕刻以及非洲的文学艺术等②，这些绚丽多彩的文化既为世界文明百花园增添了亮丽的色彩，也展示了非洲的独特之美。但是，随着奴隶贸易在非洲大陆的扩张，非洲在欧洲资本主义的压榨下，在尚

---

① 习近平：《弘扬万隆精神，加强亚非合作　推动建设人类命运共同体》，载《人民日报》2015 年 4 月 23 日。
② 李安山：《非洲现代史》（上），江苏人民出版社 2021 年版，第 12–20 页。

未被世界全面熟悉之时就奄奄一息，遭受了史无前例的重创。非洲奴隶贸易在满足欧洲文明发展的同时也榨干了非洲文明的"精神血液"，这不仅给日后非洲发展带来了种族主义，也使"黑皮肤"成为低等种族的代名词。

4. 美洲文明

习近平总书记曾经赞美印加文明"博大精深、灿烂夺目，是人类文明史上一颗璀璨的明珠"①。从地理位置上看，美洲由北向南，从北极圈延伸至南极边缘。绵延数千里的美洲由北美洲、中美洲、加勒比海以及南美洲四大部分组成。美洲历史以其古老的文明闻名天下，玛雅文明、阿兹特克文明和印加文明等构成美洲文明的瑰宝。其中，玉米种植、数学与天文历法、棉花与纺织技术等是美洲文明为人类发展贡献的伟大遗产。随着 15 世纪哥伦布发现美洲新大陆后，资本主义文明的利剑划破了美洲原始文明寂静的长空，美洲文化也逐渐从原始转向资本主义。② 在美洲文明中，影响最为深远的就是玛雅文明。大约公元前 2000 年，玛雅人就在墨西哥一带定居，是创造美洲文明的先驱者。玛雅人在历史上创造了灿烂的文明，如农业中玉米、辣椒等的种植，城市中的建筑与艺术，玛雅日历以及玛雅人所创造的象形文字，等等，因此他们被称为"新世界的希腊人"。但是，这一璀璨的文明被西班牙人入侵后迅速走向毁灭，记载玛雅文明的书籍被付之一炬，仅有三部留世。

除了时间维度和空间维度外，世界宗教的不同样态也是观察文明多样性的重要窗口。宗教是一种普遍的社会现象，是人们在生产生活的过程中根据自己的需要与想象创造出来的。恩格斯在《反杜林论》中这样论述宗教："一切宗教都不过是支配着人们日常生活的外部力量在人们头脑中的幻想的反映，在这种反映中，人间的力量采取了超人间的力量的形式。"③ 宗教在不同历史时期的

---

① 习近平：《同舟共济　扬帆远航　共创中拉关系美好未来》，载《人民日报》2016 年 11 月 23 日。

② 金计初：《美洲文明》，当代世界出版社 2014 年版，第 1 - 4 页。

③ 《马克思恩格斯文集》（第九卷），人民出版社 2009 年版，第 333 页。

人类文明发展中都扮演着重要角色。因此，了解宗教的发展可以从侧面帮助我们理解人类社会的发展史和世界文明的多样性。从宗教视角来看，文明可以划分为基督教文明、佛教文明、伊斯兰教文明等。三大宗教都起源于亚洲，基督教缘起于亚洲巴勒斯坦地区的犹太民族，基督教信奉耶稣为救世主，《圣经》是其经典，天主教、东正教、基督新教是其最大的三个分支。基督教是当今世界上发展最为广泛、影响最为深远的宗教，我们对于哲学、文艺、政治、法律等的学习都不能脱离对基督教文化的理解。佛教产生于公元前6世纪的古印度，由释迦牟尼创建，是古印度社会阶级矛盾异常激化的产物。"四谛、缘起、五蕴、无常、无我"等是佛教的基本教义，其中蕴含着丰富的对于世界和人生的认识。佛教在亚洲各国得到广泛传播，是东方文明体系中的珍宝。伊斯兰教产生于7世纪初，正处于阶级社会形成的阿拉伯半岛，由穆罕默德所创建。《古兰经》被穆斯林（伊斯兰教徒的统称）奉为经典，"六大信仰（信真主、信天使、信经典、信使者、信后世、信前定）、五功（念、礼、斋、课、朝）、公益与善行"等构成伊斯兰教之教义，旨在教导人们要净化罪恶，获得真善美的心灵。伊斯兰教分布广泛，在世界范围内具有重要影响，在亚洲、非洲等地得到广泛传播。

尊重世界文明多样性，首先要做到正确认识和全面了解世界文明的多样形态，这样才能真正呼吁和响应全球文明倡议。人类文明的本质特征就是多样性，历史上如此，现在依旧如此。无论是亚洲文明、非洲文明还是美洲文明，在历史上都曾向世界绽放过绚丽多彩的花朵，都为世界文明演进做出了杰出贡献。随着西欧资本主义文明的魔爪深入其中，它们逐渐失去了往日的活力，在殖民主义的猛烈攻击下似乎已走向穷途末路。但是，随着世界现代化的重新崛起，古老文明在新兴国家的带领下又重现了往日的生机，文明的力量使世界再次展示出百花齐放的姿态。

（三）世界文明多样性表现的追根溯源

自从有人类历史以来，世界上就已存有多种文明形态。可以说，在人类文明的源头上就已存在多样性。即便在人类历史的演进中有超过 20 种的文明已经从地球上消逝，但是其留给世人的文化遗产依旧绚烂夺目，世界文明从整体上依旧表现为多种多样。世界文明多样性表现的原因从根本上应从生产力与生产关系、经济基础和上层建筑辩证关系的角度做出科学阐释。因此，世界文明多样性的表现是由生产力发展水平决定的。马克思主义经典作家揭示了人类文明发展进步的一般规律，指出社会形态的更替，从一定意义上讲就是文明形态的更替。而社会形态更替的根源就在于生产力与生产关系的矛盾运动。人类社会迄今为止所经历的奴隶社会文明、封建社会文明、资本主义社会文明以及社会主义社会文明四种文明形态就是社会形态更替的必然结果，这也是人类社会发展的客观规律。而空间维度上所表现出来的亚洲文明、欧洲文明、非洲文明以及美洲文明等，它们在不同生产力发展条件下所表现出的文明特性也是完全不同的。

"一方水土养一方人"。世界地理环境的差异造就了人类文明的多样形态。自然界是人类社会生存与发展的基础，人类的进化离不开自然界，人类在自然界中创造的文明也受制于地理环境，尤其是在文明刚出现之时。地理环境的差异性是人类文明多样性的客观基础。法国启蒙思想家、近代地理学派的代表——孟德斯鸠在《论法的精神》中提出了一个著名的论点，那就是"地理环境是人类社会生存和发展的必要条件"，即我们所熟知的"地理环境决定论"。孟德斯鸠认为，气候与土壤等地理环境对一个国家和民族的性格、情感、宗教和风俗等的形成产生了重要影响。虽然我们反对孟德斯鸠将地理环境这个外在条件作为社会发展的决定因素，但从另一方面讲，我们也不能够忽视地理环境在一个国家和民族文明形成中所起到的重要作用。再如，两河流域是人类最早的文明发祥地之一，在其中地理环境因素发挥了重要作用。两河流域拥有便利的交通、肥沃的土壤以及便于农业发展的灌溉条件，加之处于远古时期人类往返迁徙的交通枢纽，使这里最早孕育出人类文明。

除了生产力发展水平与地理环境外，一个民族的历史文化传统、思想文化源流、政治制度模式以及宗教信仰的差异也是人类文明"各美其美、美美与共"的原因所在。如中华文明历经千年而始终绵延不绝，得益于强大的统一国家和共同的价值观；而西亚地区作为首先出现文明的区域之一，却因缺乏强大统一的国家、意识形态和思想文化而使文明湮没在历史的尘埃中。

二、全球文明倡议要尊重世界文明多样性

中国特色社会主义进入新时代，面对充满不确定性的世界以及人类何去何从的时代命题，习近平总书记科学总结人类文明演进的客观规律，围绕世界文明发展发表了一系列重要论述，形成了新时代的文明交流互鉴观。2018 年 6 月，在上海合作组织成员国元首理事会第十八次会议上，习近平主席在《弘扬"上海精神" 构建命运共同体》的讲话中首次提出了这一全新的文明观。2023 年 3 月，在中国共产党与世界政党高层对话会上，习近平总书记再次强调要坚持这一文明观，并将其作为全球文明倡议的内涵之一。全球文明倡议主张尊重世界文明多样性，坚持文明平等、互鉴、对话、包容，以文明交流超越文明隔阂、文明互鉴超越文明冲突、文明包容超越文明优越。

（一）世界不同文明是平等的，我们要摒弃阻碍文明前进的桎梏

"每一种文明都扎根于自己的生存土壤，凝聚着一个国家、一个民族的非凡智慧和精神追求，都有自己存在的价值。"① 尽管世界上存在着多元的文明形态，不同文明形态受不同社会制度的影响，但是从地位和价值看，世界文明之间都是平等的。在马克思主义的唯物史观中，就包含着文明平等的思想。每一种文明，无论其在世界文明发展历史长河中所做的贡献大小，都是人类文明资源宝库的重要部分，都彰显其独特价值。文明没有高低优劣之分，只有个性特色之别。被西方学术界誉为"近世以来最伟大的历史学家"——阿诺德·约瑟

---

① 《习近平谈治国理政》（第三卷），外文出版社 2020 年版，第 468 页。

夫·汤因比，在其著作《历史研究》中主张将文明作为开展历史研究的基本单位，形成了文化形态史观。汤因比也曾指出文明并无高低贵贱之别，世界文明的任何一部分从地位上看都是平等的。

世界上并不存在衡量一切文明价值的绝对标准，文明的价值只能由创造这些不同类型文明的国家和民族的人民自己去评判。无论是亚洲文明的含蓄内敛还是非洲文明的热烈奔放，无论是农业文明的田园牧歌还是工业文明的日新月异，都是人类文明不可或缺的重要组成部分。世界上的文明都是平等的，都是人民和历史选择的必然结果。

平等，理应是我们对待世界不同文明需选择的理性视角。然而在现实中，西方资本主义国家所持的"西方中心论""文明优越论"等错误论调严重扭曲了文明之间的平等关系，一些文明则被边缘化。习近平总书记曾旗帜鲜明地指出："文明交流互鉴不应该以独尊某一种文明或者贬损某一种文明为前提。"[①]因此，新时代的全球文明倡议倡导多样文明之间要坚持相互尊重、平等相待的首要原则，正确认识本国文明与其他文明之间的关系。唯有平等相待，世界文明才能拥有繁荣开放的未来。

（二）世界不同文明的发展需要交流互鉴，以揭示文明发展的内在规律

"某一个地域创造出来的生产力，特别是发明，在往后的发展中是否会失传，完全取决于交往扩展的情况。"[②] 交流互鉴是文明进步的必然要求，也是符合人类文明发展的一般规律。马克思、恩格斯曾指出，资本主义在使生产力得到快速发展的同时，也开辟了世界市场。世界市场的开拓使经济关系愈发具有国际性，国际分工日益成熟，创造了近代工业文明。近代工业文明的发展进步使世界上不同国家间的联系日益紧密，为不同民族之间的文化交流创造了极为有利的条件。

---

① 《习近平谈治国理政》（第一卷），外文出版社 2014 年版，第 259 页。
② 《马克思恩格斯文集》（第一卷），人民出版社 2009 年版，第 559 页。

一种文明只有交流互鉴才能充满生命力。因此，任何力量都不能阻止文明的流动与开放，这是文明扩散传播的一种基本规律。自我封闭的文明注定止步不前，毫无生命力与创造力可言。古代丝绸之路就是文化交流互鉴从而实现蓬勃发展的铁证。丝绸之路以中华文明为起点，贯穿亚欧大陆，将中华文明、印度文明、阿拉伯文明贯通起来，成为文明交流互鉴的重要典范。文明只有交流互鉴、相互学习，深入了解不同文明内在的价值内涵，进而思考如何使其合理内核融入本土文明中，才能更好地突破文明发展的障碍，实现文明的创造性转化和创新性发展。因此新时代的全球文明倡议倡导不同文明之间要实现有效互动，坚决摒弃傲慢与偏见的错误观点，以真诚谦虚的态度学习其他一切文明的有益成果，以取长补短。文明的交流互鉴也要注重方式方法，不生搬硬套、不削足适履，在充分认识民族的特殊性与差异性的基础上择善而从，以做到去粗取精、去伪存真。

（三）世界不同文明需要对话，以对话协商化解文明之间的冲突

世界文明具有多样性，不同文明在风俗习惯、精神特质、价值内涵等方面势必存在差异，如果不关注文明之间的差异性，那么在文明交流互鉴的过程中就极易发生冲突。比如在一种文化体系下的某种行为被认为是吉利的，而在另一种文化体系中相同的行为可能具有截然不同的含义。不仅如此，西方资本主义以"文明优越"自居，经常以自身文明的思维理念和价值观念为标准去评判、干预甚至是同化改造其他文明，这也势必造成文明之间的矛盾与冲突。而对话则是事前避免和事中协调缓和冲突的最佳方式，它能够以和平的形式弥合分歧、消解矛盾，使不同社会制度、不同发展模式、不同价值文化能够相互包容、相互合作和相互交流。它是适应人类文明发展的大趋势，是符合文明治理的客观需要。

文明对话古已有之，当今时代则更为需要。在当今时代的文明体系中，西方文明仍然处于主导地位，使广大发展中国家的文明长期处于边缘与外围。这

种文明相处模式既不利于文明发展也难以使文明分歧得到化解。在世界百年未有之大变局的背景下，这种文明发展模式也不利于国际关系民主化的推进。闭门造车只能使文明落后于世界发展潮流。因此，新时代的全球文明倡议倡导不同文明间要坚决摒弃暴力手段，以文明对话消除文明冲突，为世界文明提供和平发展的舞台。虽然在从文明冲突走向文明对话的过程中面临着来自各方面的重重阻碍，但是只要世界各国人民团结协作，就一定能够消除文化壁垒，打破阻碍人类文明交往的各种隔阂，在优化文明治理的过程中实现文明间"对抗"到"对话"的转变。

（四）世界不同文明是包容的，我们要以共享之态创造文明的美好未来

包容是不同文明和平共处、和谐共处的理想状态，文明进步离不开相互包容，人类文明开创美好未来需要包容。不同文明产生于不同国家、具有不同的社会土壤，它们共同存在于这个世界上，组成了世界文明，这是文明多样性表现的一个重要原因。包容是文明发展的润滑剂，坚持包容的文明观，能够在最大限度上丰富文明的独特魅力，进而减少文明之间的矛盾，最终实现文明之间和谐共处这一重要的目标。包容精神是一种宽广的胸襟和自信的品质，包容精神在中华优秀传统文化中有着深厚的根源。以共享之态开创文明的美好未来，必须实现其包容性发展。因此，新时代的全球文明倡议倡导不同文明在共处的过程中要坚持"聚同化异"的基本逻辑，以海纳百川的宽广胸怀淡化文明间的差异，积极寻求不同文化间的价值共识，尊重每一种文明的历史文化习俗，不封闭僵化也不唯我独尊，以文明包容超越文明优越，积极构建人类命运共同体，积极汲取不同文明的养分，让世界文明更加丰富多彩。

第二节　弘扬全人类共同价值是
文明交流互鉴的价值指引

"我们要共同倡导弘扬全人类共同价值，和平、发展、公平、正义、民主、

自由是各国人民的共同追求，要以宽广胸怀理解不同文明对价值内涵的认识，不将自己的价值观和模式强加于人，不搞意识形态对抗。"① 胸怀天下，是中国共产党自成立以来就始终坚持的世界观与方法论。在追求人类社会全面进步以及不同文明共同繁荣发展的历史进程中，习近平总书记向世界提出了全人类的共同价值。全人类共同价值体现了人类文明发展的终极目标，为践行全球文明倡议提供了价值引领，为人类文明繁荣提供了价值纽带。新时代倡导全球文明倡议，就是要弘扬全人类共同价值的基本内涵，寻求不同文明影响下的国家与民族发展的价值同心圆。

一、追求全人类共同价值是人类文明发展的终极目标

每一种文明形态背后所蕴含的独特的文化底蕴和价值追求，是世界文明所表现出多样性特质的一个重要原因。虽然不同文明之间差异巨大，但是从整体视角观察，不同文明影响下的国家和人民有着共同的价值追求。从大历史观的视域下，世界文明的发展进步以及交往交融，其终极目标就是在尊重差异性的基础上寻求全人类的共同价值，进而又为文明的进步提供重要的价值支撑。但在资本主义价值体系影响下形成的资本主义文明处处彰显出其侵略、扩张、同化的野心，在价值观上则形成了"普世价值"。以习近平同志为核心的党中央基于对全人类整体利益和命运的关怀，提出了全人类共同价值。"和平、发展、公平、正义、民主、自由"的全人类共同价值，回击与超越了资本主义文明下的"普世价值"，体现了不同文明的共同价值追求。

（一）全人类共同价值是对资本主义文明"普世价值"的超越

在当今世界百年未有之大变局的时代背景下，西方资本主义国家以其资本扩张的野心仍旧掌控着国际的话语权并占据着制高点，仍旧将"普世价值"视

---

① 习近平：《携手同行现代化之路——在中国共产党与世界政党高层对话会上的主旨讲话》，载《人民日报》2023 年 3 月 16 日。

为永恒发展的真理来随意干涉别国尤其是发展中国家的内政事务，企图通过输出资本主义的价值观扰乱国际社会正常秩序，以意识形态渗透打击新兴市场国家的发展势头，改变一些发展中国家的发展道路与社会制度①。"普世价值"从理论基础上来看，是建立在形而上学的抽象的人性论基础之上②，割裂事物的一般性与特殊性，进而虚构出的一种永恒的、普遍的价值。究其本质，"普世价值"就是西方中心主义的体现，它将西方资本主义社会制度下所倡导的"民主、自由、平等、人权、宪政"等视为人类历史发展的最终价值，即没有任何其他样态的价值能够将其超越，并将其作为一种普遍适用的价值强加于其他国家与民族，严重影响了这些国家自主发展道路与模式的选择。弗朗西斯·福山作为"历史终结论"的代表，认为苏联解体、冷战结束意味着西方资本主义国家所实行的自由民主制度成为人类意识形态发展的终点。

纵观人类历史发展长河，当资产阶级以人性的理念与主张，在推翻封建地主阶级后成为进步阶级的代表而登上历史舞台时，他们所宣扬的进步思想在人类历史上的确发挥了重要作用，推动了社会形态的更替演进。但是我们也必须意识到，资产阶级所宣扬的抽象人性论，在刚处于萌芽时就隐藏着各种局限。当资产阶级成为统治阶级，其地位逐渐稳固的时候，他们不断扩张的野心暴露出来，这些人性的理念与主张成为他们邪恶、丑陋的"保护伞"。可以说，"普世价值"就是披着"超越国家、民族和阶级的普遍适用的价值"的虚伪外衣，实则是"抹杀不同国家、民族和阶级的差异，否定人的现实生活与存在样态"的西方式价值观。但是，这个世界上自古以来（阶级社会）根本就没有超越阶级、国家和民族的"世界性的博爱"。马克思主义经典作家一直以来都对于资产阶级的人性论进行批判。列宁这样批判资产阶级的"普遍的友爱"：把世界范围的剥削美其名曰普遍的友爱，这种观念只有资产阶级才想得出来。毛泽东

---

① 何苗：《共同价值观的三维审视》，载《临沂大学学报》2022 年第 1 期。
② 李学勇、林伯海：《全人类的共同价值是对"普世价值"的回击与超越》，载《社会主义核心价值观研究》2019 年第 3 期。

在《在延安文艺座谈会上的讲话》中指出："所谓'人类之爱'，自从人类分化成为阶级以后，就没有过这种统一的爱。"① 以民主为例，世界上的民主类型各式各样，有资本主义民主与社会主义民主。即便是资本主义民主内部也有美国式民主、欧洲式民主、日本式民主等不同类型，但是如果仅仅将民主的某一种类型作为"民主一般"向世界强行扩散，这种行为本身就违背了民主的基本原则。

在当今人类共同生存的地球家园上，经济全球化遭遇逆流、生态环境遭到破坏、霸权主义与强权政治依旧威胁人类共同发展，在诸多全球性问题日益凸显之际，我们需要的不是单枪匹马地应对，而是需要全人类共同努力来面对风险挑战。人类面临着共同问题和挑战，但是并不意味着要接受"普世价值"。以美国为代表的西方资本主义国家，曾为了强迫其他国家认同其所追求的价值，以残酷的手段挑起或参与世界局部战争，如科索沃战争、伊拉克战争等。我们绝不否认人类社会存在着共同利益和价值共识，但人类面临的共同问题也绝不是通过"普世价值"就能够解决的。人类面临的共同问题具有时代特征，反映的是社会的进步，与特定历史时期的社会关系密切相关。不同国家有不同的社会制度模式和不同的政治制度模式，内在决定了不同国家的人们对于人类共同问题的看法有着千差万别的评判标准。因此，不同国家在面对人类共同问题时，总要从自己国家的利益出发来考虑和处理这些问题。"普世价值"不是能够解决人类共同问题的方案，世界范围内资产阶级仍处于统治地位，西方大国自然不会将解决人类面临的共同问题看得那么重要。

习近平总书记所倡导的全人类共同价值，是基于全人类共同利益、构建人类命运共同体的战略高度，它具有深邃的思想内涵和严密的内在逻辑，既顺应了当今时代的发展大势，也体现了不同文明的共同追求。全人类共同价值澄清了价值世界的迷雾，它的出场是对"普世价值"的理性批判。它使我们看到，

---

① 《毛泽东选集》（第三卷），人民出版社1991年版，第871页。

它与西方资本主义的"普世价值",在主体、目标、共识、逻辑等方面都有着非常大的区别,并从理论基础、实践方式与思维方式等方面实现了对"普世价值"的回击、超越与扬弃。

全人类共同价值的超越首先体现在其理论基础方面。一方面,"普世价值"建立在形而上学的抽象的人性论基础之上,而全人类共同价值以历史唯物主义为基础,以具体的历史的"现实的人"为价值主体,是一种真实的"现实人性";另一方面,在历史观上,"普世价值"基于唯心主义的历史观,极度夸大英雄人物的历史作用,而全人类共同价值遵循马克思主义群众史观,始终坚持"人民才是创造世界历史的动力",进一步揭示了其所具有的实践性、客观性等。

在实践方式方面,价值旨趣需要通过具体的实践活动将其转化为现实的物质表达。"普世价值"的实践方式由其资本主义的性质决定,其无疑是扩张外推的,西方资本主义国家以其在经济、政治、军事、科技等领域的领先成就,掌握着国际社会的话语权,在向其他国家兜售其科技成果、军事武器的同时连带将"普世价值"强加给这些国家。因此,可以说"零和博弈"成为"普世价值"实践方式的代名词。较之不同的是,全人类共同价值的实践方式可以用"内生式"进行概括,也就是人们在现实生产活动和交往中,在特定的价值追求的主导下,基于合作共享、交流互鉴的方式创造价值,进而实现共同的理想追求。全人类共同价值的实践方式,是在世界各国各民族的普遍交往中形成的,它从根本上超越了"普世价值"不公的实践方式,以"非零和博弈"的思维实现了国际社会合作共赢这一良性互动。

在思维方式方面,从"历史终结论"中我们可以看出,"普世价值"的思维方式认为,它已经穷尽了人类社会的真理认知,因此也具备了评判世界真理的神圣权力。而全人类共同价值将"价值"视为一种对象化的关系范畴,基于价值思维的关系性特征来显示价值的真理性。

（二）全人类共同价值体现了不同文明的共同追求

党的十八大以来，习近平总书记在诸多重要场合发出了全人类共同价值的倡导。2015 年 9 月，习近平主席出席第七十届联合国大会一般性辩论并发表重要讲话，首次提出"和平、发展、公平、正义、民主、自由"的全人类共同价值。在党的二十大报告中，习近平总书记再次呼吁世界各国要弘扬全人类共同价值，尊重世界文明多样性，共同应对全球性挑战。这一共同价值是顺应时代发展潮流、符合世界各国人民共同追求的价值，是推动不同国家和民族共同发展进步的价值同心圆，为促进人类文明的发展和进步提供了重要的价值支撑。全人类共同价值是推动构建人类命运共同体的重要基石，鲜明地彰显了世界多样性文明下不同文明的共同追求。

1. 和平与发展是全人类共同价值的愿景，也是人类文明交流互鉴的前提基础

改革开放与社会主义现代化建设新时期，邓小平就提出了"和平与发展是当今时代的主题"。在当今世界百年未有之大变局的时代背景下，和平与发展的时代主题仍旧没有变。和平发展作为全人类共同价值的第一要义，着重彰显了全人类这一愿景的重要性。和平发展是中华民族自古以来就追求和秉承的理念，走和平发展道路是中国共产党的坚定决心和意志，也是全人类共同奋斗的事业。和平与发展是辩证统一的，人类社会的发展需要和平的国际国内环境，没有和平，中国和世界都不可能顺利发展；而世界和平局面的形成也是建立在一定的发展程度之上。发展是解决一切问题的总钥匙，是实现全人类共同福祉的基础。在世界近现代历史的发展进程中，两次世界大战给世界和平发展带来极大灾难的同时，也使战争主战场的文明遭受了重创。战争，给世界文明带来的只有无尽的灾难；只有和平才是人类文明交流互鉴的前提与基础。

2. 公平与正义是全人类共同价值的理想，也是人类文明交流互鉴的重要原则

公平是社会发展进步的重要动力，正义是做顺应时代潮流、符合道义担当的事情。中国在参与全球治理体系变革的过程中，积极构建"相互尊重、公平正义、合作共赢"的新型国际关系。公平与正义在稳固国际秩序中发挥着至关重要的作用，追求公平正义有利于维护世界各国尤其是发展中国家的正当合法权益。公平正义是中华民族始终追求的一种目标，历代仁人志士都对公平正义进行过不懈地探索；公平正义也是世界不同文明开展交流互鉴时所要遵循的一个重要的原则。从古至今，人类社会文明从低级到高级渐次发展，但是不管人类文明发展到何种程度，公平正义这一重要的原则应始终是人类社会长期追求的一种价值理念。基于当今文化在国际范围的发展，公平与正义的基本原则首先就是要指出，世界上的不同文明在世界格局中的价值与地位上始终是平等的。平等相处与相互尊重应该成为不同国家不同文明单元的文化共同体的一项基本准则。

3. 民主与自由是全人类共同价值的核心，也是人类文明交流互鉴的终极追求

民主是一种全人类的共识，民主是具体的、历史的，世界上的民主形式和类型多种多样，但世界上并不存在评判民主的唯一标准，一个国家是否民主以及民主的效用只能由本国人民自己做出判断。只要是适合本国基本国情，植根于本国历史文化传统的民主就是最好的民主形式。自由是人的最高追求，也是国际社会所形成的一种共识。马克思也曾指出要实现人自由而全面的发展。当然自由不是绝对的，而是建立在法律和道德所允许的范围之内。民主、自由也是世界不同文明开展交流互鉴活动的终极追求。"世界上的事情只能由各国政府和人民共同商量来办，这是处理国际事务的民主原则。"[①] 民主的内涵是极为广泛的，从文化的角度看，民主就是不同文明之间一种和平平等的相处方式，它既反对唯我独尊又拒绝歧视其他文明。在国际不同文明的交流交往中，各个国

---

① 《习近平谈治国理政》（第一卷），外文出版社 2014 年版，第 274 页。

家无论其经济基础多么雄厚，也不论其文化的世界影响力多么强大，都有根据自身实际情况选择自己文明发展模式和价值观的权利，任何国家都无权干涉，这是自由民主的一个体现。

综上，"和平、发展、公平、正义、民主、自由"的全人类共同价值将世界、国家与个人这三个层次相贯通，也将世界不同文明的共同价值追求有机统一起来，高度凝结了人类生存的价值观、社会发展的价值观以及文明进步的价值观。

二、全球文明倡议要弘扬全人类共同价值

从价值的维度来看，全球文明倡议就是一份世界范围内文明的价值倡议。①全球文明倡议所要弘扬的全人类共同价值是世界文明在新世纪的共同价值追求和基础，弘扬了全人类共同价值的光辉。人类作为一个休戚与共的命运共同体，弘扬全人类共同价值是全球文明倡议的重要价值支撑，我们既要以宽广胸怀理解不同文明的价值内涵，又要在文明的特殊性中寻找世界文明的价值普遍性。

（一）以宽广胸怀理解不同文明所追求的价值内涵

价值，集中反映了人类文明的精神内核。价值理念的自觉更新和超越构成了人类文明转型发展的内在推动力。在人类社会的历史演进中，不同文明由于时空场域的不同而在价值观、世界观等方面表现出差异性。也正是因为这种文明上的差异性使自身文明呈现出与其他文明不同的发展特征和特色。但是，这种差异性并不能佐证文明之间缺少价值共识。基于马克思主义历史唯物主义的视角，几种文明如果在生产方式和交换方式上具有相似性，它们就可能表现出某些共同特征。面对不同文明在价值内涵上的差异，我们应该弘扬全人类共同价值，因为它是人类文明在现代社会中所形成的共同价值观，我们要以比天空

---

① 戴圣鹏：《全球文明倡议的价值彰显与现实基础》，载《湖北社会科学》2023 年第 5 期。

更宽阔的胸怀来准确理解其独特的价值内涵，凝聚不同文明间的价值共识，坚决摒弃从自身文明所特有的价值去评判其他文明的独特之处。中国共产党所倡导的全人类共同价值，就是各国人民的共同价值追求，它凝聚了世界各国人民的共同夙愿，表达了人类社会对于稳定的国际秩序的期盼，反映了人类社会发展的精神追求；它超越了资本主义价值观的历史局限性，在对立统一的辩证运动中实现了不同文明在价值领域的共通性。因此在文明的交往交融中，每一种文明形态必须持有共同的价值标准和价值观，做到客观评价每一种文明所具有的独特价值。只有弘扬全人类共同价值，以全人类共同价值为基本遵循，世界各国才能在世界格局演变和国际形势变动的历史进程中把握时代前进的方向。

（二）不强加价值观和发展模式，不搞意识形态对抗

全球文明倡议主张不将自己的价值观和模式强加于人，不搞意识形态之间的对抗。但是我们知道，西方资本主义国家基于维护资产阶级利益而倡导的自由、民主、平等、法治的"普世价值观"，无法真正代表无产阶级和最广大人民的根本利益，并且将自身特有的价值观与模式强加于其他文明体，最终成为制造阶级对立的意识形态工具。世界上无论哪一种文明，它的发展都既需要内部力量作为动力，又离不开外部力量的加持。处在封闭环境下的文明，是无法走向世界、融入世界的。而不同文明在交流互鉴的过程中，最基本的就是要坚持平等和相互尊重的原则。坚持文明间的平等原则，我们就会最大程度减少文明隔阂的存在和文明冲突的发生。因此，要保护世界文明的多样性，我们就必须坚决捍卫文明间的相互平等与相互包容，只有这样才能保证各国文明的发展。

中国共产党所倡导的全人类共同价值就是保证各国文明发展的中国方案和中国智慧。全人类共同价值贯穿个人、国家、世界等多个层次，内蕴不同文明中价值内涵的共通点，凝练了全人类共同的事业、理想与追求，是跨越分歧与差异的价值同心圆，是各国人民追求美好生活的最大公约数。在新时代的文明交往交融中，我们必须始终坚持开放性、包容性和平等性的基本原则，增强对

不同文明价值观的体认，在正确认识各文明价值观差异的基础上，以弘扬全人类共同价值为价值引领，以开放的视野、宽广的胸怀探寻不同文明价值的平衡点，实现不同文明价值共识的最大化。

第三节　重视文明传承和创新是
文明交流互鉴的动力支撑

习近平总书记指出："我们要共同倡导重视文明传承和创新，充分挖掘各国历史文化的时代价值，推动各国优秀传统文化在现代化进程中实现创造性转化、创新性发展。"[①] 这反映的是文明发展的价值。文化镌刻着一个民族的变迁史，蕴藏着一个民族繁荣兴盛的精神命脉。新时代，日新月异的科学技术在为世界各国文化互动提供良好机遇的同时，也为文化发展带来了挑战。对于任何一个国家和民族的文明而言，只有顺应时代发展潮流，勇于破解传承与创新的历史性难题，才能使文明获取永续发展的源动力。

文明，一方面需要在不同形态的文明交流互鉴中实现发展，另一方面，文明也是在正确处理传承和创新的关系中实现发展的。文明在传承中实现发展，在发展中实现传承。文明倘若不进行传承，那么它的历史脉络和发展轨迹就会中断；文明倘若固守陈旧落后的形式，那么它的未来就会一片暗淡。任何一种文明都流淌着它的精神血脉，而文明的精神血脉就潜藏在千百年来所流传下来的优秀传统文化中。因此文明的传承，传承的是优秀传统文化的具体形态，传承的是其中所蕴含的源源不断的精神财富。针对世界上不同形态的文明，我们要想在推进现代化的时代征程中实现对文明的传承和发展，那么我们就必须竭力挖掘优秀传统文化中所蕴含的时代价值，以优秀传统文化为根基实现自身文

---

① 习近平：《携手同行现代化之路——在中国共产党与世界政党高层对话会上的主旨讲话》，载《人民日报》2023 年 3 月 16 日。

明的现代化发展。

一、传承与创新是文明发展的重要动力

人类社会是连续性与阶段性的统一，人类社会文明的发展则是传承性与创新性的统一。传承，是文明发展的根基，是民族对历史进程中形成的文化精髓的延续。创新，是文明的生命力所在，是以实现文明现代转型为目的而进行的文化再创造。文明既要薪火相传又要推陈出新，传承与创新统一于文明发展的全过程。文明只传承而不创新，沉醉于旧日文明所创造的伟大成就中，就必然会在历史潮流中逐步走向消亡；文明只创新而不传承，不遵循文明的历史发展规律，毫无原则地一味追求独特创新，就必然会在历史长河中痛失属于这个民族和国家的集体记忆与精神命脉。一种富有生命力的文明，一定是以兼收并蓄突破单一文化系统、以博采众长而持续创新的文明形态。

（一）传承是文明发展的根基

"不忘历史才能开辟未来，善于继承才能善于创新。优秀传统文化是一个国家、一个民族传承和发展的根本，如果丢掉了，就割断了精神命脉。"① 经历史积淀而流传至今的传统文化，尤其是传统文化中的优秀基因，是一个民族和国家发展的根与魂。任何一个国家要想实现现代化，必须从优秀的传统文化中开源拓流，继承其优秀的基因。以美国为首的一些西方资本主义国家基于线性认识的观点，简单机械地认为现代的东西就是先进的，而传统的东西就是落后的，现代化的发展就是要抛弃传统的东西。然而，习近平总书记曾在演讲中强调："每一种文明都延续着一个国家和民族的精神血脉，既需要薪火相传、代代守护，更需要与时俱进、勇于创新。"② 每个国家在实现现代化的道路上，倘若不

---

① 《习近平谈治国理政》（第二卷），外文出版社 2017 年版，第 313 页。
② 习近平：《出席第三届核安全峰会并访问欧洲四国和联合国教科文组织总部、欧盟总部时的演讲》，人民出版社 2014 年版，第 17 页。

能联系新的时代背景和社会实践发展水平来对传统文化进行改造使其具备新的活力，那么其建设现代化就会出现动力不足的问题。习近平总书记提出的全球文明倡议重视文明传承和创新，并将其作为动力支撑，指出要"充分挖掘各国历史文化的时代价值，推动各国优秀传统文化在现代化进程中实现创造性转化、创新性发展"，这进一步冲击了西方提出的"传统—现代"二元对立之陷阱。

新文化运动以后，国人对于中华传统文化的态度经历了一个"由贬到扬"的转变过程。这一过程是曲折发展的。西方国家经过殖民掠夺和资本原始积累，生产力水平迅速提高，科学技术水平也遥遥领先于仍处在"天朝上国"美梦中的清政府。1840年鸦片战争爆发，西方资本主义文明以坚船利炮轰开了封闭的中华文明的大门，中华民族被浩浩荡荡的世界潮流裹挟其中，辉煌灿烂的中华文明从那时起迷失了方向，开始走向衰落。自此以后，国家内部军阀割据，生灵涂炭，国家对外不能保持独立自主的基本原则，中华民族蒙受了巨大的耻辱。在如此深重的民族危难之际，有识之士和先进的知识分子群体开始探求解决民族危机和国家危亡的具体途径。在这个过程中涉及的一个重大问题就是如何对待本国传统文化，或者如何实现本土文明的现代转型问题。他们首先想到的就是从打败自己的西方寻求进步的"良方"。具有西方知识背景的士大夫魏源首先提出了"师夷长技以制夷"的口号，主张学习西方先进的科学技术，但是顽固派却将其观点称之为"奇技淫巧"。稍后登场的洋务派则提出了"中体西用"的文化纲领，但这实际上是在不触动封建统治的前提下学习西方先进技术以实现富国强兵之目的。

由此可知，这一时期先进知识分子们进行的种种论战，中心点主要集中在文化的新旧矛盾以及中西方的冲突。[1] 这些冲突和矛盾向我们证实，像中国这样的后发型现代化国家要想处理好本土文明与外来文明之关系，实现社会进步

---

① 陈国恩：《新文化运动百年纷争中的新旧矛盾与中西冲突》，载《广东社会科学》2020年第6期。

和维护社会秩序稳定实属困难。

新文化运动时期，陈独秀、李大钊、鲁迅、胡适等人举起了"民主"和"科学"两面大旗，发出了那个时代的文化最强音。新文化运动之所以为"新"，主要体现在它已经开始将矛头指向封建统治阶级，开始触及统治阶级的根本利益。这一时期，中国的传统文化尤其是那些阻碍社会进步和人类思想解放的封建礼教成为落后、愚昧、专制的代名词，因而也成了被批判和打击的"靶子"。陈独秀就曾指出，中国传统文化已然僵化，必须引进西方文明加以改造。李大钊则批判"孔教"是"数千年前之残骸枯骨"。这一时期先进知识分子们对待传统文化的态度较为激进，究其原因主要是马克思主义开始在中国传播以及国内外复杂的形势影响等。中国共产党成立后，我们共产党人对于传统文化的态度不断发展变化。在延安时期，中国共产党人逐渐认识到，彻底摒弃中华传统文化是绝不现实的事情，进而确定了采取科学的批判继承传统文化的态度。毛泽东在《新民主主义论》中明确提出了中国共产党人对待文化的基本立场，即"剔除其封建性的糟粕，吸收其民主性的精华"①。新中国成立后，中国共产党对传统文化有了进一步的认识，但是由于受到国内外复杂形势的影响，在传承传统文化方面经历了数次波折，留下了深刻的经验教训。改革开放与社会主义现代化建设新时期，中国共产党开始重新理性地对待传统文化，由此进入了一个新的历史发展阶段。中国特色社会主义进入新时代，以习近平同志为核心的党中央高瞻远瞩，深入挖掘中华优秀传统文化的时代价值，提出了创造性转化、创新性发展中华优秀传统文化的新理念新思想。

一百多年来，中国历代知识分子围绕传统文化继承与发展这一根本问题展开了争论，也进行了一系列实践活动。历史一再证明，全盘西化论、怀疑否定论等历史虚无主义者的论调只能导致中华优秀传统文化受尽磨难、停滞不前。中国共产党对于传统文化态度的转变向我们证实，文明要想发展，就必须采取

---

① 《毛泽东选集》（第二卷），人民出版社1991年版，第708页。

一种批判继承传统文化的态度。只有继承传统文化中的优秀基因和精神力量，文明才能获得永续发展的根基。

西方资本主义国家所创造的现代化曾经一度被认为是人类社会现代化唯一的、普世的现代化模式。由此，一些西方学者产生了"中华文明无法孕育生成现代精神、难以萌发理性主义因素"的认识。然而，诸如数种观点随着历史发展皆被实践证明是错误的。中国特色社会主义进入新时代，中国共产党成功推进和拓展了中国式现代化，创造了人类文明新形态。中国式现代化，既不同于西方资本主导的现代化，也不同于苏联创造的传统社会主义现代化，而是历经千辛万苦走出的一条彰显中国特色的现代化道路。中国式现代化打破了"现代化等于西方化"的迷思，以其伟大的理论与实践创新，为广大发展中国家自主迈向现代化提供了全新选择。中国式现代化新道路的成功开辟，离不开对中华文明五千多年所形成的宝贵财富的传承赓续。正如习近平总书记所指出的："如果没有中华五千年文明，哪里有什么中国特色？如果不是中国特色，哪有我们今天这么成功的中国特色社会主义道路？"[1] 从深层次上讲，现代化的开拓不是对传统的完全摒弃，而是需要传统文化的支撑与滋养。

（二）创新是文明发展的生命力所在

创新是一个民族进步的灵魂。它不仅是文明发展的重要动力，也是文明永久保持先进性和生命力的根本手段。人类文明从古至今绵延不绝的奥秘就在于创新，这是人类最为宝贵的精神力量和精神财富。当今世界，科学技术日新月异，各个国家都在思考探索适合本国国情的发展道路和模式。一个国家能否在纷繁复杂的世界大变局中站稳脚跟，是否能够始终屹立于世界民族之林，关键在于要积极适应社会新时代转换的模式，紧跟社会前进的步伐，找准适合本国实现现代化发展的道路。这是世界发展的必然趋势，也是世界文明发展的必然

---

[1] 《习近平谈治国理政》（第四卷），外文出版社 2022 年版，第 315 页。

趋势。邓小平曾在 1992 年南方谈话时指出："我们的国家一定要发展，不发展就会受人欺负，发展才是硬道理。"从文明视角观之，发展不仅仅是一个硬道理，也是我们必须坚持遵循的一个非常重要的价值理念。倘若文明失去了发展这一核心价值理念，那么它的未来也将黯淡无光。没有了发展的文明就彻底失去了进步的机会。发展可以使一个国家和民族实现富强振兴，也可以使一个国家和民族的文明实现永续发展。文明的永续发展既需要传承文明之根基，也离不开革故鼎新、推陈出新。

创新是文明发展的生命力所在，这种生命力的延续，有时是建立在冲破重重阻碍和束缚之上的。简单来讲，文艺复兴以前，欧洲文明的发展历程经历了"形成—发展—衰落"等几个阶段。罗马帝国衰亡之后，欧洲先后遭受日耳曼人和来自亚洲势力的入侵。13 世纪以后，中世纪的基督教文明开始在欧洲确立。在欧洲的历史上，中世纪由于在宗教势力的统治下而一片黑暗，被称为"黑暗的时代"，欧洲文明因此也黯淡无光。在这个"黑暗的时代"，严格的等级制度禁锢了人们的思想，上帝被视为绝对的权威，文学、艺术和哲学展现出的是死气沉沉的景象，科学技术的发展也开始迟滞，欧洲文明的发展陷入了泥沼之中。随着资本主义在欧洲的发展，个人的价值与力量开始得到人们的普遍尊重，人文主义者开始尝试复兴古典艺术和文学以化解欧洲文明的危机。文艺复兴及其所宣扬的人文主义精神开始倡导个性解放，追求现实生活中的人生幸福，把人们的目光从虚无缥缈的宗教世界中吸引至现实世界，为欧洲文明的发展扫除了精神上的障碍，做足了思想上的准备，成为西欧历史上重要的思想解放运动。文艺复兴所展现出来的伟大不仅在于恢复古希腊和古罗马的文学艺术，更在于它象征的是一个新时代的开启，一个充满创新的时代大幕的拉开。

创新是一个国家和民族兴旺发达的灵魂与不竭动力。没有创新的民族，难以在历史潮流中把准前进方向，难以在外来文化的冲击中保持初心。如果一种文明能够在纷繁复杂的历史潮流中找准文明发展的动力，在不同文明的激流碰撞中以创新的意识吸收借鉴外来文明的优秀成果，那么它就能在原有基础上实现新的飞跃。中国是一个拥有五千多年悠久历史的文明古国，中华民族的先民们在实践中以勤劳与智慧造就了博大精深的中华文明，并从未间断地延续至今。延续五千多年的中华文明有着丰厚的文化底蕴和宝贵的精神资源。其中，中华文明延续至今的一个重要原因就在于创新的品质。习近平总书记在文化传承发展座谈会上指出："中华文明具有突出的创新性，从根本上决定了中华民族守正不守旧、尊古不复古的进取精神。"① 革故鼎新、与时俱进是中华民族永恒的精神气质，彰显了中华民族不惧新挑战、勇于接受新事物的无畏品格。"创新"一词最早见于南北朝时期的《魏书》一书，书中记载"革弊创新者，先皇之志也"。中华文明之所以能延续至今，中华民族之所以生生不息，勇于创新的精神是其内在动力和根本保证。创新是中华民族不断进步的灵魂。中华文明突出的创新性表现在物质文明、精神文明以及制度文明的创新等多个方面。几千年来，中华文明的创新性已成为把握中华文明脉络的重要依据和线索，成为坚定文化自信的重要基础。

二、全球文明倡议要重视文明的传承与创新

新时代的全球文明倡议主张各国家和民族必须以守正不守旧、尊古不复古的进取精神，激发文明创新创造的活力，以高度的文化自觉充分挖掘本国优秀传统文化中所蕴含的时代与世界价值，以海纳百川、兼收并蓄的开放品格使不同文明在交流互鉴中拓展文明创新空间，在推进现代化的历史进程中实现文化的创造性转化与创新性发展，创造发展出接续历史荣光、彰显时代气象的新文化，从而为人类文明多样性做出重要贡献。

（一）坚定文化自信自强，激发文明创新创造活力

文化，从本质上来看就是"人化"，人可以说就是文化的产物。也正是因

---

① 习近平：《担负起新的文化使命 努力建设中华民族现代文明》，载《人民日报》2023 年 6 月 3 日。

为文化的存在，人具有了理想追求和精神动力，使现实世界中的人团结起来形成一股强大的力量投入国家建设的伟大实践中。因此，文化从深层次上来看具有"润物细无声"的力量。文化自信是一个国家和民族发展的最根本、最深沉、最持久的力量。"全面建设社会主义现代化国家，必须坚持中国特色社会主义文化发展道路，增强文化自信。"[①] 传承与创新本国文明，首先就要坚定对本国传统文化的自信。"坚定文化自信，离不开对中华民族历史的认知和运用。"文化是民族的灵魂，也是国家治理的灵魂，坚定对本民族传统文化的自信是推进文明发展，实现现代化发展道路的重要基础。党的十八大以来，习近平总书记多次强调对于中华优秀传统文化的守正创新，强调要始终坚定文化自信自强。习近平总书记指出："抛弃传统、丢掉根本，就等于割断了自己的精神命脉。博大精深的中华优秀传统文化是我们在世界文化激荡中站稳脚跟的根基。"[②]

从马克思主义文化哲学的视角透视，文化自信是一个具有开放性和发展性的概念，具有极其丰富的空间内涵和维度，它是对一种文化本质特征和价值属性所持有的积极肯定的态度。这一态度的形成源于包括认知、评价、反思等系列思维与实践的过程。首先，文化自信是建立在对自身文化产生发展过程、基本要素构件等具有自知之明，对其属性和价值的高度认同基础上的；其次，当本土文化在与外来文化接触、碰撞、融合的过程中，能够理性地看待文化间的异同，同时能够主动将这种异同逐步转化为吸收、借鉴和创新，使其有益于本土文化的进步，并在入侵、融合、消融等一系列过程中始终对自身文化葆有十足信心。因此，文化自信是一个国家和民族对自身文化的积极肯定理性的心理状态，它是国家和民族变革发展的精神支撑。对于世界上不同国家不同民族来讲，在人类社会普遍交往的时代潮流中，必须坚定文化自信，不断提升文化自信，全面综合审慎地探讨本民族的传统文化，理性看待文化间的交流互鉴和交

---

① 习近平：《高举中国特色社会主义伟大旗帜　为全面建设社会主义现代化国家而团结奋斗》，人民出版社 2022 年版，第 42～43 页。

② 《习近平谈治国理政》，外文出版社 2014 年版，第 164 页。

往融合，正确汲取世界文化宝库中的有益成果。

文化自信的重要意义绝不仅局限于其自身，其必定要关涉作为现实的人的综合实践活动，包括物质生产活动、人类社会的普遍交往等。人是文化的主体，而文化又反过来塑造了人的精神世界，建构了人的存在形态。从这个意义上来讲，坚定文化自信对于国家制度建设、指导思想的选择以及发展道路等都将产生重要而深远的意义。因此，传承和创新文明，首先就要坚定文化自信自强，善于从自身广泛流传的传统文化中总结出在当今时代仍然能焕发强大生命力的文化样态，并在此基础上，结合时代需求进一步激发文明创新创造的活力。

传承与发展本国优秀传统文化，是时代赋予的重任。每个国家的优秀文化都是传统与现代、民族与世界的有机统一整体。对于传统文化的传承与发展，我们要坚持以马克思主义文化理论为指导，坚持马克思主义辩证唯物主义和历史唯物主义的基本观点和方法。在这一过程中，既要摒弃那种"人的主观能动性在文明发展演进中起决定作用"的错误观点，也要反对那种"文化的发展演进是脱离人而进行的过程"的片面观点。从源头上看，文化的产生归根于社会生产方式的发展。任何文化都是建立在一定的物质发展水平基础之上的，文化也是对一定物质生产方式的反映，并且随着生产方式的变化而不断发展演进。从原始的启蒙文明发展到现在的社会主义文明，其中文明演进的根本动力就在于社会生产方式的变化。正如马克思所言："物质生活的生产方式制约着整个社会生活、政治生活和精神生活的过程。"① 马克思和恩格斯在强调生产方式的发展决定文化演进的同时，并没有完全否定文化发展的特殊规律及其所具有的相对独立性。文化的相对独立性表现在一定历史时期内相对于经济基础处于一种超前或滞后的情况。

中华优秀传统文化具有强大生命力，绵延至今最为重要的一点就在于它是不断发展的、鲜活的、立体的，也是充满自信的，是能够不断激发文明创新创

---

① 《马克思恩格斯文集》（第二卷），人民出版社 2009 年版，第 591 页。

造活力的文化。这也正是文化传承与创新所要坚持的一点。对于任何国家和民族而言，要想重视文化的传承与创新，就必须将自身文化置于人类历史文化发展的长河中去把握其历史，把握现在与未来的变化发展和规律趋势，不断激活文化创新创造的活力。

（二）中国共产党传承创新中华优秀传统文化的成功经验具有世界意义

中华民族的历史脉络和力量根源就蕴藏于中华优秀传统文化的涓涓细流中。党的十八大以来，习近平总书记站在历史和全局的战略高度，基于世界文化多样化发展的大势，根据中国特色社会主义新时代历史方位的准确判断，深刻把握中华文明的突出特性，坚持将马克思主义基本原理与中华优秀传统文化相结合，针对中华优秀传统文化的传承和创新做出了系列重要论述，为我们传承中华优秀传统文化、创新中华优秀传统文化指明了前进方向。习近平总书记关于中华优秀传统文化的重要论述，涉及内涵、原则、价值等维度，既为中华文明现代转型提供了重要思路，也为人类文明与精神发展朝着更加繁荣与进步的方向提供了重要借鉴，开辟了成功的道路。因此我们认为，新时代以习近平同志为核心的党中央传承发展中华优秀传统文化的成功经验具有世界意义，它不仅局限于当代中国特色社会主义的文化发展，从世界范围来看它的意义也是极为重大和深远的。

首先，中华优秀传统文化是民族集体智慧的结晶，也是民族绵延不绝的根本所在。在中华优秀传统文化创造性转化、创新性发展的过程中，我们坚持批判与继承相结合、传统与现代相结合、民族与世界相结合的基本原则。中国共产党对待传统文化的基本原则为世界文明发展进步提供了重要借鉴。

中华优秀传统文化的创造性转化与创新性发展，坚持批判与继承相结合的原则。批判即斗争性，是对现实生活中的既定事实从反面采取的一种质疑态度。批判性是马克思主义哲学的鲜明特性，也是其本质特征之一。继承性则是将传统文化中的合理内核与当代社会发展的实际需要相结合而进行的传承和弘扬。

新时代中国共产党对待中华优秀传统文化首先坚持的是批判性与继承性相结合的原则。批判性的方法论前提就是唯物辩证法。马克思于1873年在《资本论》中深刻阐述了辩证法的本质："辩证法在对现存事物的肯定的理解中同时包含对现存事物的否定的理解……辩证法不崇拜任何东西，按其本质来说，它是批判的和革命的。"① 不可否认的是，我国传统的文化资源是一个极其丰富的宝库，但其中也的确存在着许多不合理的因素，如"君权神授、男尊女卑"等封建落后思想。因此，采取什么样的态度对待传统文化，成为文化持续发展、文明繁荣进步的关键所在。中国共产党在唯物辩证法的方法论指导下，结合时代的基本特征，在批判的基础上继承中华传统文化所内蕴的人文内涵和价值理念，取其精华，去其糟粕，使中华优秀传统文化大放异彩，成为推动中国特色社会主义文化发展的积极力量。

中华优秀传统文化的创造性转化与创新性发展，坚持传统与现代相结合的原则。传统性，事关文化发展的连续性与持续性。经由历史考验的"传统的东西"烙上了历史的印记，凝结着人们对于现实世界的认知，彰显着人们的生存智慧。时代性，体现的是文化与时俱进的发展。历史潮流滚滚向前，每一个时代有着不同的特征。传统文化不是一成不变的，不同的时代背景对传统文化的发展提出了不同的要求，这是文化自身发展规律的客观体现。恩格斯曾指出："每一个时代的理论思维，包括我们这个时代的理论思维，都是一种历史的产物，它在不同的时代具有完全不同的形式，同时具有完全不同的内容。"② 中国共产党坚持传统与现代相结合，在坚持弘扬中华优秀传统文化精神基因的同时，又深度挖掘中华优秀传统文化的时代价值，在将马克思主义基本原理与中华优秀传统文化"第二个结合"的历史进程中赋予传统文化新的表现形式和内涵，既弘扬传承了几千年的中华优秀传统文化的本真元素，又使其在新时代的风云

---

① 《马克思恩格斯选集》（第二卷），人民出版社2012年版，第94页。
② 《马克思恩格斯文集》（第九卷），人民出版社2009年版，第436页。

变幻中焕发光彩、充满活力，彰显文化的独特价值。

中华优秀传统文化的创造性转化与创新性发展，坚持民族与世界相结合的原则。"中华文化既是历史的、也是当代的，既是民族的、也是世界的。"① 民族性与世界性是文化的固有特性。文化从其本源上来讲，是一个民族的独特标识，这也正是文化民族性的来源所在。造成文化民族性的原因是多样的，包括地理环境与气候、生活条件以及历史背景等多种原因。世界性，是从文明交流互鉴的角度来看待世界文明。马克思和恩格斯早在一百多年前就已经告诉我们："每个文明国家以及这些国家中的每一个人的需要的满足都依赖于整个世界，因为它消灭了各国以往自然形成的闭关自守的状态。"② 造成文化世界性的主要原因在于资本主义世界市场的开辟使世界各民族从封闭自守、自给自足的状态向各民族普遍交往的整体转变。全球化是任何国家都不可阻挡的时代潮流，这个过程必然使不同文化处在冲突与融合之中，也进一步加深了文化的世界性意义。坚持民族与世界相结合，是文化发展的内在推动力和现实需要。中国共产党在坚持创造性转化与创新性发展中华优秀传统文化的过程中，既敞开胸怀接纳世界文明的不同有益成果，在文明的交流互鉴中为我所用充实发展中华文明；又坚持推动中华优秀传统文化走出国门、走向世界，在讲好中国故事和中国共产党的故事中向世界展示中华优秀传统文化的独特魅力，以此来不断提升中华优秀传统文化的传播力与影响力。

其次，中华优秀传统文化源远流长、博大精深，是世界上唯一一个没有中断过的文明。作为民族集体智慧的结晶，中华优秀传统文化从形式载体上来看，既有"仁爱天下、和合共生"的精神内涵，政治制度、法律规范、人文礼仪等规范体系，又包括诗词文赋、琴棋书画、园林建筑、文物古迹等具体实物。因此，我们坚持对中华优秀传统文化进行创造性转化、创新性发展，在基本原则

---

① 《习近平著作选读》（第一卷）人民出版社 2023 年版，第 539 页。
② 《马克思恩格斯文集》（第一卷），人民出版社 2009 年版，第 566 页。

的指导下，一方面是对中华优秀传统文化精神基因的传承，另一方面也包含对这些具体载体的保护、传承和弘扬。

文化的具体实物是对当时生产力与生产方式的反映，也是对人们思想观念的体现。中华优秀传统文化中包含的具体实物不胜枚举，且有相当多精美绝伦的实物作为中华文明发展的证据被保存至今。中国共产党坚持挖掘与保护相互结合，既不随意改变古迹遗产，又特别注重运用现代技术手段对其加强开发保护。文化除了具体实物以外，蕴藏在其中的精神内涵、道德行为以及制度文化等也是我们对其批判继承的主要内容。进入新时代，中国共产党充分挖掘其中的合理内核，将其科学地运用到社会主义现代化建设中，进一步推动社会主义文化强国建设。2023 年 6 月，习近平总书记在文化传承发展座谈会上特别强调了对于中国国家版本馆的建设工作。习近平总书记强调，要把自古以来能收集到的典籍资料收集全、保护好，把世界上唯一没有中断的文明传承下去。

新时代中国共产党传承发展中华优秀传统文化的成功经验具有世界意义，它为世界各国深入挖掘本国文明的价值，实现本国文明的创新发展贡献了中国智慧和中国方案，也为世界各国尤其是发展中国家实现文化现代化以及国家现代化提供了成功的经验借鉴，更为新时代全球文明倡议的全面落实提供了实践方案。

第四节　加强国际人文交流合作是
文明交流互鉴的实践指向

"我们要共同倡导加强国际人文交流合作，探讨构建全球文明对话合作网络，丰富交流内容，拓展合作渠道，促进各国人民相知相亲，共同推动人类文明发展进步。"① 加强国际人文交流合作从横向层面为世界文明交流互鉴构建了

---

① 习近平：《携手同行现代化之路——在中国共产党与世界政党高层对话会上的主旨讲话》，载《人民日报》2023 年 3 月 16 日。

新路径，是该倡议的最终落脚点与关键核心。交流合作，其价值旨归在于化解分歧、实现双赢，这与西方资本主义国家追求零和博弈的理念截然相反。以合作求双赢彰显了中国共产党的世界观与方法论，也是对中华优秀传统文化处世哲学的深刻体现。文明倘若故步自封、与世隔绝，其必然走向衰落。唯有求同存异、交流合作，世界文明的百花园才能姹紫嫣红、生机盎然，才能形成人类文明发展进步的强劲合力。国际人文交流合作，就是要基于尊重世界文明多样性的逻辑前提，无论是西方文明还是东方文明，都应以"平等、互鉴、对话、包容"的文明观实现文化交流的双赢；就是要以"和平、发展、公平、正义、民主、自由"的全人类共同价值表征全球文明倡议的价值追求，通过不同文明间的价值共通点探求国际政治经济合作的平衡点；就是要深入交流不同国家对于自身文明传承创新形成的宝贵经验，从而实现文化的创造性转化与创新性发展，既实现了对本国本民族优秀传统文化与文化遗产的保护，又丰富了世界文化资源宝库。

新时代全球文明倡议为人类文明发展进步提供了鲜明的实践指向，一方面，要以丰富的交流内容、畅通的合作渠道推动构建全球文明对话合作网络；另一方面，又要通过拓宽中国人民与世界人民交流互鉴的多元渠道进而实现各国人民相知相亲，共同推动人类文明进步，不断扩大构建人类命运共同体的民意基础，最终实现人文交流、文化交融、民心相通的崭新局面。

一、中国共产党始终坚持以人文交流合作实现和平发展

"和平发展、合作共赢才是人间正道"。和平发展的思想源自中华优秀传统文化的"和合"理念，已经融入中华儿女的精神血脉中，并在中国共产党带领全国人民进行的伟大实践中不断丰富发展，使其成为新型国际关系所倡导的基本准则。合作共赢彰显的是中国共产党始终信奉非零和博弈的思维，与美国和西方国家的零和博弈思维截然不同。在具体实践中，中国共产党始终坚持以人文交流合作实现世界的和平发展。这是因为人文交流合作有利于推动人类社会

迈向共同发展的道路，它为推动构建人类命运共同体，为世界各国的政治互信和经贸合作以及世界文明的进步发展发挥了独特作用。

（一）人文交流合作有利于推动人类社会迈向共同发展的道路

"国之交在于民相亲，民相亲在于心相通。"人文交流合作是国与国之间化解分歧、增进共识、加强合作的重要组成部分。当今社会，国际格局发生深刻演变，人类处在一个挑战层出不穷、日益增多的时代。人类共处一个地球家园，如何化危为机？人文交流合作是解决这一问题的有用之解。人文交流合作能够使世界各国在面临共同问题与挑战时生成责任意识，进而消除隔阂、加强交流，发挥它促进世界和平发展的最大效能。通过不同文明与思维的交流互鉴，可以全方位探求解决问题的方案，拉紧人文交流合作的共同纽带、推动多方务实合作，从而推动人类社会迈向共同繁荣发展的道路，并在新的国际秩序中实现卓有成效的深度融合。

中国与世界上其他国家和地区的交流合作，总体来看可以分为政治互信、经贸往来和人文交流三大领域。我们可以借助池塘、鱼和水这三者来形象地理解它们三者之间的关系。政治互信犹如池塘，经贸往来如同池中之鱼，人文交流就像池中之水。如果没有政治上的互信，鱼和水也将不复存在；如果没有经贸合作，一池之水也无法稳固存在；如果没有人文交流，池中之鱼也就无法生长。由此可见，政治、经济与文化这三者呈现出三足鼎立的态势。而在这三者之中，人文交流最能争取民心和扎根人心，对于中国与其他国家和地区的稳固发展发挥的是基础性和长远性作用，它的战略价值是其他两者始终无法替代的。

第一，人文交流合作将为中国与其他国家和地区发展合作创设有利的人文环境和社会基础，化解双方之间的误解，从而为中国构建更具合法性和感召力的形象提供舞台。当今人类地球家园面临共同的问题和挑战。这些问题的化解既需要科技力量，当然也毫无疑问需要文明的力量。中华文明与其他文明作为内核驱动力的人文交流合作，能够化解敌意、消弭分歧，从而进一步缓和由全球复杂利益发展变化导致的压力和冲突。中华文明与其他文明都是世界文明宝库的重要组成部分，他们之间的差异性和独特性是客观存在的，以自身文明所具有的风俗习惯和价值信仰去评判其他国家和地区的文明行为，有可能干扰到跨文化沟通。通过人文交流合作，不仅将有助于深化合作，而且也将提升合作双方在全球性问题上形成相对一致认识和意见的共识。

第二，人文交流合作将为推动构建人类命运共同体奠定基础。党的十八大以来，习近平总书记站在事关人类发展进步的战略高度，在深入思考"世界怎么了""我们怎么办"等关乎人类前途命运的重大课题中，向世界贡献了人类命运共同体的重要理念，成为解决人类面临共同挑战和共同问题的中国方案。推动构建人类命运共同体仅靠一国之力难以完成，它既需要全人类共同价值作为价值观基础，也需要"一带一路"合作倡议作为平台基础，同时还要充分利用人文交流合作为构建人类命运共同体奠定人文基础。只有通过人文交流化解不同国家的分歧，超越意识形态的差异，才能真正使人类命运共同体理念深入人心并付诸行动。

第三，人文交流合作是一种软实力的表现，它对世界政治互信和经贸合作的推动作用是其他因素所不能替代的。2016 年 8 月 17 日，推进"一带一路"建设工作座谈会在北京召开，习近平总书记深刻阐述了人文交流对于经贸合作和政治互信的推动作用："人文交流是软实力的体现，软实力强大了，开展政治、外交、经济活动的阻力就会小。"当今世界的一体化进程不断加快，如何加快经济发展是每一个国家行为体都需要进行理性思考的问题，而经济发展需要顺应经济全球化的发展趋势。不同国家间经济合作的顺利进行离不开政治上的互信。要想增强不同国家经济利益和政治利益的最大化，就需要人文交流发挥软实力的重要作用。首先，人文交流能够为不同国家增强政治互信提供现实路径。国家间的高层人士互相访问、青年政治家的思想交流等，是保障人文交流合作顺利进行的重要途径。也正是在这个过程中，实现了不同国家间政策的相互理解和民意的夯实筑牢。例如，20 世纪 70 年代中美两国之间开展的"乒乓外交"，正是以体育人文交流的形式，通过"小球"推动了中美"大球"的运转，为中美之间增强政治互信，为中美关系以及国际关系的发展都发挥了极其重要的作用。其次，人文交流能够为不同国家经贸合作的开展提供推动力。人文交流涵盖的范围众多，一方面，经济全球化为世界人文交流合作提供了重要的历史契机和广阔的展示舞台；另一方面，不同国家之间的人文交流也反过来促进了国家间的经贸合作，例如，当前影视、出版、音乐、动漫等人文项目已经成为国家间经贸合作的新潮流和新领域，成为新的经济"增长极"。

第四，人文交流合作将为人类文明进步和世界和平发展提供重要的机会和平台。历史能够映照人类发展演变的脉络，文明是人类历史发展演变的智慧结晶。世界各国文明因彰显其民族特色和价值传统而具有独特性，这些文明并无优劣之分，相反它们都是人类发展的宝贵资源。博大精深的中华文明之所以绵延流传五千年而不倒，重视与不同文化的交流互鉴是重要原因。人文交流合作是中华文明与其他文明相处的基本方式，也是中华文明发展进步的一大动力。几千年来，中华文明以开放性和包容性的姿态拥抱世界上其他的不同文明，党的十九大报告指出要加强中外人文交流，以我为主、兼收并蓄。世界文明的进步发展需要的不是缔造一个强大的统治其他文明的文明，而是倡导推动世界不同文明在加深各国人民友谊中实现包容与尊重，进而携起手来共同繁荣发展，共同为人类文明进步和世界和平发展贡献力量。因此，新时代的全球文明倡议倡导加强国际人文交流合作并以此为实践旨向。

中华文明是一个不断发展的开放的文明体系，它在与其他文明的交流互鉴中开花结果。当前，中国经济社会快速发展，社会实现长期稳定，作为世界第二大经济体，中国所取得的这些成就离不开在百年复兴的发展进程中中华文明发挥其交流互鉴的传统优势。中华民族伟大复兴和世界百年未有之大变局两者同步交织、相互激荡。这一变革推动当代中国知识分子重新思考中国与世界关系的复杂变化，思考中华文明如何在风云激荡的世界变局中创新发展自己进而又影响其他文明发展。在这样的时代背景下，推动中国与其他国家和地区的人文交流合作具有重要意义。

（二）中国与世界不同国家和地区的人文交流合作成效显著

中国共产党高度重视人文交流合作，有着悠久的历史。中国与世界不同国家和地区都开展了卓有成效的多领域交流。进入21世纪后，中国与俄罗斯、美国、英国、南非等国家和地区建立了高级别的人文交流机制。这些人文交流机制对于促进双方关系发展、增进双方了解起到了至关重要的作用。国际人文交流合作主要包括：文化交流合作、教育交流合作、卫生交流合作、体育交流合作、科技文化交流合作以及文旅合作，等等。在这里我们简要阐述中国与俄罗斯以及中国与非洲大陆的人文交流合作的现状和取得的历史成就。

1. 中俄间的人文交流合作

中俄山水相连，是彼此最为重要的紧密邻邦，形成了新时代全面战略协作伙伴关系。中俄之间的人文交流合作成果显著、历史悠久，在两国关系的历史发展中发挥了重要作用，是促进两国人民相知相亲相爱的桥梁与纽带。近年来，两国的人文交流日益密切，两国人民的友好情谊更加稳固。2023年3月20日，习近平主席赴莫斯科对俄罗斯联邦进行了国事访问。在这期间，习近平主席于《俄罗斯报》上发表了署名文章，文章指出双方要密切人文交流，用好地方合作机制，不断增进两国民众的了解和友谊。中俄之间的合作可以说是全方位的。

中俄全方位的人文合作，首先体现在人文合作的机制方面。在管理机构上，设立了中俄人文合作委员会。中俄人文合作委员会原称为中俄教文卫体合作委员会，首设于2000年。2007年9月3日在俄罗斯圣彼得堡举行的第八次会议上，双方将其改名为中俄人文合作委员会。其实，在中俄教文卫体合作委员会之前，双方还设立过中俄经贸和科技合作委员会、中俄投资合作委员会，等等。中俄人文合作委员会每年召开一次会议，中方主席由国务院副总理担任，俄方主席由副总理担任。在会期间，中俄双方就合作内容开展广泛交流，在回顾一年来双方人文合作取得的成绩同时也全面谋划未来两国人文交流合作的蓝图。

中俄人文合作委员会是中俄双方为促进人文等多方面交流合作而成立的组织，是两国全面战略协作伙伴关系持续高水平发展的又一有力体现。根据中俄人文合作委员会第二十三次会议公布的数据显示，在 2018～2023 的 5 年时间中，两国先后举办了三个国家年，其主题分别是"地方合作""科技创新"和"体育交流"。三个国家年的相关活动接近 2000 项，合作办学机构和项目增加到 116 个。①

通过中俄人文合作委员会的原称中俄教文卫体委员会可知，中俄两国间的合作主要包括教育领域、体育活动领域、传统文化以及文旅领域以及卫生领域等。

首先，中俄文化教育领域的人文交流。

由于西方国家对俄罗斯发动了政治、经济和文化制裁，促使俄罗斯加紧"向东看"，这也为中俄之间的文化交流提供了更大的发展空间和有利契机。从外交视角定位文化交流，可以将其称为文化外交，文化外交与政治外交和经济外交是中俄关系中的三大支撑。在文化领域，从 1992 年开始，两国的文化部门就开始定期机制化互相访问。在中俄人文合作委员会的推动下，中俄文化交流有条不紊地开展。在形式上，中俄文化交流最具代表性和成果最为显著的就是"语言年""旅游年"等活动。2009 年，中国举办了"俄语年"的人文交流活动，次年"汉语年"活动也在俄罗斯举办。中俄双方举办的语言交流活动极大提升了双方对于彼此文化的了解，为推动文学、电影、艺术、音乐等艺术形式的交流提供了语言载体，也展示了中俄两国文化强大的生命力。除了"语言年"以外，中俄还互办了"旅游年"。2012 年和 2013 年，中俄分别举办了"俄罗斯旅游年"和"中国旅游年"，开创了中俄旅游交流史上诸多具有代表性的成就。通过"旅游年"的举办，中俄两国在合作框架内达成了超过 200 项合作协定，既丰富了内涵又提升了双方的合作水平。同时，两国文化部门着力推动

---

① 《中俄人文合作委员会第二十三次会议召开》，载《人民日报》2022 年 11 月 23 日。

了双方在旅游、电影、音乐以及戏剧等方面的务实合作。其中，主要通过"国家年"的系列文化活动如文化节、电影节等。

中俄两国的教育资源与其他国家相比是较为丰富的，这是双方教育合作的基础和动力，也是增强教育文化软实力的必然之举。20世纪90年代以来，中俄在教育方面的交流合作进入了发展的快车道，中俄之间采取了多种多样的合作交流形式，现已签署了900多份教育合作协议，涵盖了600余所中国教育机构和150余所俄罗斯教育机构；中俄之间的合作还制定了一系列法律，为双方合作提供了法律保障，两国教育合作逐步向纵深发展。在留学生方面，早在1995年中俄双方就签订了互相承认学历和学位证书的协议，为中俄两国互相派遣留学生提供了便利。中俄之间还通过合作办学的形式加强合作，合作办学的机构遍布全国各省市，如2016年中俄丝路学院的创办。中俄丝路学院由中方的柳州铁道职业技术学院和俄方的乌拉尔国立交通大学联合创立。又如山东交通学院与俄罗斯顿河国立技术大学合作创办山东交通学院顿河学院，合作举办交通运输专业本科教育项目。除此之外，中俄之间的教育合作还体现在语言教学方面，苏联解体后，中国的俄语教学逐渐规范，学习俄语的人数与日俱增。在汉语教学方面，俄罗斯的许多城市都设立了汉语教学机构，超百所高等学校开设了汉语课程。其中中国在俄罗斯设立的孔子学院是传播汉语的重要机构。

其次，中俄体育领域的人文交流。

体育是国际人文交流的重要内容，发挥着独特的外交作用。中俄之间的体育交流合作可以追溯至中苏时期。进入新征程之后，中俄之间的体育交流合作取得了前所未有的进展。俄罗斯作为体育强国，在田径、体操、球类、花样游泳等夏季项目和花样滑冰、冰球、滑雪等冬季项目上的竞技水平和科研能力水平较高，因此，中国积极向俄罗斯派遣教练员和运动员开展交流学习，这也进一步凸显了体育服务国家外交战略的功能。中俄体育交流主要有以下几种形式和内容：一是官方体育交往，如中国接待俄罗斯奥委会主席、体育运动与旅游委员会主席等领导，在访问的过程中双方签订体育合作协议等。二是聘请俄罗斯高水平项目的教练员和专家到中国任教和指导工作。三是中俄之间通过举办相关体育友谊赛事加强交流，如中俄青少年运动会、中俄武术散打运动会、中俄拳击对抗赛等。四是通过研讨会的形式加强双方的体育交流。如 2012 年以"运动训练和运动人体科学"为主题的中俄体育科学研讨会在北京体育大学举行。

除此之外，中俄之间的体育交流还体现在开设体育交流年这一重大活动中。2022～2023 年是中俄体育交流年，由国家主席习近平和俄罗斯总统普京在北京冬奥会期间共同启动。开设体育交流年的目的在于通过人文合作进一步深化拓展双方体育合作，并以此拉动双方经济合作，实现两国人民的民心相通。2022年 12 月，中俄两国共同签订了《2022～2023 年中俄体育交流年行动计划议定书》。这一计划议定书显示，双方将在体育交流年内开展 600 余项体育交流活动，内容涵盖竞技体育、群众体育、体育产业、体育研发、残疾人体育等。通过体育交流年的举办，中俄两国人文交流日渐红火，体育交流合作在中俄关系中发挥了重要作用。

最后，中俄科技领域的人文交流。

苏联时期的科技成果突出，俄罗斯则继承了苏联的科技遗产，这使其在科研综合能力方面遥遥领先。中俄科技领域合作可以追溯至苏联时期，苏联专家对于中国社会主义革命和建设提供了十分有力的技术指导和支持。进入新世纪后，中俄两国的科技合作迈入新的征程，双方签署了诸多合作协议。新时代以来，中俄科技创新合作成为中俄新时代全面战略协作伙伴关系的重要组成部分。2019 年 9 月，中国科学技术协会（简称"中国科协"）与俄罗斯科学工程协会联合会（简称"俄罗斯科工联"）联合签署了《关于进一步加强科技人文交流与合作的谅解备忘录》。在中俄双方领导人的正确引领下，中俄两国科技在数字经济与工程技术等领域实现了长足进步。总的来看，中俄两国的科技合作主要集中在高新技术领域，在"国家—地方—企业—高校"等不同层级均有相关合作项目开展。

2. 中非间的人文交流合作

非洲是中国真诚友好的好朋友、好兄弟。2013年3月25日，习近平担任国家主席后首次访问非洲，在坦桑尼亚尼雷尔国际会议中心演讲时提到："我们要更加重视中非人文交流，增进中非人民的相互了解和认知，厚植中非友好事业的社会基础。"① 2015年12月，中非合作论坛约翰内斯堡峰会隆重举行，会议上提出了"五大支柱"和"十大合作计划"。其中，文明上交流互鉴成为"五大支柱"之一，人文合作计划成为"十大合作计划之一"。2018年9月，在中非合作论坛北京峰会上，习近平主席提出了"八大行动"，其中"人文交流"是主要行动之一。2019年4月，中国非洲研究院的成立，使中非人文交流有了学术智库的支持。以上事实进一步说明，新时代以来，习近平主席高度重视中非人文交流合作，并将其上升至战略合作层面，中非人文交流有着广阔的发展前景。人文交流合作已经成为国家与民众之间加深理解与建立互信的重要桥梁和纽带，在中非关系发展中占据重要地位，既是中非关系稳固发展的必要基础，又是新时期中非关系的新动能。中非间的人文交流合作经过十几年的发展已经日益走向机制化、常态化和品牌化。② 中非人文交流合作涉及的领域主要包括医疗卫生合作、教育文化合作等。

首先，中非在医疗卫生领域的合作。

中国与非洲在医疗卫生领域实现的合作共赢，可以说是人文交流合作的国际典范和金字招牌，因援助效果好而成为巩固中非友好关系的重要基石。中非医疗卫生领域的人文合作，形成了协同开放的卫生合作新格局，彰显了全方位和多层次的合作特点，有利于非洲地区医疗卫生条件的改善和人民生活水平的提高，同时也为人类和平与发展的崇高事业做出了重要贡献。无论是"十大合作计划"中的公共卫生合作计划，"八大行动"中的健康卫生，还是"九项工

---

① 《习近平谈治国理政》，外文出版社2014年版，第308页。
② 吴传华等：《中非人文交流与合作》，中国社会科学出版社2018年版，第2页。

程"之首的卫生健康工程，医疗卫生都日益成为中非合作的"新引擎"。

医疗卫生是社会发展进步的基础性条件。医疗卫生的滞后成为困扰非洲发展的一个重要因素。总的来看，非洲人口约占世界总人口的16%，同时也日益成为世界人口增长最快的地区。但是与此不相匹配的是，非洲地区承受着全球24%的疾病负担，医疗资源极度匮乏，缺医少药是常态，卫生系统支离破碎。具体来看，一方面，艾滋病、疟疾、埃博拉、冠心病、糖尿病以及肝脏疾病等在非洲困扰着当地的人民群众。非洲面临着急性传染病与慢性非传染病的双重压力，但是卫生支出却严重依赖国外援助。国外援助资金的增加并没有给非洲卫生系统带来"补充效应"，相反还阻碍了非洲医疗卫生系统的完善，使非洲政府用于医疗卫生支出的费用不升反降。另一方面，非洲至今尚未建立起科学有效的医疗卫生系统。埃博拉病毒是目前人类已知的最可怕的传染病毒，当它在非洲地区大规模爆发时，就足以证明非洲医疗卫生系统的脆弱。另外，非洲人均医疗资源占有率极度匮乏，远低于世界平均水平，即便是经济发展水平较高的南非也不例外。非洲不仅医疗资源占有率极度匮乏，城市居民和农村居民的医疗资源分布也极其不均衡。由此可见，非洲国家的医疗卫生整体状况严重延缓了当地的经济发展和政治稳定，它产生的消极影响是世界性的。因此，促进医疗卫生体系的建立与完善是非洲国家亟待解决的重要课题，非洲"2063年愿景"中就包含了有关推动医疗卫生发展的内容。世界是一个相互联系、命运与共的整体，保障非洲地区的卫生安全不仅对于非洲自身而且对于全球公共卫生也将具有极其重要的意义。

中国是人类卫生健康共同体的首倡者和践行者。援外医疗是中国人民热爱和平的生动体现。对非医疗援助是中非医疗卫生领域合作的"重头戏"，也是中国援外医疗的主要部分。中国与非洲的医疗卫生合作最早可追溯至1963年中国向阿尔及利亚派遣的一支由24人组成的援非医疗队伍，这是以毛泽东和周恩来为代表的老一辈无产阶级革命家所开创的具有中国特色的援助第三世界国家的重要方式。20世纪50至60年代，非洲的民族解放运动进入了发展的高潮期，

1962 年阿尔及利亚在武装反抗法国殖民统治的斗争中取得了独立。在法国医生撤离后，阿方的医疗卫生体系陷入瘫痪。在阿方的请求下，中国向其派出了历史上的第一支医疗队。从 20 世纪 60 年代至今，中国已经取得了 60 多年的对外医疗援助成就，中国已累计向包括非洲国家在内的 76 个国家和地区派遣了 3 万人次的医疗队成员，共计援建医院 130 所，诊治患者达 2.9 亿人次。除了"一省援助一国"的常规援外医疗队外，在新冠疫情发生之后，中国已先后向 34 个国家派出 38 支抗疫专家组，向 120 多个国家和国际组织供给疫苗超 22 亿支。①

2020 年 5 月 18 日，习近平主席在第 73 届世界卫生大会视频会议开幕式上所作的《团结合作战胜疫情　共同构建人类卫生健康共同体》的致辞中，首次提出共同构建人类卫生健康共同体，这既是对人类命运共同体思想外延的进一步扩展，也表明了人类地球家园需要世界各国人民的共同守护。同年 6 月 17 日，在中非团结合作抗疫特别峰会上，习近平主席又进一步提出了构建中非卫生健康共同体的主张。

60 多年来，中国与非洲的医疗卫生合作取得了重要成就，一方面，已经确立了对非医疗派遣医疗援助队伍的机制。在 60 多年的发展中，中国对非医疗援助逐渐形成了一种固定的模式，可以称之为"一省包国"或者"责任分包制"。具体来说，就是中非双方根据签订的双边议定书，由国家主管部门统筹与协调，将具体援助任务下派给各个省份，再由各个省份的卫生健康委员会（卫生主管部门）具体负责援非医疗队的组织、选拔与派遣任务。近几年来，中国对非医疗援助发生很大改变，主要表现在援助的原则上，即从一开始的单项无偿援助发展到鼓励共商共建共享、以合作共赢为理念开展医疗卫生领域的合作。

另一方面，中非之间的医疗卫生合作已经初步建立起了相关的机制平台——中非部长级卫生合作发展会议。首届中非部长级卫生合作发展会议于

---

①　马晓伟：《援外医疗助力人类卫生健康共同体建设》，载《人民日报》2023 年 6 月 7 日。

2013 年 8 月召开，其设立的初衷是为了落实《北京行动计划》。《中非合作论坛第五届部长级会议——北京行动计划（2013～2015 年)》对于中非之间的卫生合作做了如下谋划：（1）加强卫生交流，适时举行中非高级别卫生发展研讨会；（2）扩大重大传染性疾病防治与口岸防控、卫生人员培训、妇幼保健、卫生体系建设和公共卫生政策领域的交流与合作等。除了上述合作机制，中非也积极通过其他行动对话开展医疗卫生领域的合作。比如在中方的倡议下，双方于 2017 年在南非召开了中非部长级医药卫生合作会议等。这些机制平台的设立对于双方交流合作的深化起到了至关重要的作用：一是推动了中非医疗卫生领域合作的机制化。机制化的发展进一步弱化了中非合作间的随机性和随意性。二是进一步突出了中非医疗卫生合作的多边性质，为共同应对人类卫生挑战发挥了"医疗外交"的作用。

除了上述合作，中国还通过打造品牌项目加深合作，比如产生了良好效果的"光明行"爱眼行动、中津"妇幼健康"创新工程、中塞"妇儿保健"创新项目等。在这些众多的品牌项目中，"光明行"的影响力最为广泛，它自 2010 年开启已经走过 20 多个非洲国家，是中非医疗合作中名副其实的惠民工程。未来，随着国际形势的复杂多变，中非医疗卫生领域的合作将继续坚持原则并不断创新发展，并努力在双边合作、医学教育尤其是中医推广、技术推广等领域开展多层次、宽领域和全方位的合作。

其次，中非在文化与教育领域的合作。

中华文明和非洲文明都具有灿烂悠久的历史，中国是四大文明古国之一，而非洲则是诞生古埃及文明的大陆，是人类文明诞生的摇篮。文化是一个国家、一个民族的灵魂，中非之间的文化交流源远流长，是中非友谊长存的纽带和见证，也是中非合作的重要内容。教育是立国之本、强国之基，中非之间的教育交流合作是中非交往的重要议题之一。

在中非合作论坛北京峰会开幕式的演讲中，习近平主席就曾将中非命运共同体的内涵概括为六"共"，即"责任共担、合作共赢、幸福共享、文化共兴、安全共筑、和谐共生。"由此可见，"文化共兴"在中非命运共同体的价值体系下有力凸显了其重要地位。经过中非双方共同努力，中非文化交流取得了显著成就，机制化合作日趋完善，既为中国文化走进非洲也为非洲文化面向中国提供了有利机遇。一方面，中国已经与所有建交的国家都签署了文化合作的协定，实现了双方文化合作交流的机制化。2012 年 6 月，"中非合作论坛—文化部长论坛"的成功举办，为中非文化交流指明了合作方向。2014～2015 年的两年中，中国与南非先后举办了"国家年"活动，为双方立体化多形式地展示传统文化的魅力提供了重要平台。另一方面，中非文化合作坚持以创新为重要动力，在平台、机制与品牌方面的发展逐步得到了中非双方人民的普遍认可和大力支持。以中国与坦桑尼亚的文化交流为例，"欢乐春节"的品牌活动在坦桑尼亚已经连续举办了多届，成为坦桑尼亚人民了解中国文化的重要活动。通过中非文化合作，中国文化在非洲的影响力与日俱增，非洲国家也越来越对中国这样一个五千年文明古国的历史文化充满兴趣。为了使非洲人民更加深入地了解中国文化，中国于 1988 年在毛里求斯设立了首个中国文化中心。非洲中国文化中心通过举办各式各样的文化活动为传播中国文化、促进中非友谊发挥了重要作用。

中非教育合作可谓历史悠久。中非教育合作最早可追溯至 100 多年前中国的伊斯兰学者访问埃及的爱资哈尔大学。在教育方面，自 2000 年首次中非合作论坛召开至今，中非教育合作在 20 多年的发展历程中逐步建立起多层次、多形式的交流合作新格局，取得了诸多显著的成就，主要包括孔子学院等教育品牌建设、互派留学生、高等教育合作、鲁班工坊等职业技术教育合作等。同时，这些方面交流合作的顺利进行也得益于教育多边合作机制的不断完善。首先是孔子学院等教育品牌建设。2005 年 12 月，中国政府在肯尼亚的内罗毕大学设立的非洲首家孔子学院正式揭牌，这成为中非教育合作的关键事实。在此后十几年的发展中，非洲孔子学院的数量不断增长，现已超过 50 所，累计培养各类学员超过 140 万人。2023 年 8 月 18 日，习近平主席复信南非德班理工大学孔子学院师生，鼓励他们为促进中非友谊合作贡献力量①。其次是中非高等教育合作。早在 20 世纪 80 年代，中国的华东师范大学就与非洲的尼日尔尼美亚大学建立了联系。这一时期的中非高等教育合作以援助为主，教育合作的形式较为单一。进入新世纪，中非高等教育合作自主性与实质化特征不断凸显，可持续发展的能力不断增强，非洲来华留学生的数量持续增长，师资培训和学术科研合作等方面都取得了显著进展。最后是职业技术教育方面的合作。非洲经济社会发展和现代化进程以及中非合作都需要大量的"蓝领人才"，在这样的背景之下，中非职业技术教育合作蔚然成风。2022 年 8 月在天津召开的首届世界职业技术教育发展大会上，中非职业教育合作成为大会的重要议题之一。在中非职业技术教育合作中，援建职业技术学校、派遣中国教师去非洲国家执教等是主要方式。其中，鲁班工坊是重要的建设品牌，目前已在 19 个非洲国家建成了20 个鲁班工坊，是中国工艺走向非洲的重要平台，为非洲国家培养了众多技术人才。可以说，中非职业技术教育合作在中非合作中发挥了基础性作用，它为其他领域的合作提供了人才支撑，具有十分重要的意义。

二、全球文明倡议要以加强国际人文交流合作为实践路径

全球文明倡议是中国共产党为世界文明协同进步，为人类谋求和平发展而贡献的中国智慧与中国方案。新时代 10 年，中国与世界其他国家在人文交流合作领域已经取得了一定的成就。人文交流合作的成就对于世界经贸合作和政治互信都起到了一定的作用。立足新征程、新背景、新形势，在积极倡导全球文明倡议的过程中，我们首先要着重发现当前国际人文交流合作的短板问题，加紧克服弊端，积极搭建国际人文交流合作的重要平台，进一步加深国际人文交流合作的机制化水平，搭建全球文明对话合作网络，使全球文明倡议真正助推世界文明发展。

---

① 《习近平复信南非德班理工大学孔子学院师生》，载《人民日报》2023 年 8 月 19 日。

1. 创造国际人文交流合作对话的多种平台，推动人文交流合作机制化

当今社会，人类面临的共同挑战与多种危机交织叠加，世界进入新一轮的动荡变革期，世界之变、时代之变和历史之变以前所未有的方式铺陈展开。面对世界百年未有之大变局，中国积极倡导与世界各国加强人文交流合作，提倡发挥各层级、双边和多边的对话交流机制平台的重要作用，不断提升文明间的对话与交流，集中思考共同性挑战的解决之策。正如塞浦路斯劳动人民进步党总书记斯特凡诺斯·斯蒂芬努在参加中国共产党与世界政党高层对话会后的感想一样："全球文明倡议有助于推动世界合力应对急切的全球性挑战，减少冲突和对抗，通过平等互鉴对话包容实现人类和谐相处，合作发展，文明进步，命运与共。"人文交流是构建新型国际关系的重要途径，全球文明倡议则为人文交流合作的顺利开展贡献了价值基础、原则遵循和逻辑前提等。因此，新时代倡导全球文明倡议，加强国际人文交流合作，就要推动人文交流合作的机制化。

习近平主席在 2017 年参加第二届"一带一路"国际合作高峰论坛时指出："我们要建立多层次人文合作机制，搭建更多合作平台。开辟更多合作渠道。"① 实现人文交流合作的机制化，是当前实现世界文明交流互鉴与共同进步发展的必然之举。何为机制？又何为机制化？这是我们探讨推动国际人文交流合作机制化建设首先需要解决的问题。"机制"一词在科学研究领域中经常出现。王逸舟教授在《当代国际政治论析》一书中曾这样考证："机制"一词大概源自医学范畴，意即保持或促进人的机体健康成长而采取的一套行之有效的办法或者疗程。"机制"这一概念在中国学术界已生根发芽，也已经衍生出了"制度""规范"等多种外延。我们在掌握"机制"这一概念时，一方面要厘清机制由哪些必要因素构成，另一方面则要明晰各个要素之间如何排列组合才能实现最优化，在这一过程中将单一要素整合联系起来，以实现协同发展。所谓机制化，就是建立机制或者制度的一种程序与过程。机制化的形成是各种因素经过协调

---

① 《习近平著作选读》（第一卷），人民出版社 2023 年版，第 595 页。

沟通最终达成一致的过程。人文交流合作的机制化，就是在处理国与国之间的关系中，国家和政府发挥统筹和协调作用，通过双边或多边的形式实现不同交流合作对象、不同交流合作内容多元参与、长期稳定。由此我们可以总结出国际人文交流合作机制化的几个重要特征，即高层支持引领、合作内容丰富和长期稳定有效等。

在高层支持引领方面，国际人文交流合作要建立国家领导人以及政府相关部门主要负责人的会晤机制和高级别的人文交流机制。目前，中国已经与 10 个国家和地区开启了高级别的人文交流机制，主要包括：中俄人文合作委员会、中美人文交流高层磋商机制、中英高级别人文交流机制、中欧高级别人文交流对话机制、中法高级别人文交流机制、中印尼副总理级人文交流机制、中南高级别人文交流机制、中德高级别人文交流对话机制、中印度副总理级人文交流机制、中日高级别人文交流磋商机制。这些高级别的人文交流对话机制在绘制双边合作蓝图、达成合作共识等方面展示了人文交流的极大魅力与生命力。在丰富合作内容方面，国际人文交流合作要不断开拓合作内容，拓展合作渠道。国际人文交流合作的对象是极为丰富的，包括旅游、卫生、教育、艺术、体育、科技等方面。加强人文交流合作就要竭力挖掘上述方面的合作方式。在长期稳定有效方面，国际人文交流合作要尝试建立长效机制。长效机制的建立将为双方人文交流提供有力的组织和政策保障，既要借助新媒体和信息技术的发展加强载体建设，构建"互联网＋"的人文交流新模式，也要加强管理，建立人文交流评估机制，还要积极推动民间人文交流的进行。

2. 探讨构建全球文明对话合作网络

2023 年 3 月，在中国共产党与世界政党高层对话会上，习近平总书记在发出全球文明倡议之时就指出，要探讨构建全球文明对话合作网络。随后 4 月 25 日于西安举办的亚洲文化遗产保护联盟大会上，习近平总书记在贺信中继而指出："中国愿在联盟框架下，同亚洲各国携手加强文化遗产保护经验交流，积极推动文化遗产领域国际合作，构建全球文明对话合作网络，促进各国人民相知相亲，共同推动人类文明发展进步。"① 全球文明对话合作网络的构建，是完善全球人文交流合作、倡导文明交流互鉴的应然之举。这一对话合作网络的构建第一要有丰富的交流内容，第二要有多种合作渠道和合作方式，第三要有世界各国人民的支持，促进各国人民相知相亲，共同推动人类文明的发展进步。首先，国际人文交流合作的内容是丰富多彩的，包括文化风俗展示、体育竞技交流、艺术影视欣赏……构建全球文明对话合作网络要基于不同国家人文合作的基础条件，探究与其合作的重点内容。其次，国际人文交流合作的渠道和方式是多种多样的，构建全球文明对话合作网络要坚持具体问题具体分析的原则，选择最有益的合作方式。最后，国际人文交流合作归根到底是做人的工作，是以人民为基础的文化展示和思想交流。人文交流合作，主体在人民，离开人民群众普遍参与的人文交流合作将失去其所蕴含的重要意义。

开展人文交流合作对于加强中国与世界各国之间的民间互信，深化国家间伙伴关系具有重要意义，是在人类命运共同体框架下共同建设开放世界、共同实现发展愿景的重要抓手。创造人文交流合作的重要平台和管用机制体现了中国十分重视与各国加大在人文领域的交流合作。以人为本是人文交流合作的本质特征，国际人文交流合作归根到底是做人的工作，这就内在决定了全球文明倡议所倡导的加强国际人文交流合作的未来发展方向应更多向人文领域和社会群体等倾斜和扩展，不断扩大世界各国人民对合作交流的支持。

---

① 《习近平向亚洲文化遗产保护联盟大会致贺信》，载《人民日报》2023 年 4 月 26 日。

第三章　全球文明倡议的逻辑必然

　　任何一种思想或倡议，它的形成绝不是无源之水，不是凭空臆造，而是遵循着科学的理论架构与价值评价体系。在社会历史发展的时空场域下，全球文明倡议的提出同样如此，一定的思想传统、历史进程和现实因素影响着中国共产党的文明交流互鉴观点，推动着全球文明倡议的适时提出。那么全球文明倡议的提出为何是中国共产党？以习近平同志为代表的中国共产党人提出全球文明倡议，其中内蕴四重逻辑要素：一是马克思主义的科学理论是全球文明倡议提出的理论依据，其中主要涉及马克思主义的文明观、马克思主义的普遍交往理论和世界历史理论等。二是全球文明倡议的提出是对中国共产党文明交流互鉴优良传统的进一步赓续。三是中华传统文化中所蕴含的优秀因子涵养着全球文明倡议，使其具有坚实的文化基础。四是国际局势的发展变化以及遵循世界文明发展规律的历史必然成为全球文明倡议提出的现实条件。可以说，全球文明倡议的提出是理论逻辑、历史逻辑、文化逻辑与现实逻辑的辩证统一。

第一节　汲取马克思主义科学真理

　　全球文明倡议的提出，是以马克思主义为理论基础的。具体来看，全球文明倡议作为中国共产党在新时代推动世界文明交流互鉴的重要方案，它汲取了马克思主义交往理论、马克思主义世界历史理论和马克思主义文明观的思想精华，使其具有了坚实的思想源和方法群。

一、全球文明倡议汲取了普遍交往理论的基本内涵

一部世界史，就是一部人类交往史、人类文明的交往史。全球文明倡议的提出，可以从马克思的普遍交往理论中寻找理论依据。马克思的普遍交往理论主要集中在《1844 年经济学哲学手稿》《德意志意识形态》《共产党宣言》《关于费尔巴哈的提纲》《资本论》等著作中。

第一，关于"交往"的理论内涵与重要作用。交往的进行与生产力发展水平密切相关。当社会生产力发展水平比较落后时，世界各个国家以及文明处于一种孤立、封闭和隔绝的状态；而当社会生产力发展水平得到极大提升后，世界各个国家以及文明处于一种交往交流、互学互鉴的状态。交往作为人类社会实践的重要组成部分，它在人类社会生活中起到促进生产力发展、促进社会关系进步、促进文化传播发展、促进人自由全面发展的重要作用。首先，交往的产生建立在一定的生产力发展水平之上，而扩大的交往又能使生产关系更好地服务于生产力发展。其次，人与人之间的交往能够使建立在一定社会关系基础上的制度和风俗习惯实现变革和进步。再次，人与人之间的交往能够促进文化的生产和创新创造。最后，人与人之间的交往还能够变革社会关系，推动人的全面发展。

第二，关于马克思普遍交往理论的内在逻辑和核心要义。资本主义在早期主要通过开辟世界市场的方式扩大资本积累，这一过程也推动了普遍交往的建立。随着世界范围内普遍交往的不断扩大，进一步推动了现代性的形成。在《德意志意识形态》中，马克思指出："各民族之间的相互关系取决于每一个民族的生产力、分工和内部交往的发展程度。"[①] "只有当交往成为世界交往并且以大工业为基础的时候，只有当一切民族都卷入竞争斗争的时候，保持已创造

[①] 《马克思恩格斯选集》（第一卷），人民出版社 2012 年版，第 147 页。

出来的生产力才有了保障。"① 在马克思的相关论述中可以得出，生产力的发展水平是对外开展交往的基础，而交往又能促进生产力的进一步发展。同时，交往也是一个充满着竞争的过程，不同的交往主体（国家和民族）通过经济、贸易等方式开展交往可以互学互鉴、取长补短，彼此吸收借鉴有益于自身发展的要素。② 通过世界各国各民族交往的普遍开展，它们在物质和精神层面的相互依赖也不断加强，最终将会形成一个"共同体"。

当前，科学技术日益进步使世界范围内的交往在不断扩大与加深，世界越来越成为一个命运与共的共同体。曾经作为推动交往不断扩大以在全球范围内"推销"其文明形态的资本主义，一定程度上促进了人类生产力的发展和人类文明的交流互鉴，彰显其历史进步性。但是，资本主义所推行的世界普遍交往也使民族国家维护其文明现状存在着矛盾性，摧毁了民族国家的传统产业、泯灭了民族国家的区域性与民族性特点、导致贫富差距的加剧等。全球文明倡议坚持了马克思的普遍交往理论，积极倡导世界不同文明之间应始终坚持对话、开展交流活动，并倡导以"平等、尊重、团结"的原则致力于去消弭资本主义对民族国家文明造成的破坏。

二、全球文明倡议汲取了世界历史理论的基本内涵

马克思以唯物史观为前提，在揭示人类社会发展一般规律的基础上分析了民族历史向世界历史转变的内涵、特征以及未来发展趋势等问题，形成了马克思的世界历史理论。这一理论属于哲学范畴，阐明了人类社会形成发展的基本规律，为世界文明交流互鉴，为全球文明倡议的提出提供了科学依据。

在马克思和恩格斯的理论体系中，交往到普遍交往的发展是实践逻辑，历史向世界历史的转变则是理论逻辑，实践逻辑和理论逻辑之间具有高度的映射

---

① 《马克思恩格斯文集》（第一卷），人民出版社 2009 年版，第 560 页。
② 李包庚：《世界普遍交往中的人类命运共同体》，载《中国社会科学》2020 年第 4 期。

耦合关系。也就是说马克思深刻地认识到了"交往"在"世界历史"形成中的重大作用，并指出："各民族的原始封闭状态由于日益完善的生产方式、交往以及因交往而自然形成的不同民族之间的分工消灭得越是彻底，历史也就越是成为世界历史。"①"世界历史"这一概念的原创是黑格尔。黑格尔在《历史哲学》中指出，"世界历史的进程是一个合理过程"。当然，日后马克思和恩格斯所提出的"世界历史"概念与黑格尔提出的"世界历史"概念在本质上是有区别的。黑格尔的"世界历史"依然受其绝对精神和绝对理念的支配，"抽象的人"成为"世界历史"的主体。马克思和恩格斯所认为的"世界历史"的主体只能是处于一定历史条件下的发展过程中的人，即"现实的人"。

首先，在《德意志意识形态》中，马克思集中阐述了这一理论。"世界历史"是人类社会发展到一定阶段的产物，是生产力发展和普遍交往的必然结果。资本主义社会生产力在得到极大提高后，生产能力的提高也带来产品过剩的现象。只有将生产出来的产品转化为资本，资本家才能逐利，这促使其不断扩大全球市场，世界各地最终都被卷入这一场大潮流中，"一切国家的生产和消费都成为世界性的了"。在这一过程中，区域性和民族性的障碍被打破，人类文明的相互联系和相互依存日益加深。其次，"实现人自由而全面的解放，建立自由人的联合体"是"世界历史"的未来发展趋势。马克思指出，资本主义必然灭亡，社会主义必然胜利，共产主义社会取代资本主义社会是历史的必然。世界不同国家和民族的文明必然要在世界历史的推进过程中交往交流交融。但是这一过程也会因为全球发展态势的变化以及制度之间的差异而给交往的推动提出新要求。这也就意味着，在当今资本主义与社会主义长期共存的态势下，世界历史的发展要遵循"求同存异"的基本原则进行交流互鉴，要从世界历史的整体性上认识文明的基本特性，准确把握文明发展规律，促进不同文明在交流互鉴中增进了解、化解分歧，从而为自由人联合体的构建、为每个人自由而全面

---

① 《马克思恩格斯选集》（第一卷），人民出版社 2012 年版，第 168 页。

的发展做好准备条件。

三、全球文明倡议汲取了马克思主义文明观的基本内涵

新时代全球文明倡议的提出，是中国共产党人在汲取马克思主义文明观合理内核的基础上结合时代发展趋势和中国发展现实需要创新发展形成的。全球文明倡议既揭示了世界文明的发展规律，又指明了世界文明发展的时代课题和时代任务。

19 世纪中叶，马克思和恩格斯站在历史唯物主义的基本立场上，在深入研究人类文明起源与演进的历史进程中，针对文明的内容结构与类型、文明的多样形态以及文明的交往与融合等问题进行了深入思考，总结出人类文明具有多样性、实践性、历史性等特点，形成了马克思主义文明观，揭开了文明起源与发展的神秘面纱。马克思和恩格斯并没有系统完整地去论述和研究"文明"，他们对于"文明"的阐述主要集中在《德意志意识形态》《共产党宣言》《家庭、私有制和国家的起源》等相关著作中。有关马克思主义文明观的核心要义主要可以从以下几个方面进行概括。

第一，马克思主义文明观承认人类文明形态的多样性。马克思主义经典作家基于辩证唯物主义和历史唯物主义的认知高度，基于黑格尔"世界历史理论"的立场，揭示了人类文明多样形态的历史必然性。马克思主义文明观认为，文明是人类社会发展到一定阶段的产物。在同一历史条件下，不同民族和国家生产方式和交换方式的多样性、生产力发展水平的阶段性差异以及种族、环境和地域等因素的独特性，决定了其文明形态与发展程度是多样的。正如历史上东亚大一统帝国形成的文明与希腊等海洋国家形成的文明显示出巨大差异那样，不同国家和地区在发展中往往形成契合本地区特色的发展道路和模式。也正是因为人类文明形态的多样性，使不同文明的交往与融合在日后成为可能。面对人类文明的多样形态，马克思主义文明观旗帜鲜明地反对文明狭隘论，提出不同文明间是一种互相尊重的平等关系。

第二，马克思主义文明观认为，文明具有实践性。文明是人类创造的包括物质、精神和制度成果在内的所有成果的总和，是衡量人类社会进步程度的重要范畴。马克思、恩格斯指出："文明是实践的事情，是社会的素质。"① 在马克思主义诞生以前，欧洲社会存在的诸多关于文明的理论都没有阐明文明产生与发展的动力问题，如黑格尔将文明视为"绝对精神"的体现等。马克思主义诞生后，马克思和恩格斯基于生产力和生产关系、经济基础和上层建筑的矛盾运动来思考探索人类文明进步的根本动因。也就是说，文明基本要素和特征的获得是不能脱离人们在经济、政治和社会等领域进行的创造。因此，马克思主义文明观彰显了文明所具有的唯物性和实践性。

第三，人类文明的交往交融具有必然性。文明的一切进步，与社会生产力的任何增长密切相关。生产力的发展决定人类文明发展必然要经历从低级到高级、由民族至世界的演进顺序。随着资本主义生产方式的确立，世界市场的开拓，使各民族间生产与交往的范围不断扩大，人类历史开始向世界历史转变。伴随世界历史的形成，世界文明也随之诞生，不同文明间的交融互鉴也空前紧密，交往与融合成为人类文明存在的基本形式。但是，马克思主义所强调的交往交融并不是使各文明丧失主体性，恰恰相反，充分彰显不同文明的主体性是其主要追求。唯有如此才能为人类文明进步注入强劲动力。

第四，不同文明在交融互鉴中难以避免文明冲突的产生。在马克思主义经典作家的视野中，人类文明的发展是矛盾与对抗的辩证运动过程。生产力的普遍发展在使文明交融互鉴成为不可逆转的历史趋势的同时，也放大了不同文明的差异，激化了文明间的对抗冲突。马克思主义文明观深刻揭示了世界文明的多样性特征，揭示了文明冲突的产生并非取决于文明之间的差异本身，而是因为生产力发展水平不同而导致的交往的不平衡。面对不同文明之间的冲突，我们要充分认识到其所具有的历史必然性，但是决不能放大和鼓吹文明冲突的社

---

① 《马克思恩格斯文集》（第一卷），人民出版社 2009 年版，第 97 页。

会历史意义。我们要充分认识到解决文明冲突的途径与方法在于推动社会生产力的普遍发展和不同文明之间的普遍交往。

立足新时代的新特点，中国共产党继承发展了马克思主义文明观的重要思想，奋力谱写了中国特色社会主义文明的新篇章。以习近平同志为核心的党中央坚守马克思主义文明观，直面社会主要矛盾的新问题新变化，在建设物质文明、政治文明、精神文明、社会文明和生态文明的过程中，走出了中国式现代化的新道路，创造了人类文明新形态。全球文明倡议就是在这一过程中提出的摆脱人类文明发展困境的中国方案。

第二节　弘扬中华传统文化中的优秀因子

"只有坚持从历史走向未来，从延续民族文化血脉中开拓前进，我们才能做好今天的事业"。[1] 全球文明倡议的提出，不仅是对马克思主义文明观的继承发展，而且还借鉴吸收了中华传统文化中的优秀因子，将马克思主义文明观以及世界历史理论与中国具体实际相结合、与中华优秀传统文化相结合，形成了彰显中国风格、蕴含世界意义的全球文明倡议。中华优秀传统文化是中华文明的智慧结晶，其中蕴含着丰富的思想理念和价值标准，对于当今社会进步仍然具有规范引导作用。中国共产党的历代领导人都高度重视对中华优秀传统文化的继承弘扬和创新发展。因此，基于对传统文化的自觉认识和批判运用，全球文明倡议作为中国共产党推进人类文明发展进步、构建人类命运共同体的"中国方案"，它的出场与中华优秀传统文化有着千丝万缕的联系。如果马克思主义文明观是其出场的理论根基，那么中华优秀传统文化则是其出场的文化土壤。

---

[1]　《习近平著作选读》（第一卷），人民出版社 2023 年版，第 283 页。

一、中华文明的概念内涵与突出特性

作为拥有五千多年悠久历史的文明古国，中华民族的先民们在实践中以勤劳与智慧造就了博大精深的中华文明，并从未间断地延续至今。五千多年的中华文明有着丰厚的文化底蕴和宝贵的精神资源，其中中华优秀传统文化是中华民族独特的精神标识，由许多重要元素构成。这些独特元素共同彰显出中华文明的突出特性。

（一）中华文明的概念内涵

概念是人们在循环往复的实践与认识环节中概括升华出的一些事物的本质特点。中国古代典籍中，对于"文明"一词的记载可追溯至《易经》所载的"见龙在田，天下文明"。在西方，法国学者密拉波所著的《人类的朋友》一书中较早提及"文明"一词。19世纪下半叶，随着资本主义现代化模式的确立，西方文明成为资本主义殖民体系的意识形态工具。恩格斯在《家庭、私有制和国家的起源》中从人类具体实践活动出发，指出无产阶级是而且只有它才是现代文明的支柱。在马克思主义的理论体系中，文明是人类社会发展到一定阶段的产物，与人类社会实践活动密不可分，文明的程度是衡量国家发展进步的重要指标。中国共产党成立后，"文明"成为中国共产党话语体系中的重要概念，其内涵表现为以超越资本主义文明为起点，并将"文明"作为救国、建国、治国和强国的力量。[①]

中华民族是伟大的民族，中华民族所创造的中华文明是世界文明宝库中一颗璀璨耀眼的明珠。不同的地理环境造就不同的文明形态，在独特地理环境影响下，中华文明独立产生并发展起来。近代鸦片战争以后，西方文明以先进的武器叩开了古老东方文明的大门，儒家独尊的文明一统格局在西方文明的冲击

---

① 潘娜娜、石艳：《中国共产党"文明"的概念内涵与话语演进》，载《科学社会主义》2023年第2期。

下，其内在结构发生了根本性变化。但无论如何，中华文明作为世界古文明中最伟大的文明之一，是唯一世代延续的文明，它是人类文明最辉煌的组成部分，是东方文明的杰出代表，为人类文明的发展做出了重要贡献。

王炜民在《中华文明简史》中曾这样定义中华文明：中华文明是指包括当代56个民族以及曾活跃在中国历史舞台上的古代民族在内的中华民族，在数千年缔造统一的多民族国家的历史发展过程中，所创造的物质文明和精神文明的优秀成果。[①] 从逻辑结构上看，文明至少包含"物质文明——制度文明——精神文明"三个层次。物质文明即文明的外层部分，涉及社会经济发展和人民群众的生活状况等。中华文明在物质文明方面的贡献最令世界瞩目的是造纸术、印刷术、火药和指南针这四大发明以及一系列科学技术发明，其意义远超出其自身技术领域。马克思和恩格斯等思想家对中华文明的贡献给予了高度评价，认为四大发明对人类文明进步产生了深远影响。马克思指出："火药把骑士阶层炸得粉碎，指南针打开了世界市场并建立了殖民地，而印刷术则变成新教的工具，总的来说变成科学复兴的手段，变成对精神发展创造必要前提的最强大的杠杆。"[②] 制度文明即文明的中层部分，涉及自然与社会的理论以及维系社会发展的组织制度等。中华文明在制度文明方面的贡献主要包括科举考试制度、分权制度、监察谏议制度等，体现了中华文明的政治智慧。精神文明即文明的核心部分，涉及价值观、道德观念、政治哲学思维、民族性格和品质等。中华文明在精神层面卷帙浩繁，令人叹为观止。总之，在五千多年的历史进程中，中华民族以其伟大的智慧进行着文明创造。中华文明在物质、制度、精神等方面所创造的领先世界水平的文明，是中华文明成为世界文明史上的源流之一。

（二）中华文明的突出特性

当今世界，文明间的交往交流交融符合世界文明发展进步的客观规律。在

---

① 王炜民：《中华文明简史》，内蒙古大学出版社1999年版，第3页。
② 《马克思恩格斯全集》（第三十七卷），人民出版社2019年版，第50页。

文明交流互鉴中，如何保持本民族文化的主体性，成为最重要的问题之一。因此，正确认识中华文明的突出特性，决定了我们如何继承中华优秀传统文化以及如何推动中华优秀传统文化实现现代化转型。2023 年 6 月，习近平总书记在文化传承发展座谈会上深入阐释了中华文明连续性、创新性、统一性、包容性以及和平性五个突出特性。五个突出特性相互影响，共同彰显出中华文明的博大精深。深入理解中华文明的突出特性，对于增强各民族人民的文化认同和文化自信具有极其重要的意义。

1. 中华文明具有突出的连续性

泱泱华夏，文明博大。在五个突出特性中，连续性居于首位，是我们理解中华文明突出特性中最为直观和鲜明的一个。"中华文明具有突出的连续性，从根本上决定了中华民族必然走自己的路。"① 只有理解中华文明突出的连续性这一特性，才能将历史、现实与未来贯通起来，进而做到准确理解古代中国、现代中国以及未来中国。在四大文明古国中，古埃及、古印度以及古巴比伦三个国家和地区的古代文明皆因种种原因使其未能摆脱由盛转衰的历史命运，最终走向消亡。而中国所创造的中华文明薪火相传、绵延至今，成为世界上唯一从未中断的文明，并且在其五千多年的发展历程中经由民族融合和文化更迭的交融创新，始终保持了本民族所具有的独特的文化传统和文明特性。中华文明突出的连续性特性具有多重表征，集中表现在政治发展谱系的连续性、传统哲学思想文化的连续性以及文字语言的连续性等多个方面。

中华文明突出的连续性表现在政治发展谱系的连续性。在中华文明五千多年的发展史中，历朝历代的政治实体都衔接有序，虽然曾历经战乱变革，但均未受到外来力量的干扰而就此中断。"中国"这一专有名词的含义最早可追溯至上古时期黄河流域形成的早期国家雏形，那时便形成了"天下王权"的萌芽。公元前 2070 年，史书中记载的第一个奴隶制朝代——夏朝建立。周王朝建

---

① 习近平：《在文化传承发展座谈会上的讲话》，人民出版社 2023 年版，第 2 页。

立之后实行的分封制实现了对广阔疆域的有效治理，为保证中国疆域的连续性创造了条件。公元前221年，秦始皇统一六国后建立了中央集权制度，奠定了中国2000多年政治制度的基本格局，也奠定了中国大一统王朝的统治基础。从那时起，中国虽有朝代更迭和战乱动荡，但中华文明的发展延续始终没有中断。正如有的学者所指出的："中华文明在事实上塑造了一个超稳定的、自上而下、政令统一且畅通有效的国家政治体制模式。这在世界文明史上是独一无二的。"①

中华文明突出的连续性表现在传统哲学思想文化的连续性。传统的哲学思想文化是在民族的长期社会实践活动中形成的并且成为其代代传承的重要精神支撑，它有力地彰显了一个民族的精神气质和整体面貌。中华文明在五千多年的历史长河中能够顽强生存、延续至今，并不是中华民族在历史发展中没有遭受外部力量的冲击，而是在面对道路的坎坷与风浪时，中华民族能够发挥其博大的精神力量。这一博大的精神力量，既包括"天下兴亡、匹夫有责"的爱国主义精神，也包括"天人合一、道法自然"的和谐共生观，还内含"厚德载物、自强不息"的高尚道德理想……随着历史的发展和时代的变迁，精神力量的内核不断发生着量的积累和质的转换，它的精神力量从来没有泯灭，而是随着社会的发展深深影响着世界各地中华儿女的生活与思维方式。

中华文明突出的连续性表现在文字和语言等载体上。文明的传承需要借助一定的工具和载体，而汉字作为中华文明的核心载体，为中华文明跨越千年流传至今做出了重要贡献，产生了深远影响。纵观世界历史，几个最早产生文明的国度都是随着文字的发明才独立起源并广为传播。比如，古巴比伦文明中的苏美尔人创造出的楔形文字，古埃及文明中创造出的圣书文字，古印度文明中创造出的印章文字以及中国的甲骨文，等等。在众多的古代文字中，只有中国

---

① 杨须爱：《试析中华文明突出的连续性》，载《中央民族大学学报（哲学社会科学版）》2023年第4期。

的甲骨文在经由历史积淀后延续发展成了今天我们所使用的汉字。甲骨文是迄今为止中国发现的年代最早的成熟文字系统，既是汉字的源头，也是中华文明的根脉。此后，在甲骨文的基础上，中国汉字又发展出金文、小篆、隶书、繁体楷书、简体楷书等字体。虽然字体的形式不同，但是其背后暗藏的是中华文明的关联性和继承性，它们"形不同而神相似"，具有事、会、意、形、声的共同原则，这些原则是联系古今的桥梁。在语言方面，古今虽然在语音、词汇以及某些专门术语上有区别，但是从语法结构上看并没有发生实质性的变化。更为重要的是，语言方面所发生的变化是在历史发展过程中长期积淀形成的。中华文明的突出连续性经过汉字和语言这些载体后实现了表达和传播，中华文明中的哲学思想、共同历史记忆等被镌刻在汉字的超强赋能之中，汉字的生命力绵长而又旺盛，既内蕴深厚文化内涵又散发无穷智慧之光，有力印证了中华文明的突出连续性。

2. 中华文明具有突出的创新性

创新是一个民族进步发展的灵魂，是人类实践活动的重要特征。"中华文明具有突出的创新性，从根本上决定了中华民族守正不守旧、尊古不复古的进取精神，决定了中华民族不惧新挑战、勇于接受新事物的无畏品格。"[①] 基于中华民族发展史的大历史观视角，中华文明之所以绵延不绝，并在世界文明中熠熠生辉，与中华文明是革故鼎新的伟大文明密不可分。

创新是中华民族最为深沉的禀赋，也是中华民族与世界其他民族相比较而言所具有的突出特性。"创新"一词最早见于南北朝的《魏书》，书中记载"观乎人文者，先皇之蕴也；革弊创新者，先皇之志也"。创新使中华文明能够与时俱进，并顺应时代发展的潮流和趋势。揆诸人类文明发展的历史，无论是享誉世界的古巴比伦文明、古埃及文明、古印度文明，还是由地域不同而形成的亚洲文明、美洲文明、非洲文明，他们虽然形态各异但都彰显独特

---

① 习近平：《在文化传承发展座谈会上的讲话》，人民出版社 2023 年版，第 3 页。

的价值品质，并且为繁荣世界文明资源宝库做出了不同程度的贡献。然而，世界上的多数文明在浩浩荡荡的历史潮流中迷失方向，进而逐渐走向衰落。在分析造成这一现象的原因时，很多学者从经济、政治、人口、地理环境等多维度进行了分析和探究。但是，将其置于人类文明发展史的大历史中，进行横向与纵向的对比分析就会发现，文明演进中创新动力的缺失是其衰落的重要原因。其次，创新虽然不是固守陈旧的模式，当然也不是完全抛弃传统文化的精髓。其中的重点就在于如何处理好守正与创新的关系。中华文明能够绵延不绝，就是中华文明所固有的守正创新的根本特质所致。对于任何一种文明的发展而言，其都是在一定的时空和场域内与自身文明和其他文明进行的一定程度和范围的继承和交流。中华文明的发展历程，既内含对自身传统文化的批判性地继承发展，也内含融合吸收其他文明合理的有价值的产物。正是在这一过程中，中华文明结合时代的现实需要来持续推动中华文明的创新发展，使其始终保持文化的生机活力。

习近平总书记强调，中华民族始终以"苟日新，日日新，又日新"的精神不断创造自己的物质文明、精神文明和政治文明。中华文明突出的创新性也正是表现在这三个方面。物质文明、精神文明和政治文明的创新成果，是中华文明为世界文明发展所做的重要贡献。首先在创新性的物质文明方面，物质文明的创新成果是在生产实践中不断发展的，勤劳智慧的中国人民在物质文明方面的创新成果众多，物质和科学技术文明经由秦汉时期的范式定型，经过南北朝、北宋和晚明的三次发展，逐步使中国科学技术位居世界前列。秦汉时期，中国人民发明出指南针、织布机、浑天仪等众多器物，并且形成了包括"算学、天学、舆地学、农学和医学"在内的五大学科范式。[①] 南北朝时期，我国物质文明创新迎来第一次高峰时期，代表性的包括祖冲之在计算圆周率方面的成就以

---

① 何星亮：《"创新"与中华文明的形成和发展——为什么说中华文明具有突出的"创新性"》，载《学习与探索》2023 年第 8 期。

及贾思勰的《齐民要术》等。北宋时期，活字印刷、火药配方以及数学和物理等方面的成就推动物质文明创新进入第二次发展高峰时期。16 世纪中叶到 17 世纪，晚清时期的中国物质文明创新进入了第三次发展高峰时期，这一历史时期在医学、数学、建筑学以及艺术学等领域的很多发明创造在世界范围内都是首创性的。其次在创新性的精神文明方面，精神文明是满足人们精神或心理需求的文明。"民族文化是一个民族区别于其他民族的独特标识"。[1] 五千多年的历史长河中，勤劳智慧的中华儿女在丰富的生产生活实践中，既创造出内涵丰厚的传统哲学思想，提出了自然观、社会观、道德观和实践观、人生观等概念；又创造出来源生活、反映生活又高于生活的文学艺术作品，诞生了唐诗、宋词、元曲和明清小说以及音乐舞蹈和精美绝伦的工艺美术品等，充分彰显出中华文明所特有的精神标识和文化基因。最后在创新性的政治文明方面，中华文明中不仅包含完整的科学技术成果和深刻的思想文化体系，还创造出了独具特色的制度文明。制度文明关涉人与人以及人与社会的关系，是关乎社会稳定和人民生活基本需求的文明。中国古代历史上所创立的郡县制度、科举制度、监察制度以及法律制度等，随着社会历史的演进而不断改革创新，使中国政治文明遥遥领先于世界其他文明。

无论是物质文明、精神文明还是政治文明的产生与发展，都是创新驱动的结果。正是因为具有创新和变革的精神基因，中华文明才能始终充满朝气。革故鼎新、与时俱进是中华民族永恒的精神气质，彰显了中华民族不惧新挑战、勇于接受新事物的无畏品格。中华文明之所以能绵延不断，中华民族之所以能生生不息，勇于创新的精神是其内在动力和根本保证。中华文明突出的创新性表现在物质文明、精神文明以及制度文明的创新等多个方面。几千年来，中华文明的创新性已成为把握中华文明脉络的重要依据和线索，成为坚定文化自信的重要基础。

---

① 《习近平谈治国理政》，外文出版社 2014 年版，第 106 页。

3. 中华文明具有突出的统一性

"中华民族具有突出的统一性，从根本上决定了中华民族各民族文化融为一体、即使遭遇重大挫折也牢固凝聚，决定了国土不可分、国家不可乱、民族不可散、文明不可断的共同信念，决定了国家统一永远是中国核心利益的核心，决定了一个坚强统一的国家是各族人民的命运所系。"① 在几千年的历史长河中，中国形成了拥有 14 亿多人口的 56 个民族构成的统一多民族国家，形成了守望相助的中华民族大家庭。各民族在交往中，形成了共同的价值观念与社会规范秩序，为中华民族永续发展提供了内在文化动力。可以说，一部中国史，就是一部各民族交往交流交融形成多元一体格局的中华民族的统一史。统一，始终是中国历史的主流，是中华文明延续的内在规定。中华文明突出的统一性积淀于中华民族大一统的价值观。自秦始皇统一六国建立起大一统的封建王朝以后，郡县制的推广、货币文字和度量衡的统一等一系列举措开始为文化和制度的统一奠定了基础。此后的中国历史虽然遵循统一和分裂相互交替的历史演进线索，但是统一总是不可逆转的历史发展潮流。

首先，国土不可分，中华文明突出的统一性体现在国家领土的不可侵犯和分割。主权与领土完整是国家统一的重要前提和基础。主权，也就是国家主权，是一个国家对其管辖区域所拥有的至高无上的、排他性的政治权力，主要表现为对内的最高权、对外的独立权和防止侵略的自卫权三个方面。虽然这一名词是伴随现代国家和国际社会发展而诞生的新概念，但是中国历朝历代采取的反对内部分裂和抗击外来侵略的种种行动，皆是在维护国家主权，鲜明地体现了国家领土不可分割的决心。反对内部分裂是受大一统观念影响的中国人近乎自觉的价值追求。在古人的思维观念中，只有统一才能确保国家稳定和人民幸福。《吕氏春秋》曾记载："一则治，异则乱；一则安，异则危。"② 除了反对内部

---

① 习近平：《在文化传承发展座谈会上的讲话》，人民出版社 2023 年版，第 3 页。
② 《吕氏春秋》，中华书局 2009 年版，第 467 页。

分裂，抗击外来民族和国家的侵略也是中国人民的光荣传统。如 17 世纪郑成功率领南明将士，对侵略中国台湾的荷兰军队进行了英勇顽强的反抗，最终成功收复了台湾，确保了国家领土的完整，为维护国家统一做出了重要贡献。到了近代尤其是中国共产党成立后，中华民族反对外来侵略、维护国家统一的决心愈发强烈，在抗日战争、抗美援朝等战争中充分展示出中国人民保家卫国的钢铁意志。

其次，国家不可乱，中华文明突出的统一性体现在国家治理的有效性上。中华民族地域广阔、民族众多，地理风貌多样。治理好这样一个大国，就不能忽视中央与地方的关系，也就是中央如何做到有效治理地方，使地方能够服从于中央。只有地方服从中央领导国家才能实现统一。反之，地方倘若脱离中央领导而各行其是，那么国家就必然走向分裂，最终造成天下大乱。为了高效处理好中央与地方之间的关系，古代中国在制度方面创造出一系列卓有成效的举措，为彰显中华文明的统一性提供了强大支撑。为了加强中央对地方的控制，周王朝建立起"封建亲戚，以藩屏周"的分封制。秦始皇统一六国后，为了加强对全国的统一领导，确立起以郡县制为主体的中央与地方的发展格局，进一步实现了中央对地方的有效治理。郡县制为后来中国政治格局的发展，为中央和地方的关系确立了基本框架。历史演进到唐朝时期，羁縻州制度将秦朝以来确立的郡县制拓展到了少数民族和边疆地区，使唐朝实现了对边疆地区人事、财政以及军事等方面的有效治理。明清时期的一系列制度进一步将郡县制推广至边疆地区，可以说进一步完善了中央对边疆地区的治理，促进了中华民族多元一体格局的形成。中国共产党成立尤其是新中国成立后，中央对地方的有效治理实现了极大提升。三大改造完成后确立起的社会主义基本制度使中国跳出了治乱兴衰的历史周期率，空前强大的中央与地方关系高效率地调动了全国资源投入到社会主义现代化建设中。

再者，民族不可散，中华文明突出的统一性体现在中华民族大家庭的团结统一，体现在中华民族多元一体格局的形成。在地理、政治等因素的影响下，历经数千年的历史洗礼，伟大的中华民族形成了多元一体的格局，构筑成中华民族大家庭。正如习近平总书记在 2019 年全国民族团结进步表彰大会上所指出的："一部中国史，就是一部各民族交融汇聚成多元一体中华民族的历史，就是各民族共同缔造、发展、巩固统一的伟大祖国的历史。"① 除此之外，习近平总书记在这次大会上还提出了"四个共同"：即辽阔的疆域由各民族共同开拓、悠久的历史由各民族共同书写、灿烂的文化由各民族共同创造，伟大的精神由各民族共同培育。"四个共同"揭示了华夏民族的内在同一性。从中华民族发展史的大历史观透视，古代中国，各民族在交往交流以及融合兼并的过程中，使华夏民族渐次形成了一个相较稳定的民族共同体。曾经被称作"蛮夷之国"的秦国最终一统天下，并通过相关制度进一步巩固和发展了中华民族共同体。这一时期，汉族与匈奴、百越、西南夷等少数民族的交流和融合大大拓展了中国的国土疆域。此后，经过各朝代的发展，中华民族共同体不断巩固，各民族你中有我、我中有你，越来越紧密。在中国近代史时期，随着外敌的入侵，在敌强我弱的时代背景下，在中国共产党的坚强领导下，共同斗争、共同救国、共同解放成为这一时期的本质性内容。在中国的现代史时期，新中国成立后，实现各民族的平等、团结和共同富裕成为最重要的任务。民族区域自治制度不断完善，各民族开始建立起平等、团结、互助的新型民族关系。

4. 中华文明具有突出的包容性

"文明是包容的，人类文明因包容才有交流互鉴的动力。"② 习近平总书记在文化传承发展座谈会上指出："中华文明具有突出的包容性，从根本上决定了中华民族交往交流交融的历史取向，决定了中国各宗教信仰多元并存的和谐格局，决定了中华文化对世界文明兼收并蓄的开放胸怀。"③ 通过考察中华民族多元一体的历史演进线索，中华文明在起源和早期演化阶段就已孕育生成了兼收

---

① 习近平：《在全国民族团结进步表彰大会上的讲话》，人民出版社 2019 年版，第 7 页。
② 《习近平著作选读》（第一卷），人民出版社 2023 年版，第 229 页。
③ 习近平：《在文化传承发展座谈会上的讲话》，人民出版社 2023 年版，第 4 页。

并蓄的文明基因。在五千多年的历史进程中，中华文明从来都不是以单一文化替代多元文化，而是博采众长，吸收融合不同文化要素，以和而不同、和合共生的哲学理念始终保持开放包容的态度。强大向心力和凝聚力的主体文化以及强大文化定力和文化自信，是中华民族在长期发展中所形成的独特优势，这是包容性成为中华文明突出特性的重要原因。

中华文明在发展过程中为什么会彰显出独特的包容性？其原因可以从多维度进行考察。首先，从生态环境的视角观察，独特的地理环境是造就中华文明兼收并蓄、包容互鉴的重要原因。环境可以塑造出文明的不同形态。中华大地幅员辽阔，山河壮丽，地形复杂多样，既有平均海拔 4000 米以上的青藏高原，也有地处第二级阶梯的四川盆地，还有自北向南几乎连成一片的东北平原、华北平原和长江中下游平原等，更有广袤无垠的渤海、黄海、东海、南海等海洋。高原、高山、平原、沙漠、大江、大河……不同的生态环境系统孕育出不同的文化形态。不同的文化形态之间并没有相互隔绝，而是在向更高层次发展的过程中相互之间实现了复杂的交流互动。这一互动过程超越了地域、宗教和血缘，将内部存在极大差异的民族统合成多元而又一体的中华民族。不同民族间交往交融，广泛接纳其语言文化和风俗习惯，铸牢了中华民族共同体意识，维护了国家统一，也塑造了中华文明的多元特性。其次，生产方式在塑造中华文明包容特性的过程中也起到了重要作用。中华民族在发展过程中曾长期依赖农耕生产方式，是建立在农业经济生产方式之上的文化形态的鲜明表达。上述生态环境的不同也决定了不同地域内生产方式的差异，这也就促使游牧文化、农耕文化、海洋文化等地域性文化的生成。最后，中华文明在历史上长期处于世界领先地位，这种文化发展状况塑造出中华文明所具有的高度的文化自信和开放包容的心态。这种心态并不是表现为盲目自信和盲目优越，而是表现在始终坚持胸怀天下的世界观和方法论，始终坚持去思考如何与天下共处。这样一种心态彰显了中华文明的博大胸怀和宽广视野。也只有具备这样一种胸怀和视野，才会推动中华文明具有包容性。

中华文明的包容性是我们深刻理解中华文明源远流长的根本原因，也是中华文明经久不衰的基因密码。中华文明坚持以宽广的胸怀、平等的姿态与世界其他文明交流互鉴，并在这一过程中历久弥新，既实现自身文明的进步又为人类文明发展进步做出了重大贡献。中华文明的包容性这一突出特性，可以说是中华文明绵延数千年的重要动力。正是因为中华文明善于借鉴他国文明的有益之处，才能使其在不同历史时期尤其是近代中华民族面临巨大挑战时积极吸收和适应外部环境发生的变化，从而能够始终保持中华文明的连续性，实现国家的稳定。

5. 中华文明具有突出的和平性

习近平总书记在文化传承发展座谈会上发表重要讲话时强调："中华文明具有突出的和平性，从根本上决定了中国始终是世界和平的建设者、全球发展的贡献者、国际秩序的维护者，决定了中国不断追求文明交流互鉴而不搞文化霸权，决定了中国不会把自己的价值观念与政治体制强加于人，决定了中国坚持合作、不搞对抗，决不搞'党同伐异'的小圈子。"① 这一重要论述为我们深入理解中华文明的和平性提供了现实启示。中华民族历来爱好和平，中华文明始终崇尚和平，从未对世界上的其他国家进行过殖民和侵略活动。中华文明有着五千年光辉灿烂的历史，"和平"的理念存在于各个历史时期和各个社会阶层，它已经根深蒂固、潜移默化，以其深厚的底蕴影响着一代又一代中华儿女。

在中国古代的历史文献中，"和平"一词很早就出现了。"和睦""太平""和谐"等词汇都是与"和平"相关的近义词，是中华文明流传五千年而积淀下来的理念。和，是天地间存在的万事万物发展演变的秩序，平是人类社会共同追求的理想状态，即和平、和谐、和睦等，和平的主张目的在于构造一个群己合一的世界。在中国古代的《中庸》《易经》《管子》《荀子》《吕氏春秋》等古籍中均有过关于"和平"的记载。比如"中也者，天下之大本也；和也

者，天下之达道也"；"心必和平然后乐""血气和平，志意广大"等。不同的历史时期以及社会各阶层的差异而展现出来的"和平"也有着些许差别。首先，在中国历史上的历代统治者视野中，"和平"意即"天下太平""国泰民安""太平盛世"等。这是作为一国之君进行治国理政时所追求的最高目标。《史记》中就曾记载秦始皇"并一海内，以为郡县，天下和平"。其次，在中国知识阶层或者士人阶层的视野中，"和平"意即人生奋斗的最高目标。墨子认为战争是凶险之事，强调只有兼爱才能做到非攻，只有非攻才能确保兼爱。北宋理学家张载就曾指出知识阶层要"为天地立心，为生民立命，为往圣继绝学，为万世开太平"，以此将个人与社会和国家的命运紧密联系，确立起宏大的人生奋斗目标。当然，从比例结构上来看平民阶层占据着绝大多数，他们的"和平"理念虽然视角微小但似乎更能够体现出和平的价值所在。最后，在古代平民阶层的视野中，"和平"就意味着"安居乐业""男耕女织"的田园生活。传统文化的形成建立在自给自足的小农经济之上，和谐稳定、天下太平、没有战争侵扰的生活就是他们所向往的。如"家和万事兴""和为贵""宁为太平犬，莫作离乱人"。当然不可否认的是，和平的理念在中华民族五千多年的历史中不可能一成不变，随着时代的发展和社会的进步，它必将伴随着旧矛盾的消灭和新矛盾的增长，在平衡稳定—失衡动荡—平衡稳定的辩证运动中实现螺旋式的上升发展。在这一过程中和平理念成为中国人世界观和方法论的重要体现，它不断塑造中华文明的基本特性，建构中华文明的基本脉络。

"和"是中华文明的核心价值追求之一，也是中华儿女的核心理念之一，是中华民族和谐哲学的根本体现。中华民族始终讲求与邻为善、以邻为伴，主张和平共处、互利共赢。中华民族屹立于世界民族之林，依靠的不是穷兵黩武和无休止的对外扩张，而是坚持"以和为贵""天下太平""和合共生""睦邻友好"的思想理念，这些精神品质共同塑造了中华文明的和平性。

中华文明的五个突出特性相互联系，是对中华民族五千多年历史发展的深刻总结，是对中华文明发展规律与文化内涵的全面概括，深刻阐述了中华民族的价值追求、文化内核与精神命脉，是我们全面理解中华文明的璀璨明灯。

二、全球文明倡议汲取了中华传统文化中的优秀因子

中华文明所形成的独特思维方式与价值观念塑造了中华文明的突出特性，中华文明的突出特性同时也为全球文明倡议的出场提供了丰富的精神动力与经验感悟，增强了全球文明倡议的文化力量。中华文明突出的"连续性"使中华文明持续影响中国人民的思维方式和生活方式，为全球文明倡议提供了精神支撑。中华文明突出的"创新性"使中华文明永葆生机活力，这一创新思维使全球文明倡议重视处理好继承与创新的关系，彰显了鲜明的中国特色。中华文明突出的"统一性"体现了中华民族的千年政治理想。中华文明始终立足国家与民族发展的根本利益，敢于斗争、善于斗争，汇聚起全体中华儿女的智慧和力量，从而为全球文明倡议凝聚了力量、构建了历史根基。中华文明突出的"包容性"使中华文明诞生于中国大地而又成长于百花齐放的世界文明宝库，博采众长、吐故纳新，始终走在世界文明发展的前列，进而为全球文明倡议提供了自信自强的精神源泉。中华文明突出的"和平性"是中华文明的精神特质，是中华民族从古至今坚持处理与外部世界关系的基本原则，这一原则是中国共产党提出全球文明倡议的重要依据。

首先，"和而不同""和合共生"的哲学理念奠定了全球文明倡议的价值基础。"和而不同""和合共生"是中华优秀传统文化的核心价值之一，贯穿于中国思想史的整个过程，彰显了中华民族的传统哲学追求。"和而不同"就是多元、共存，在多样性意义上的平等共处；"和合共生"，亦即"和实生物，同则不继"，强调在和谐共存的基础上实现不同文明的共同发展繁荣。这一核心价值充分展现了中华文明突出的包容性，在实践要求上体现为不同文化应相互尊重，在承认差异、尊重多样性的基础上，以和平相处之道对待外来文化，以美美与共的文化特质实现文明交流互鉴。全球文明倡议继承发展了和而不同的核心价值，主张不同文明之间应平等尊重、包容互鉴。

其次，"天下为公""天下大同"的社会理想使全球文明倡议具备胸怀天下的世界主义理想追求。"天下大同"的天下观，是中华优秀传统文化的精华，彰显了中华文明的世界主义理想追求。"天下"概念是古代中国对人类世界的概括，是中华民族独特的宇宙观、时空观；从政治哲学上看，它体现的是以人民为中心的天下观。"天下大同"的理想追求，承载着中华文明独特的品质与价值，使得中华文明在与外来文明交往中始终以构建"大同"世界为理想，以宽广胸襟寻求不同文明的价值共识，坚持不冲突不对抗、不征服不威胁，以全人类共同价值推动文明交流互鉴，积极构建人类命运共同体。这一传统文化的优秀因子奠定了全球文明倡议的道义底色和价值依据。

再者，"吐故纳新""革故鼎新"的创新意识使全球文明倡议将重视文明传承和创新作为重要内容。"吐故纳新""革故鼎新"的创新精神，是中华文明永恒的精神气质，承载着中国人民对于美好生活的向往。"革故鼎新"最早出现在《周易·杂卦》："革，去故也；鼎，取新也。"《辞海》中对于这一段话的解释是"破除旧的，建立新的"。"日新之谓盛德，生生之谓易。"创新创造是文化的生命力所在，是推动人类社会向前发展的重要力量。在五千多年的文明发展进程中，中华民族正是以"守正不守旧、尊古不复古"的进取精神，为人类文明发展贡献了无数科技成果、领先世界的制度文明以及宝贵的精神文明，使得中华文明长期引领人类文明进步。正是在这些思想智慧的启迪下，全球文明倡议特别重视在继承文明成果的基础上实现创新发展。

最后，"兼收并蓄、博采众长"是中华文明传承至今的基因密码，也是全球文明倡议重要的原则导向。"兼收并蓄、博采众长"是中华优秀传统文化的重要特征，也是文明发展的本质要求，体现了超越民族与文明的宽广胸襟以及包容互补、交流互鉴的务实态度。中华文明发展史，就是一部不断学习借鉴新思想新文化，在与其他文明交流互鉴中不断创造新文明形态的历史。中华优秀传统文化是一种崇尚理性与智慧的文化形态，蕴含着解决现实问题的智慧，根本区别于宗教文化的排他性。全球文明倡议继承发展了中华优秀传统文化的这一优秀品质，提出了平等、互鉴、对话、包容的文明观，充分表明了中国推动文明交流互鉴的坚定立场。

第三节 赓续文明交流互鉴的优良传统

近代以来，鸦片战争的炮火轰开了中国封闭的大门，中国逐渐沦为半殖民地半封建社会，国家蒙辱、人民蒙难、文明蒙尘，中华民族遭遇了千百年来最为惨重的危机。面对此种境况的农民阶级、地主阶级和民族资产阶级纷纷探求救国救民之良方。这在一定程度上唤起了民众思想的觉醒，打击了帝国主义的嚣张气焰。尤其是孙中山领导的辛亥革命，彰显了革命先驱们为振兴中华而矢志不渝的崇高精神。但是由于农民阶级、地主阶级和民族资产阶级的局限性，他们缺乏正确思想的指引，均未能使中国摆脱帝国主义和封建主义的残酷压迫。在内忧外患、矛盾尖锐的历史背景下，马克思主义成为解决当时所面临的历史性课题的"行得通"的主义。中国先进知识分子真切地意识到只有马克思主义才能解决中国面临的问题。五四运动爆发后，马克思主义开始在中国得到广泛传播，知识分子逐渐接受马克思主义理论，开始积极投身工人运动实践，这为中国共产党的诞生提供了重要的推动力。中国共产党诞生后，在马克思主义这一救国良方的指引下，中华民族正式踏上了探求文明复兴的奋进之路。

一、新民主主义革命时期：建立互相吸收和互相发展的关系

为中国人民谋幸福、为中华民族谋复兴、为世界人民谋大同是中国共产党自成立之日起就确立的初心和使命。在这一初心和使命的指引下，中国共产党坚持文明交流互鉴，致力于促进人类文明的共同进步。新民主主义革命时期是中国共产党文明交流互鉴产生的萌芽时期。

1939年12月，毛泽东在《中国革命和中国共产党》这一重要著作中首次

明确提出了"新民主主义革命"的科学概念。在文中，毛泽东坚持理论与实践相结合，对新民主主义革命的对象、任务、性质、动力和前途等问题进行了全面和深入的论述。新民主主义革命时期具体可细分为四个历史阶段：一是大革命时期也称"第一次国内革命战争时期"（1919～1927年）；二是土地革命时期也称"第二次国内革命战争时期"（1927～1937年）；三是全民族抗日战争时期（1937～1945年）；四是解放战争时期（1945～1949年）。这一历史时期内，中国共产党面临的主要任务就是反对帝国主义、封建主义和官僚资本主义三座大山的压迫，以争取早日实现民族独立和人民解放，进而为中华民族伟大复兴创造社会条件。

近代以来的中国逐渐沦为半殖民地半封建社会，这种半殖民地半封建的社会性质使其在文化领域也形成了半殖民地半封建的社会文化。新文化运动以及五四运动的发生，进一步冲击了封建文化的主根和脉络。在这一历史时期内，以毛泽东同志为代表的中国共产党人深刻地认识到，中国革命的胜利，不仅需要为政治革命和经济革命而奋斗，也需要为文化革命而奋斗。全民族抗日战争时期，为了建设一个中华民族的新社会和新国家，毛泽东于1940年1月发表了《新民主主义论》，这既是毛泽东思想具有理论体系的著作，也是中国共产党在新民主主义革命时期新文化理论的重要著作。在《新民主主义论》中，毛泽东坚持马克思主义的基本理论，首次全面系统地论述了新民主主义社会中政治、经济和文化三者之间的关系，即经济是基础，政治是经济的集中表现，文化是政治和经济在观念形态上的反映。毛泽东还阐述了新民主主义文化的经典内涵，即新民主主义文化是反帝反封建的民族的科学的大众的文化。新民主主义文化是"民族的"，"民族"意在强调新民主主义文化要在内容上反对帝国主义压迫，要维护中华民族的尊严和独立，维护中华民族几千年来凝结的优秀文化基因，同时也要与别的民族的社会主义文化和新民主主义文化相联合，建立互相吸收和互相发展的关系，共同形成世界的新文化。因此，新民主主义文化特别强调要取其精华，去其糟粕，批判地吸收外来文化，"中国应该大量吸收外国的进步文化，作为自己文化食粮的原料。"① 同时，这种文化交流决不能生吞活剥地毫无批判地吸收，要坚决反对"全盘西化"。

通过梳理发现，新民主主义革命时期中国共产党文明交流互鉴的传统在理论和实践上为日后文明交流互鉴观点的发展、为全球文明倡议的提出奠定了重要基础。以毛泽东为代表的中国共产党人提出要建立相互吸收和相互发展的关系来推动形成世界的新文化。

二、社会主义革命和建设时期：发展对外文化交流，实现科学文化现代化

新中国成立后，毛泽东同志庄严宣告："中国人被人认为不文明的时代已经过去了，我们将以一个具有高度文化的民族出现于世界。"中华人民共和国的成立，标志着中国人民从此站起来了，如何实现中华民族具有高度文化的宏伟目标，如何使中华民族首先解决社会稳定和人民生活方面的问题，成为新中国成立后需要解决的一系列问题。在此之际，毛泽东同志提出了两个方面的重要思想，使中华民族发展成为高度文化自信的民族。一是"百花齐放、百家争鸣"的方针；二是科学文化现代化的思想。其中科学文化现代化的思想包含了文明交流互鉴的重要观点。

所谓的"科学文化现代化"，就是1956年毛泽东同志在最高国务会议上的讲话中提到的"我国人民应该有一个远大的规划，要在几十年内，努力改变我国在经济上和科学文化上的落后状况，迅速达到世界上的先进水平。"② 随后，毛泽东同志在读苏联的《政治经济学教科书》时进一步提出四个现代化，即工业现代化、农业现代化、科学文化现代化和国防现代化。通过梳理毛泽东同志的文化思想，推动科学文化现代化，其中重要的一方面就是大力发展对外文化

---

① 《毛泽东选集》（第二卷），人民出版社1991年版，第706页。
② 《毛泽东文集》（第七卷），人民出版社1999年版，第2页。

交流，学习外国的优秀文化。毛泽东同志通过梳理中华民族历史上积极接受外国先进经验和优秀文化的传统来证实，对外文化交流是社会主义发展文化的重要途径。毛泽东同志还特别强调，要把外国的现代科学技术如医学、生物学等好东西都学到，并且勇于承认外国的近代文化比我们高，外国是后起之秀，落后的我们一定要积极接受外国的文化。在对待外来文化方面，毛泽东同志以科学辩证的态度指出，我们既要以不排斥的态度学习其优秀成果，同时更要采取分析的态度，批判性地吸收和借鉴。在《论联合政府》中，毛泽东同志指出，"对于外国文化，排外主义的方针是错误的，应当尽量吸收进步的外国文化，以为发展中国新文化的借镜"。

1956 年 4 月 25 日，毛泽东同志在中央政治局扩大会议上发表了重要讲话。随后在第七次国务会议上进一步阐述了十大关系。在这次具有开拓性意义的讲话中，毛泽东同志总结了经验，提出要以苏联为鉴，总结经验，调动一切积极因素为社会主义事业服务的基本方针。十大关系围绕社会主义建设事业而阐释，包括"重工业和轻工业、农业的关系""沿海工业和内地工业的关系""经济建设和国防建设的关系""国家、生产单位和生产者个人的关系""中央和地方的关系""汉族和少数民族的关系""党和非党的关系""革命和反革命的关系""是非关系""中国和外国的关系"。在论述"中国和外国的关系"时，毛泽东同志强调了文明交流互鉴过程中要注意"以批判性的眼光把其他民族和国家在政治、科学、经济等各方面的长处都进行仔细钻研后再加以学习，不能盲目照搬"①。随后，他在《同音乐工作者的谈话》一书中谈到中西文化时指出，"中国的和外国的要有机地结合，而不是套用外国的东西。"

通过梳理发现，在社会主义革命与建设时期，毛泽东同志对于"要不要学习外来文化"以及"如何学习外来文化"等问题做了深刻回答。这些重要论述为日后文明交流互鉴的推动、对于借鉴一切民族和国家的优秀文明成果、为全

---

① 《毛泽东文集》（第七卷），人民出版社 1999 年版，第 41 页。

球文明倡议的提出提供了重要指引。

三、改革开放与社会主义现代化建设新时期：尊重文明多样性

1978 年党的十一届三中全会的召开到 2012 年中国共产党第十八次全国代表大会的召开，是中国共产党历史上的改革开放与社会主义现代化建设新时期。党的十一届三中全会结束了"以阶级斗争为纲"的错误方向，做出了党和国家工作重心转移到经济建设上来的正确决策，在新中国成立以来中国共产党的历史上具有转折意义。这一历史时期，我们的主要任务就是继续探索符合中国国情的社会主义建设道路，解放和发展生产力，使全体人民尽快富裕起来。

解放和发展生产力，就必然会面临一个如何超越意识形态的差异去学习借鉴西方发达资本主义国家有益做法的问题。以邓小平同志为核心的党的第二代中央领导集体推动党的文明交流互鉴进入了一个新的发展阶段。这一时期文明交流互鉴的发展伴随着中国改革开放政策而发生重大变化，其贡献主要在于科学研判时代主题的历史性变化，突破意识形态方面的分歧学习借鉴西方资本主义国家有益经验，坚持开放发展，将中国的发展与世界紧密联系在一起。因此，邓小平同志尤其强调要学习世界上一切国家的优秀文明成果，以此来推动我国社会主义事业的发展。正如邓小平同志在《党在组织战线和思想战线上的迫切任务》中指出的，"我们要向资本主义发达国家学习先进的科学、技术、经营管理方法以及其他一切对我们有益的知识和文化，闭关自守、故步自封是愚蠢的。"①

以江泽民同志为核心的党的第三代领导集体在推动世界文明交流互鉴方面所做的贡献在于，在正确把握世界发展大势，掌握新世纪开展文明交流互鉴的国际背景的基础上深刻阐述了各国文明多样性是人类文明进步的动力的思想。

20 世纪末到 21 世纪初，和平与发展仍然是时代主题，科学技术的快速发

---

① 《邓小平文选》（第三卷），人民出版社 1993 年版，第 44 页。

展，冷战结束后世界格局的多极化趋势不可逆转，经济全球化的进程不断加快，世界大转折带来新的机遇与挑战。在这样的时代背景下，江泽民同志提出了尊重世界文明多样性。2001 年 7 月 1 日，在庆祝中国共产党成立 80 周年大会上，江泽民同志谈及国际政治局势以及中国对外政策时指出："世界是丰富多彩的。各国文明的多样性，是人类社会的基本特征，也是人类文明进步的动力。"① 在党的十六大报告中，江泽民同志重申了这一思想："世界上的各种文明、不同的社会制度和发展道路应彼此尊重，在竞争比较中取长补短，在求同存异中共同发展。"随后，在诸多场合中江泽民同志都曾提及文明多样性的主张。根据其系列论述，这一思想主张可以总结为三个方面的内容，一是人类社会发展的基本特征就在于文明多样性，这是人类社会存在的基本方式，是不以人的意志为转移的客观事实。在联合国千年首脑会议上，江泽民同志将世界文明的丰富多彩比作宇宙间五彩斑斓的色彩，主张要尊重不同民族、不同宗教和不同文明的多样性。二是不同文明之间的差异不应成为产生分歧的借口。江泽民同志以历史史实作喻，特别强调地理的阻隔、意识形态的差异以及利益的多元化都不应成为割裂世界文明多样性的借口，同时隔离不同文明交流互鉴的桥梁和纽带的错误做法势必违背人类文明发展的客观规律。三是面对世界不同文明的差异，我们必须坚持以和平共处五项原则为指导，积极对话、相互借鉴，在世界大历史的潮流中努力建设本民族文明。

党的十六大以来，以胡锦涛同志为代表的中国共产党人在面对错综复杂的国际局势时，提出了构建和谐世界的理念，为文明交流互鉴提供了范式思考。

胡锦涛同志在思考中国与世界关系时，形成了一整套关于时代潮流以及如何推动时代发展的基本观点。胡锦涛同志认为，在大发展、大变革和大调整的时代背景下，求和平、谋发展、促合作仍然是不可阻挡的历史潮流。为了推动世界朝着和平、发展、合作的方向发展，胡锦涛同志提出了构建"和谐世界"

---

① 《江泽民文选》（第三卷），人民出版社 2006 年版，第 298 页。

的理念。2005 年 4 月，胡锦涛同志在亚非首脑峰会上发表了《与时俱进，继往开来，构筑亚非新型战略伙伴关系》的主题演讲，首次阐释了"和谐世界"理念，即"发扬亚非会议求同存异的优良传统，倡导开放包容精神，尊重文明、宗教、价值观的多样性，尊重各国选择社会制度和发展模式的自主权，推动不同文明友好相处、平等对话、发展繁荣，共同构建一个和谐世界"①。随后，"和谐世界"的理念成为国家间交往的共识，登上了联合国讲坛，并成功写入中国共产党全国代表大会的报告中，这一思想在实践中逐步形成。和谐世界之所以能够指导不同国家间的文明进行交流互鉴，关键就在于"和平""和谐""对话"等要素、核心和路径。在"和谐世界"理念中，持久和平与共同繁荣是其基本要素。和平是繁荣的前提，也是文明交流的前提，倘若置和平于不顾，那么文明交流就无从谈起。和谐是其核心，这一理念所倡导的核心意指全面长期可持续发展的高度文明，是不同国家、不同民族和不同文明之间实现开放包容的和谐。对话是其基本路径。和谐世界坚决反对以武力解决冲突和争端，对话是理解差异、化解冲突的最有力方式。

四、新时代中国特色社会主义时期：平等互尊、开放包容、互学互鉴

中国特色社会主义进入新时代，世情与国情发生了深刻变化。一方面，国际力量对比深刻调整，霸权主义和强权政治以及逆全球化思维上升，不仅使全球经济复苏迟缓，更为紧要的是不同文明之间的交汇碰撞此起彼伏，"人类向何处去"成为亟待解决的问题。另一方面，随着以中国为代表的新兴市场国家的发展，其国际地位和国际影响力显著提升的同时也使发达国家难以适应这种变化，中华民族伟大复兴的使命任务面临着一系列风险挑战。正是在这样的时代

---

① 胡锦涛：《与时俱进，继往开来，构筑亚非新型战略伙伴关系》，载《人民日报》2005 年 4 月 23 日。

背景下，以习近平同志为核心的党中央，继承发展中国共产党文明交流互鉴的优良传统，积极倡导尊重世界文明多样性，提出构建人类命运共同体来化解不同文明之间的冲突和矛盾，针对"不同文明为什么要进行文明交流互鉴""如何进行文明交流互鉴"等重要问题发表了一系列重要论述，形成了新时代的文明交流互鉴观，深刻思考和理性回答了"人类文明如何发展"这一重大问题。

新时代的文明交流互鉴观，是推动世界文明共同繁荣发展的中国方案和中国智慧。它准确把握了文明的发展规律，阐释了世界文明的发展方向，为构建人类命运共同体提供了文明力量，展现了以习近平同志为核心的中国共产党人对文明发展大势的深刻把握。新时代的文明交流互鉴观坚持"以文明交流超越文明隔阂、文明互鉴超越文明冲突、文明共存超越文明优越"，形成了包括平等互尊的基本原则、开放包容的基本态度、互学互鉴的实践路径以及合作共赢的价值旨趣等在内的丰富意蕴。

自中华古代文明开始，勤劳智慧的中国人民就已经尝试通过各种方式与相隔千里甚或万里的不同文明开展交流交往活动，进而使中华文明形成了博采众长、兼收并蓄、开放包容的突出特性。历史发展至近代，作为中华优秀传统文化继承者和弘扬者的中国共产党，在其一百多年的光辉历程中，秉承传统文化中对待不同文明的科学态度，以谦虚的态度学习借鉴世界上一切文明的优秀成果，将世界文明多样性视作人类社会发展的基本特征，通过构建"和谐世界""人类命运共同体"等实践方案真正实现人类文明的和谐相处、共同繁荣。因此，新时代全球文明倡议的提出不是历史的偶然，而是合乎历史发展潮流、顺应人类文明发展规律的历史的必然产物。它正是在吸收借鉴中国共产党文明交流互鉴思想合理内核的过程中出场。

第四节　考量国际局势与遵循人类文明发展规律

党的十八大以来，以习近平同志为代表的中国共产党人科学把握世情、党情、国情的深刻变化，从横向世界力量对比与纵向民族复兴历史征程的双坐标，科学界定了世界形势与我国发展新的历史方位。从现实向度观之，全球文明倡议的提出正当其时，它是中国共产党科学把握国际局势变化与人类文明发展规律之后做出的正确抉择，符合时代要求以及全球形势变化，是中国共产党以胸怀天下的情怀担当探索人类文明发展规律的时代产物。综合来看，世界百年未有之大变局是提出全球文明倡议的现实基础，推进人类社会现代化进程是提出全球文明倡议的客观需要，中国与世界关系的历史性变化是提出全球文明倡议的内在动力。

一、百年未有之大变局是全球文明倡议提出的现实基础

当前，人类生存的地球家园正在以前所未有的方式发生着历史性变化，世界多极化、经济全球化、社会信息化与文化多样化深入发展，和平与发展仍是当今时代主题。人类社会已经步入了一个关键时期。在这样一个关键的历史时期，地球村里的不同国家是应该坚持团结合作的基本原则，还是背道而驰走向分裂对抗？是应该携手维护和平稳定，还是跌入新冷战的深渊？是应该在文明交流互鉴中走向繁荣，还是在零和博弈中陷入萧条？历史的脚步走向何方，取决于我们做出什么样的选择。思考这一系列问题并基于对时代潮流和国际大势的正确认识，习近平总书记于 2017 年接见驻外使节工作会议代表时首次公开提及了"百年未有之大变局"。2018 年 6 月，中央外事工作会议召开，习近平总书记再次阐释："我国处于近代以来最好的发展时期，世界处于百年未有之大变局，两者同步交织、相互激荡。"[①] 在随后举行的中非合作论坛上，习近平总书记再次提及："放眼世界，我们面对的是百年未有之大变局。"从那以后，习近平总书记在多个场合都曾谈及"百年未有之大变局"，这一战略判断成为理解习近平外交思想生成的重要背景，也成为实现中华民族伟大复兴中国梦的重要

---

① 《习近平著作选读》（第二卷），人民出版社 2023 年版，第 178 页。

国际背景。从 2018 年至今，这一战略判断已经提出 6 年，学术界和理论界也一直将其作为一个重要的话题和学术研究切入点进行讨论。那么，何谓百年未有之大变局？它具体表现在哪几个方面？为什么说我国处于近代以来最好的发展时期？首先，我们需要弄清百年未有之大变局的"变"具体体现在哪几个方面。

（一）世界经济重心在变

由于资本主义的发展，世界经济重心在很长一段时间内分布在北大西洋两岸的西欧诸国以及北美洲。虽然日本在 20 世纪 60 年代实现了经济起飞，在一定程度上使世界经济版图中的"亚洲比重"有所上升，但是日本在经济和政治上追随欧美的政策倾向使其成为西方经济的附庸，因此并没有撬动北大西洋在世界经济中的地位。历史进入 21 世纪后，随着"金砖五国"（中国、俄罗斯、印度、巴西、南非）的逐步发展，加之 2008 年金融危机给包括美国在内的西方国家经济带来的重创，世界经济的重心在变，变化的趋势表现为由西方发达国家向东方发展中国家位移，这一变化可谓是百年未有。如果说第一次世界大战后美国由于其地缘优势而一跃成为全球最大的资本输出国，世界经济重心由西欧向北美迁移算是一次经济大变局的话，那么当今世界正在发生的经济重心转移，它的覆盖性更广，远超第一次世界大战后经济重心的变化。

中国是世界新兴经济体中的重要国家，改革开放 40 多年来在经济领域的发展可以说是突飞猛进，并且实现了经济发展和社会长期稳定这两大奇迹，现已成为世界第二大经济体，已经成长为新兴市场国家推进世界经济格局变化的关键性动力。受疫情影响，百年未有之变局下的世界经济复苏乏力，国际金融危机的深层次矛盾尚未解决，资本主义生产方式以及市场运行机制的扩展使世界经济增长面临更多不确定性和不稳定性。此外，美国作为当今世界最大的经济体，作为现行国际经贸规则的主要制定者，非但没有发挥大国作用，反而随意歪曲现有规则，严重阻碍世界经济复苏和健康发展。

（二）世界政治格局在变

当今世界政治格局深刻调整，正在两个层面上发生着演进并且彼此之间相互作用、相互影响。第一，以中国为代表的新兴市场国家实现了群体性的崛起。二战后，广大亚非拉国家开始逐渐摆脱殖民统治，实现了民族独立，在政治和经济方面实现了独立和自主发展。但是，科学技术的落后和经济处于弱势地位是客观事实。21世纪后，"金砖国家"开始由理想变为现实，"金砖五国"以可期的经济成就和发展前景受到了世界的瞩目，经济上的发展使它们的国际地位和国际话语权进一步提升。第二，政治多极化呈现出新的态势。20世纪80年代末90年代初，以东欧剧变和苏联解体为标志，美苏两极格局争霸的冷战瓦解后，世界范围内形成了"一超多强"的格局。美国作为"超级大国"与世界其他国家在各个方面都进行着激烈的较量，美国想要保持自己的霸主地位，而其他国家则极力推进多极化趋势。随着时间的推移，多极化随着中国、欧盟、俄罗斯、巴西等国家的推动而不断推进，美国的"霸主梦"在日渐走向破碎，世界政治格局呈现出"东升西降""南北均衡"之势。

当今世界，和平、发展、合作、共赢仍然是时代潮流，但是在国际政治现实中，零和博弈和丛林法则依旧盛行，"和平赤字"仍在不断扩大。导致"和平赤字"的主要原因有两个：一是冷战思维。一些西方国家仍然以冷战时期形成的思维方式，以意识形态为载体进行对抗，比如"共产主义失败论""历史终结论"等。二是单边主义。美国等西方国家罔顾国际社会的共同利益，在国际事务中只为谋取私利。三是地区冲突依旧此起彼伏。二战后，全球虽然没有再爆发大规模的战争，但是海湾战争、伊拉克战争等局部战争和动荡依旧很多，许多国家和地区的人民依旧生活在水深火热之中。

（三）全球化发展进程在变

经济全球化是世界经济深入发展的时代产物，它是在生产力和科学技术的进步以及社会分工不断深化的情况下，世界各国和各地区的经济活动日益超出一国或一地区范围而相互联系和相互依存的过程。经济全球化的深入推进意味着世界经济发展到了新的阶段。西方发达资本主义国家无疑是经济全球化的主要倡导者和推动者。20世纪80年代末90年代初是经济全球化的初期，西方资本主义国家较早完成了工业革命，凭借着雄厚的经济实力和技术优势，将其大量跨国公司通过在全球范围内的资源配置，以较为低廉的成本获取了发展中国家的资源和市场。可以说，经济全球化的初期对于西方资本主义国家来说是处于优势地位的，它们是经济全球化的主导者。发达国家在这一进程中不仅获得了丰厚的红利，也暴露了其增长极限和内在对抗。

经济全球化给发展中国家带来了重要的发展机遇，也给民族产业的发展带来了诸多风险和挑战。等到发展中国家逐渐克服经济全球化带来的弊端、放大其优势进而实现经济快速增长之时，曾经强力推进经济全球化的西方资本主义国家却开始倒行逆施，举起了"逆全球化"的旗帜。当前在西方资本主义国家中流行的逆全球化思潮主要表现在以下几个方面：一是以本国利益优先为主导实施贸易保护主义和单边主义，二是以身份认同标签来建构民粹主义，三是打着民主和人权的旗号兜售伪多边主义等。

（四）全球科学技术在变

科学技术是生产力中的重要因素，是推动人类社会发展的革命性力量，是人类认识世界和改造世界文明成果的集中反映。当今世界，科学技术突飞猛进，新一轮科技革命和产业变革正在重构全球经济结构，它对人类生活福祉以及前途命运的影响已经远超人们的想象。新一轮科技革命是以信息技术革命为基础，涉及新材料技术、新能源技术、海洋科技、空间科技和生命科技等领域的全方位和多层次的重大革命。科学技术的深度融合发展，极大地拓展了人们对于时间、空间和人类的认识范围，人类正在进入一个万物互联的智能时代。新一轮科技革命和产业变革将对世界经济发展结构和竞争格局产生极其重要的影响，使世界经济和政治的关系发生深刻变化，国际分工深刻调整，世界各国的联系更加紧密，人们的生产方式和生活方式发生了重要改变。同时，我们也决不能忽视全球科学技术的变局带来的挑战。科学技术的变革，使各国在太空、海洋、网络等领域的主导权和规则制定的竞争愈发激烈，国家之间的不平衡发展正在加剧，这对于发展中国家而言面临着双重压力和挑战。发达国家和发展中国家的技术鸿沟正在持续拉大，"数字鸿沟"的问题加剧了全球发展的不平衡。除此之外，科学技术的变革也给人类社会带来了生命伦理、道德伦理等方面的挑战和难题。当今世界百年未有之大变局加速演进，国际环境错综复杂，不确定性和不稳定性显著提升。面对此番国际形势，对于中国而言，我们既处在千载难逢的发展机遇期，同时也是风高浪急，面临各种难以预测的困难与挑战的时期。

（五）全球治理格局在变

第一次世界大战后诞生了国际联盟，第二次世界大战后诞生了联合国，一百多年来现有的国际组织承担起了全球治理的责任，并在协调国际事务中发挥了重要作用。但是，大国仍然在全球治理体系中处于核心地位。当今时代，随着国际竞争合作的持续深化，全球性问题与日俱增且多重因素交叉使其越发复杂。对于经济发展、安全合作以及环境治理等领域的治理难题，现有的全球治理体系已经无法适应变化的格局。在经济领域，美国频繁挑起与中国的贸易争端，以拉低全球经济增长为代价，坚持搞贸易保护主义。在安全合作领域，美国单方面宣布退出伊核协议，使全球笼罩在核威胁之中，全球安全形势十分严峻。在环境治理领域，美国将"退群之风"刮至治理全球气候变暖的议题之上，单方面宣布要退出《巴黎协定》，全球环境治理面临着前所未有的新挑战。全球治理格局的重要基础在于国家治理的高效稳定。但是反观西方世界的大国治理，欧美国家出现的一系列的民粹主义浪潮进一步表明他们国家的内部治理出现了问题，美国政府停摆、英国脱欧难题、法国的"黄马甲"运动等诸如此类。面对这些危机，一些国家没有从制度等根源上去寻求解决的方案，反而将民粹主义的矛盾通过贸易战等举措来向外部世界转移，这种极不负责的做法也给全球治理带来了巨大挑战。

"应对共同挑战、迈向美好未来，既需要经济科技力量，也需要文化文明力量。"① 面对世界百年未有之大变局的加速演进，不同文明只有在交流互鉴中才能消除分歧、增进共识、促进合作，以文明的力量破解人类社会发展难题。这是全球文明倡议提出的一个重要的现实基础。

二、推进人类社会现代化进程是全球文明倡议提出的客观需要

2023 年 3 月，习近平总书记在中国共产党与世界政党高层对话会上向世界各国政党正式提出了"现代化之问"，并以中国式现代化和全球文明倡议来作答。所谓"现代化之问"，就是当今社会我们到底应该是追求两极分化还是共同富裕？追求物质至上还是协调发展？追求竭泽而渔还是和谐共生？追求零和博弈还是合作共赢？照搬照抄、亦步亦趋还是立足自身自主发展？"现代化之问"涉及的一个核心问题就是，人类社会应该以什么样的道路来实现现代化？习近平总书记提出"现代化之问"，是因为在当前现代化理论视野框架内，西方的现代化模式并不是唯一正确的模式，不仅如此，西方现代化在发展过程中由于其固有的二元对立矛盾，产生了一系列危机，比如财富的两极分化、生态环境的破坏等。中国式现代化之所以能够回应"现代化之问"和破解现代化的危机，就是因为中国式现代化在本质上不同于西方式现代化，中国式现代化对于发展中国家走上现代化道路具有普遍性的示范意义。那么，中国式现代化的本质特征、所蕴含的理论特质、所形成的实践经验如何以一种高效的方式让广大发展中国家了解并接受呢？习近平总书记给予的现实答案就是"全球文明倡议"。

实现现代化是人类社会孜孜以求的梦想。西方资本主义国家凭借着殖民掠

① 《习近平谈治国理政》（第三卷），外文出版社 2020 年版，第 465 页。

夺与资本原始积累，乘着第一次工业革命的东风，使生产力迅速发展导致生产方式发生大变革，同时文艺复兴的兴起也进一步扫除了人们在思想上的禁锢和障碍，使它们率先走上了现代化的道路。然而，建立在资本主义私有制基础之上的现代化难掩其剥削本质，由此形成的资本主义文明也是披着自由民主外衣而实为主张文明优越与冲突的文明形态。因此，西方现代化道路及其文明形态在产生之日起，就注定要被更先进的现代化道路和文明形态所取代。那么，发展中国家如何才能实现现代化呢？是紧随西方式现代化的脚步亦步亦趋，还是结合本国实际情况探索和创造一条适合自己的现代化发展道路？

中国共产党在 100 多年的艰辛探索中，既坚持遵循现代化的一般规律，又立足本国源远流长、博大精深的文化资源，厚植现代化深厚的文明底蕴，团结带领全国人民走出了中国式现代化道路，创造了人类文明新形态。中国作为世界上最大的发展中国家，探索出的具有中国特色的社会主义现代化道路，从理论和实践两个层面上证实了西方现代化绝不是人类社会中唯一的现代化发展模式，中国共产党开辟中国式现代化新道路、创造人类文明新形态的生动实践，将为世界上其他广大发展中国家实现现代化提供一种全新的选择和有益的参考。中国式现代化充分体现了物质文明、制度文明以及生态文明的协同并进和协调发展，扭转了长期以来经济增长靠发达国家操控，政治文明以西方为标准的局面，走出了符合本国国情、本国进步和人类进步相统一的道路。中国式现代化以生动实践为广大发展中国家走上现代化提供了可资借鉴的方案，拓展了发展中国家实现现代化的途径，给那些既希望加快发展又希望保持自身独立性的国家和民族提供了一种新的选择。

中国共产党始终不渝的责任与担当就是要为人类谋进步、为世界谋大同。中国共产党带领中国人民走出的中国式现代化新道路就是谋求人类进步、实现世界大同的必由之路。中国式现代化形成了不同于西方现代化的价值观、世界观、政治观、生态观、文明观。中国式现代化具有世界意义，它秉持不同文明对话包容、交流互鉴的文明观，致力于在文明互动互鉴中赋予各国现代化之路以鲜明特质，共同为人类社会现代化进程做出重要贡献。这正是全球文明倡议提出的客观需要。

三、中国与世界关系的历史性变化是全球文明倡议提出的内在动力

2013 年 6 月 25 日，习近平总书记在主持中央政治局第七次集体学习时，发表了"在对历史的深入思考中更好走向未来 交出发展中国特色社会主义合格答卷"的主题讲话。习近平总书记在讲话中强调，正确处理中国和世界的关系，是事关党的事业成败的重大问题。世界潮流，浩浩荡荡，顺之则昌，逆之则亡。历史上的中国曾经在经济、政治和文化等方面长期领先于世界。后来，资本主义通过工业革命使生产方式发生巨大变化，社会也随之发生深刻变革。这时的中国封建统治者却仍然沉迷于"天朝上国"的美梦，闭关锁国的政策使中国失去了跟随世界发展潮流的机会，丧失了与世界共同进步的历史机遇，中华民族从引领者变成了落伍者，逐渐落到了被动挨打、任人宰割的境地。尤其是鸦片战争以后，中国成为世界资本主义大国棋盘中的一枚棋子无法跟随世界历史的发展进程。新中国成立初期，在以美国为首的资本主义国家的长期封锁和排斥下，中国长期在世界体系之外徘徊，直至 1971 年中国才恢复了在联合国的合法席位。改革开放以后，中国共产党正确判断了世界发展大势，确立了和平与发展的时代主题，中国开始积极融入世界经济体系中，中国经济开始迅速发展，这既增强了中国的经济地位和国际地位，也让中国人民实现了从站起来到富起来的历史性飞跃。经过改革开放 40 多年的发展，我们顺应了经济全球化的发展大势，打开了对外开放的新天地，积极推动全球经济治理体系改革，使中国成为世界第二大经济体。以中国为代表的新兴市场国家的群体性崛起，改变了冷战结束以来国际战略力量对比失衡的局面。

党的十八大以来，中国特色社会主义进入新时代，世界局势发生了深刻变

化，中国与世界的联系和互动也空前紧密。新时代，以习近平同志为代表的中国共产党人积极推进世界经济全球化，坚决反对逆全球化思潮，做大各国共同利益交汇点，促进全球互联互通；坚决捍卫和平与发展的时代主题，坚决反对大国之间的冲突与对抗，坚定维护国际公平正义，积极推动大国关系良性互动；坚持走和平发展的道路，既为自身发展争取有利的国际环境，又以自身发展促进和维护世界和平与发展，使中国与世界的关系更加紧密地联系在一起。为了解决世界性难题，中国积极推动构建人类命运共同体，以自己的制度和文明新形态，推动着世界的多样化发展。中国文化软实力得到空前提高，我国国际影响力、感召力、塑造力显著提升。中国共产党坚持胸怀天下的世界情怀，积极展现负责任的大党担当，坚持为人类谋进步、为世界谋大同，正日益走向世界舞台中央，不断为人类社会发展与文明进步做出更大贡献。

一方面，许多国家尤其是发展中国家迫切期待中国能在国际舞台上发挥更大的引领作用，通过贡献更多的中国智慧与中国方案以对世界和平发展贡献更多正能量，比如中国的减贫经验、中国共产党的治国理政经验。比如伊拉克共产党总书记拉伊德·法赫米在分享听取中共二十大报告后的看法时指出，世界非常期待中国能够在维护世界和平和解决国际争端以及支持各国人民反对一切形式的剥削、压迫和侵略，实现自由、独立和民主、进步等事务中发挥更大更多作用。另一方面，日益走向世界舞台中央的中国面临更多新的时代挑战。以美国为首的西方国家频频拿起文化武器使"文明冲突""文明优越"等沉渣泛起，大肆宣扬中华文明的异质性，炮制"中国威胁论"以遏制中华民族伟大复兴。全球文明倡议就是中国共产党立足民族复兴、面向人类发展，为解决全球困境与时代挑战做出的回答，它主动顺应中国共产党与世界关系的历史性变化，为推动构建人类命运共同体贡献了文明力量。

第四章 全球文明倡议的多维透视

　　全球文明倡议是习近平总书记在思考"人类社会需要什么样的现代化"以及"如何实现现代化"等问题时为世界文明共同发展进步提供的中国智慧与中国方案。为了更加深入地理解全球文明倡议的深刻意蕴，我们可以从以下三个角度对其进行全方位多层次的透视。首先，从"三大全球倡议"的视角透视全球文明倡议。当今世界，和平、发展、合作、共赢是时代潮流，人们对普惠发展、和平稳定和文明进步的渴望愈发强烈，需求与日俱增。同时，全球发展遭遇逆流，合作与对抗的较量日益突出，文明冲突与碰撞此起彼伏。面对此番国际形势，习近平总书记在 2021 ~ 2023 的三年时间里，先后提出了全球发展倡议、全球安全倡议和全球文明倡议，致力于为人类和平发展事业做出重要贡献。在这三大全球倡议中，全球文明倡议处于什么地位？三大倡议具有什么样的内在逻辑关系？其次，从"人类社会现代化"的视角透视全球文明倡议。全球文明倡议的提出追溯至 2023 年 3 月习近平总书记在中国共产党与世界政党高层对话会上发表的《携手同行现代化之路》的主题演讲。习近平总书记在主题演讲最后向世界政党发出全球文明倡议。那么，全球文明倡议的提出对于人类社会尤其是发展中国家的现代化之路将会产生哪些积极作用呢？厘清这一问题，将对开展全球文明倡议的价值意义研究具有重要启示意义。最后，从"人类命运共同体"的视角透视全球文明倡议。从基本内涵上来讲，全球文明倡议的"四个共同倡导"与人类命运共同体的构建"五个世界"具有深刻内在联系，从文化维度为构建人类命运共同体提供了新助力；从实践层面看，全球文明倡议的提出，为构建人类命运共同体的实践方案提供了文化支撑。

第一节　从 "三大全球倡议" 视角
透视全球文明倡议

当今世界，百年未有之大变局加速演进，乌克兰危机和巴以冲突等局部战争再次表明，世界是一荣俱荣、一损俱损的命运共同体，和平的国际环境是世界各国持续发展的重要条件。在 2021~2023 的三年时间里，中国在世界性会议上接连提出了全球发展倡议、全球安全倡议和全球文明倡议，为国际社会团结合作共谋发展、共建安全、共话文明贡献了思想公共产品，体现了中国特色大国外交的基本逻辑和中国共产党的大党情怀。"三大全球倡议"事关全球发展、安全与文明共处等重大问题，它们三者具有内在关联性，其中，全球发展倡议是基础，全球安全倡议是保障，全球文明倡议是目标。因此，从"三大全球倡议"视角解读全球文明倡议，将有助于我们进一步理解全球文明倡议对于构建人类文明新形态、推动人类文明进步的重要意义。

一、全球发展倡议与全球安全倡议的提出背景与内涵

"三大全球倡议"指的是习近平总书记提出的全球发展倡议、全球安全倡议和全球文明倡议。三大倡议虽然提出时间不同，时代背景和侧重点也有区别，但是"三大全球倡议"具有深刻的内在关联。通过分析解读全球发展倡议和全球安全倡议的提出背景与核心要义，有利于我们更加深刻理解全球文明倡议的内涵。

（一）全球发展倡议的背景与内涵

"发展是解决一切问题的总钥匙"。2021 年 9 月 21 日，在新冠肺炎疫情肆虐全球、人类社会发生深刻变化之际，习近平主席以视频方式出席了第 76 届联合国大会一般性辩论并发表题为《坚定信心　共克时艰　共建更加美好的世

界》的重要讲话，向世界郑重提出了全球发展倡议。随后在亚太经济合作组织会议、二十国集团领导人峰会、中非合作论坛部长级会议等国际会议中，习近平主席的重要讲话中都强调了"全球发展倡议"，这一词汇成为中国外交的高频词。全球发展倡议的提出有着深刻的现实逻辑，是对"全球发展面临前所未有困境"这一时代背景的有力回应，为匡正全球发展道路提供了一份彰显时代特征、浓缩新时代治国理政实践经验的中国方案。

1. 全球发展倡议的提出背景

首先，全球发展倡议的提出基于新冠肺炎疫情肆虐全球这一特殊的时代背景。2020 年初，一场新型冠状病毒引发的疫情席卷全球，给国际公共卫生安全和世界各国人民生命健康带来严峻挑战的同时也给世界经济的发展带来严重冲击。新冠肺炎疫情是一场全球性的公共卫生危机，遭遇疫情冲击较重的就包括中国。中国在遭受疫情袭击时发扬"人民至上、生命至上"的抗疫精神，积极统筹疫情防控和经济社会发展，在抗击疫情方面总结积累了成功经验。在人类命运共同体、人类卫生健康共同体理念的指引下，中国积极发扬团结合作的精神，向非洲等发展中国家派遣医疗工作组进行抗疫指导，同时向其出售中国制造的疫苗等医疗卫生产品。面对疫情在全球大流行，西方某些资本主义国家罔顾人民生命安全，造成了大范围内感染人数和死亡人数的剧增；抛弃团结合作的基本理念，拒绝向发展中国家出售疫苗，并且将疫情"政治化"，借此抵制和污蔑中国。新冠肺炎疫情对世界经济的冲击是众所周知、显而易见的，它冲击了全球经济的正常运行，使跨国公司对外投资减少，提高了贸易摩擦的可能性，极大削弱了发展中国家的发展权。通过数据我们可以更为直观地观察这一影响：根据国际货币基金组织（IMF）于 2021 年发布的数据，2020 年全球经济总量相比 2019 年下降近 10%。[①]

其次，全球发展倡议的提出是对世界经济发展趋缓和全球经济合作动力不

---

① 数据源自 2020 年国际货币基金组织发布的《世界经济展望报告》。

足等一系列现实问题的积极回应。一方面，世界经济增长低迷是客观存在的。自 2008 年国际金融危机爆发后，发达资本主义国家的失业率持续攀升，新兴发展中国家经济增长的前景不错但也面临经济增长动力下降、资本流失、内需不足、通货膨胀等问题。可以说，世界经济的整体发展态势始终没有摆脱金融危机的影响，整体形势不容乐观，世界经济进入了新一轮的变革调整期。尤其是新冠肺炎疫情爆发以来，全球经济就面临着"断层"加深、经济复苏不确定性持续上升、全球经济增长缓慢且不均衡等问题。2023 年 10 月，国际货币基金组织（IMF）在《世界经济展望报告》中对于世界经济增长态势给出了自己的判断：IMF 预计全球经济增速持续放缓，将从 2022 年 3.5% 的增速下降至 2023 年的 3%，2024 年的经济增速甚至会跌破 3%，仅达到 2.9%。习近平主席在世界经济论坛"达沃斯议程"对话会上发表题为《让多边主义的火炬照亮人类前行之路》的讲话中指出："人类正在遭受第二次世界大战结束以来最严重的经济衰退，各大经济板块历史上首次同时遭受重创，全球产业链供应链运行受阻，贸易和投资活动持续低迷……但世界经济复苏势头仍然很不稳定，前景存在很大不确定性。"[1] 在世界经济连为一体的时代背景下，国际经济环境的变化也为中国经济发展带来重大机遇和挑战。经过改革开放 40 多年的发展，从整体实力上看中国已经发展成为世界经济增长的"领头羊"，但不可避免的困难与挑战也随之而来。如何为世界经济复苏创设良好的条件是世界各国亟待解决的问题。另一方面，世界经济合作发展遭受多方力量阻挠是基本事实。这些基本事实主要包括：以美国为首的西方国家挑起贸易摩擦，乌克兰危机等局部战争破坏和平发展的世界经济环境、逆全球化思潮下合作赤字剧增，民粹主义的崛起等不利因素使全球发展事业疲态尽显。

最后，全球发展倡议聚焦"发展"二字，将"发展"视为"出路"和"药方"，缘于发展在中国共产党党史和中华人民共和国国史中所发挥的巨大作

---

① 《习近平外交讲演集》（第二卷），中央文献出版社 2022 年版，第 322 页。

用。发展是硬道理，是解决我国不同阶段所有问题的关键，也是中国共产党执政兴国的第一要务。发展是科学发展、可持续发展、协调发展。中国在当今世界上所取得的举世瞩目的历史成就，与聚焦发展密不可分。中国特色社会主义进入新时代，习近平总书记在多个重要场合先后提出了诸多关于发展的重要论断。在国内范围内，提出了"发展为了人民、发展依靠人民、发展成果由人民共享"的思想，推动经济由高速增长向高质量发展转变，顺利完成全面建成小康社会的第一个百年奋斗目标，在历史上首次消除了绝对贫困。在国际范围内，将发展作为构建人类命运共同体的目的和路径，将发展作为全人类共同价值的重要内涵，将发展作为解决安全问题的"总钥匙"，将发展作为解决一切问题的"总钥匙"，将发展作为满足人民对美好生活向往的关键。

2. 全球发展倡议的核心要义

发展是强劲、绿色、协调与健康发展。习近平主席在讲话中深刻阐释了全球发展倡议的内涵，并将其概括为"六个坚持"：即坚持发展优先、坚持以人民为中心、坚持普惠包容、坚持创新驱动、坚持人与自然和谐共生、坚持行动导向。①

第一，坚持发展优先是全球发展倡议的核心要义。首先，只有坚持"发展优先"才能解决全球性问题。发展是解决一切问题的"总钥匙"，要解决好各种全球性挑战，必须将发展这把钥匙牢牢攥紧。在地区治理问题上，贫困是动荡的根源，只有发展才能使人民摆脱贫困，为许多治理问题的解决奠定最为重要的物质条件。鉴于此，习近平主席强调要凝聚促进发展的国际共识，把发展置于全球议程中心位置。其次，"发展优先"需要紧紧依托于多边发展合作。在世界各国日益结成命运共同体的全球化时代，全球发展问题仅凭一两个国家是无法得到有效解决的，必须依赖多边发展合作。也就是说，各国只有秉持合

---

① 习近平：《坚定信心　共克时艰　共建更加美好的世界》，载《人民日报》2021 年 9 月 22 日。

作共赢的理念才能为解决全球发展难题贡献智慧并积极采取有效行动。由此，习近平主席特别强调构建更加平等均衡的全球发展伙伴关系。最后，"发展优先"的短期目标是落实《联合国 2030 年可持续发展议程》。这一发展议程包括 17 个发展目标，范围广泛且雄心勃勃，涉及可持续发展的三个层面：社会、经济和环境，以及与和平、正义和高效机构相关的重要方面。这些目标表明了全世界寻求消除贫困、保护地球以及提升人类生活质量的共同愿景。但近年来人类所经历的多重危机对议程目标的落实形成了巨大的挑战。在此背景下，习近平主席强调要以"发展优先"为导向，加快落实《联合国 2030 年可持续发展议程》，推动全球实现高质量可持续发展。①

第二，坚持以人民为中心是全球发展倡议的根本遵循。在讲话中，习近平主席指出要在发展中保障和改善民生，保护和促进人权，做到发展为了人民、发展依靠人民、发展成果由人民共享，不断增强民众的幸福感、获得感、安全感，实现人的全面发展。人民幸福生活的实现与发展紧密相关。党的十八大报告中提出了"以人民为中心"的发展思想，党的二十大报告再次强调要坚持人民至上、生命至上的价值追求。发展为了人民、发展依靠人民、发展成果由人民共享，这一理念是中国共产党在百年历程中所总结出来的实践经验。首先，发展为了人民，全球发展倡议的提出就是为了心系世界各国人民，为了实现各国人民的幸福生活。人民幸福生活的实现涉及衣食住行等多方面，发展必须首先解决这些人民群众最为关注的民生问题。同时，人民幸福生活的实现还体现在对人权的保障上。保障人权是以习近平同志为代表的中国共产党人的不懈追求，人权保障要以发展为前提，只有通过发展才能弥补全球人权发展赤字。其次，发展依靠人民，马克思主义群众史观将人民群众作为历史的创造者和决定力量，只有坚持依靠人民群众，才能获得发展的力量和智慧。最后，发展成果由人民共享。在习近平总书记的发展观中，共享是一个重要理念。共享就是全

---

① 侯冠华：《习近平全球发展倡议的多维论析》，载《理论探索》2023 年第 2 期。

体人民都能在公平公正的原则下享受发展带来的红利。在共享发展的理念指导下，中国不断推动实现全体人民共同富裕的目标。在国际发展合作中，共享就是任何一个国家、任何一个人都不能掉队，都应在合作发展中获取自身发展的力量。

第三，坚持普惠包容是全球发展倡议的价值旨归。习近平总书记指出，普惠包容就是要合理关切发展中国家以及发展困难的脆弱国家，通过援助、缓债等方式解决国家间发展不平衡的问题。普惠包容作为全球发展倡议的机制旨归，直指当今世界各国之间经济发展不平衡不充分的问题。首先，全球发展倡议提倡的普惠包容就是要填补发展中国家与发达国家即南北发展之间的发展鸿沟。中国是世界上最大的发展中国家的国际地位没有变，这也是我们国家的基本国情。中国在国际舞台上始终同广大发展中国家站在一起，始终为广大发展中国家的和平发展而发声。中国也以自身实际行动加强与发展中国家的经济合作、经验分享等。其次，全球发展倡议提倡的普惠包容就是要化解国家内部存在的不平衡不充分的问题。发展差距、贫富差距不是发展中国家的"专利"，发达国家同样存在。为了解决这一问题，每个国家必须从自身实际出发，跳出西方国家现代化道路的窠臼，找寻适合自身实际情况的现代化发展道路，将保障人权、改善民生作为发展目标。同时，中国愿积极推动与各国为解决发展不平衡不充分问题所进行的合作，并通过可持续性发展为各国人民的富裕生活提供基础。

第四，坚持创新驱动是全球发展倡议的内在动力。习近平总书记指出，创新驱动就是要抓住科技革命和产业革命的历史机遇，深入挖掘疫情之后经济增长的新动能。科学技术是第一生产力，创新则是引领科技发展的第一动力，创新意味着不墨守成规，能够在日新月异的变化中创造性地发现新问题、提出新思路。当今世界，新一轮的科技革命与产业革命正在发生着深刻变革，以人工智能为代表的新兴科技快速发展，将进一步重塑全球的经济结构和国际力量对比。解决发展中的深层次的矛盾与问题，根本出路就在于创新。在全球科技发展的时代背景下，全球发展倡议将坚持创新驱动作为内在动力，向世界各国倡议抓住历史机遇，以全球性的战略视野深化国际科技合作。党的十八大以来，以习近平同志为代表的中国共产党人着眼国内国际两个大局，统筹发展和安全两件大事，坚持将科技创新作为重点工作，引领我国的科技发展取得历史性成就。我国在科技创新领域取得的突破性进展，使得以美国为首的西方资本主义国家感受到来自东方大国的"危机"，美国采取一系列手段打压发展中国家的科技进步。发达国家所采取的一系列不公平的做法，将会进一步加深全球科技发展的鸿沟。面对这样的全球科技发展的现实，全球发展倡议应倡导各国进一步摒弃民族主义思维，加强各国科学技术合作，形成良好的科技发展环境。

第五，坚持人与自然和谐共生是全球发展倡议的基本要求。习近平总书记指出，全球发展倡议所倡导的人与自然和谐共生，要着重完善全球环境治理，积极应对气候变化，共同构建人与自然生命共同体。加快绿色低碳转型，实现绿色复苏发展。恩格斯曾指出，我们不要过分陶醉于人类对自然界的胜利，对于每一次这样的胜利，自然界都会对我们进行报复。在人类发展的历史中曾经有一段历史时期将经济的发展速度建立在破坏环境的基础上，由此造成了干旱、洪水、气候变暖、极端天气等现象，为人类建设美好家园带来了巨大的挑战。由此，为了吸取过往经验教训，全球发展倡议尤其强调人与自然的和谐共生。党的十八大以来，以习近平同志为代表的中国共产党人从中华民族永续发展的高度出发，持续推动生态文明理论和实践创新，创造性提出了一系列新理念、新思想、新战略，形成了习近平生态文明思想。习近平生态文明思想的基本思想与全球发展倡议的基本要求具有一致性。为了实现和谐共生，首先要号召世界各国积极参与全球环境治理中，每个国家都应承担起相应的义务。发达国家因为工业化的时间更长，理应承担比发展中国家更大的环境责任。其次要始终在联合国框架下开展全球环境治理，推动以联合国为核心的环境保护治理机制。最后每个国家都应付诸行动，真正制订保护环境、绿色发展的计划，实现绿色低碳发展。如中国制定的碳达峰和碳中和的发展目标，这对于世界各国来讲都具有借鉴意义。

第六，坚持行动导向是全球发展倡议的实践指向。全部社会生活在本质上是实践的，实践性是马克思主义的鲜明特征。马克思主义科学理论重视实践、创新实践、引领实践。实践性也是习近平新时代中国特色社会主义思想的精神品质。在这样的理论指导下，全球发展倡议尤其强调要将全球发展的战略构想付诸实际行动之中。2021 年 10 月 22 日，《中国联合国合作立场文件》由外交部正式发布，其中对于全球发展倡议的核心理念、现代目标、合作领域等进行了战略谋划，明确了"减贫、粮食安全、抗疫和疫苗、发展筹资、气候变化和绿色发展、工业化、数字经济、互联互通"八个全球发展的重要合作领域，初步构建起全球发展倡议的理念框架，为切实倡导全球发展倡议、解决全球发展问题贡献了中国方案。全球发展倡议面向世界各国，从不孤立任何国家。2022 年 11 月 17 日，习近平主席在世界经济论坛视频会议上进一步指出，中国愿同世界各国携手合作，一同推进全球发展倡议的落地，努力不让任何一个国家掉队。

在人们的日常生活以及政治学的学科视域中，"发展"一词属于高频词汇。在马克思主义唯物辩证法的哲学视域下，联系和发展是唯物辩证法的总特征。世界上的万事万物都处在联系之中，正是这种联系推动事物运动、变化和发展。发展的实质就是新事物的产生和旧事物的灭亡。全球发展倡议的深刻内涵符合唯物辩证法的基本思想，其实质就是对当今世界破坏国际秩序和规则的行为和思想等一系列旧事物的超越和摒弃。全球发展倡议是习近平经济思想和习近平外交思想的世界蓝图和经济韬略，是对"一带一路"国际合作倡议的拓宽，是构建人类命运共同体的基本路径，是应对人类共同挑战的良方，是新事物的代表。全球发展倡议的提出可谓正当其时，具有重要的时代价值与现实意义。这一倡议是为解决人类共同发展问题而擘画的宏伟蓝图，是解决世界问题和难题的中国方案，是管用、好用的全球性公共产品。这一倡议突出行动导向，详细谋划了实践方案，是真真正正能发挥作用的全球性公共产品。

（二）全球安全倡议的背景与内涵

安全是发展的前提，人类是一个不可分割的安全共同体。2022 年 4 月 21 日，博鳌亚洲论坛年会在海南博鳌举行，习近平主席在开幕式上做了主题为《携手迎接挑战　合作开创未来》的讲话。习近平主席在讲话中同样以"六个坚持"概括这一倡议，即"坚持共同、综合、合作、可持续的安全观；坚持尊重各国主权、领土完整；坚持遵守联合国宪章宗旨和原则；坚持重视各国合理安全关切；坚持通过对话协商以和平方式解决国家间的分歧和争端；坚持统筹维护传统领域和非传统领域安全"①。随后在党的二十大报告、"金砖国家"工商论坛闭幕式、上海合作组织成员国元首理事会第二十三次会议以及会见各国领导人等国内外重要会议和场合中，习近平总书记都曾发出全球安全倡议，这一词汇与全球发展倡议一同成为外交领域的"热点词汇"。全球安全倡议是继"一带一路"倡议和全球发展倡议之后又一个重要的全球性公共产品，它的提出有着深刻的现实逻辑，是对"全球安全挑战日趋复杂、全球安全面临治理困境"这一时代背景的积极响应，是中国作为负责任大国为世界安全发展所贡献的中国智慧与中国方案。

1. 全球安全倡议的现实逻辑

从现实逻辑观之，一方面，全球安全倡议的提出是对国际社会重大安全问题和国际安全治理面临困境的积极回应；另一方面，全球安全倡议的提出是中国共产党对安全思想认识不断深化的必然结果。

问题是时代的声音。分析问题、解决问题必须将其置于时代背景之中。全球安全倡议的提出有着独特的时代背景。

新时代 10 年，以习近平同志为代表的中国共产党人以敏锐的国际眼光，运用辩证唯物主义和历史唯物主义的立场、观点、方法，深刻洞察世界形势的变

---

① 习近平：《携手迎接挑战　合作开创未来》，载《人民日报》2022 年 4 月 22 日。

化趋势，做出了当今世界百年未有之大变局的战略判断。这一判断成为我们分析国际形势的重要坐标。和平与发展是时代主题，但各种"灰犀牛"和"黑天鹅"事件时常发生，世界已经进入了一个动荡变革期。第一，传统安全挑战不减反增。随着世界百年未有之大变局的加速演进，许多新兴市场国家的经济实力持续增强，国际力量对比发生显著变化。西方传统大国为了捍卫自己的国际地位，固守霸权主义、强权政治和零和博弈的思维，强力煽动不同阵营之间的对抗，一方面升级美日印澳"四边机制"和"五眼联盟"功能，结果导致了中美这两个世界上最大的发展中国家和发达国家双边关系的恶化，也使全球安全形势纷繁复杂。与此同时，俄乌冲突、印巴冲突、巴以冲突等局部地区的冲突与动荡接踵发生。2022年初爆发的俄乌冲突持续至今，暴露出的是美俄两个大国的地缘政治博弈。这些局部冲突使大国关系趋于紧张，世界局势难以预测，也使"和平与发展"的时代主题发生了细微的改变。传统安全威胁成为世界各国广泛关注的焦点。第二，非传统安全威胁人类生存。当今世界，科学技术知识的更新速度超越了人们对它的认识程度，人工智能的发展部分代替了人在劳动中的作用。伴随着全球科技进步而来的是各种非传统安全威胁。（1）恐怖主义形势日渐严峻，恐怖分子依旧在世界部分地区猖獗，其活动呈现出分散化趋势，网络恐怖主义已经发展成为该领域斗争的焦点。中东、非洲、东南亚等地区的恐怖主义有卷土回潮之势，它危害公共安全、阻碍社会发展进步，依旧是威胁人类生存的主要敌对力量。（2）气候环境是人类赖以生存和发展的重要基础。当前，以全球气候变暖为典型的气候变化正在严重威胁人类的生存家园，极端天气频频出现，但是这一现状却仍没有引起美国等西方资本主义国家的重视，在气候问题上，各国必须在联合国框架下推进多边合作。（3）随着信息科学技术的发展，网络安全已成为社会稳定发展的保障。但是，网络是一把双刃剑，它在连接全球的同时也为互联网重要信息的泄露创造了机会。（4）粮食是人类赖以生存的物质基础，但是俄乌冲突的爆发使乌克兰盛产的小麦、亚麻籽等无法出口，粮食供应链断裂使全球粮食安全再次陷入困境。（5）卫生安全关乎世界各国人民的生命健康，2020年初席卷全球的新冠肺炎疫情已使全球超过100万人丧失生命。疫情在威胁人民生命健康的同时也使经济全球化进程受挫，同时一些西方国家进行政治操弄，企图抹黑中国，使全球卫生安全治理陷入困境。第三，全球安全治理体系遭受破坏。近年来，贸易保护主义、霸权主义、单边主义等沉渣泛起，从世界总体秩序来看变革激荡威胁全球安全治理体系。大国和国际组织的分裂使处在联合国框架下的多边治理结构严重受损。唯我独尊、以邻为壑等狭隘思维占据上风，全球安全治理赤字不断加剧。与此同时，上述所分析的各种传统安全与非传统安全威胁使全球安全治理形势更加严峻复杂。联合国作为处理世界事务的重要机构，其宗旨和原则受到前所未有的冲击。发挥联合国的实际作用，遵守国际法和国际关系的基本准则成为世界上绝大多数国家的基本诉求。

全球安全倡议的提出并非偶然事件，其得益于中国共产党人对安全思想认识的不断深化。

中国共产党是中华优秀传统文化的坚定弘扬者，中华优秀传统文化中的安全思想为全球安全倡议的提出提供了丰厚的文化滋养。中华优秀传统文化博大精深，其中所蕴含的"天人合一""协和万邦""和合共生"的世界观、交往观和文化观长期影响着中国政治思想的发展，对于当今社会仍具有重要的现实意义。在马克思主义基本原理与中国具体实际相结合、与中华优秀传统文化相结合的历史过程中，中国共产党人不断深化对于国家安全重要性的认识，形成了一系列关于国家安全的思想。毛泽东同志基于当时国际形势的判断，从地缘政治的维度提出了"一边倒""两个中间地带""三个世界"的理论，通过国际统一战线来广泛团结各方力量，以维护国家安全。邓小平同志提出和平与发展是当今时代的主题，并且提出了真正不结盟的外交政策。江泽民同志提出了互信、互利、平等、协作的新安全观。胡锦涛同志则提出并系统阐述了和谐世界的思想，提出建立世界安全秩序的全新战略构想。

党的十八大以来，习近平总书记在推进中国特色社会主义伟大事业的历史进程中，带领全国各族人民攻坚克难，取得了举世瞩目的历史性成就。习近平总书记在准确把握两个大局、深刻思考人类前途命运中创造性提出了一系列彰显中国智慧的安全治理理念，这些重要的思想将为摆脱全球安全困境发挥至关重要的作用。其中，习近平总书记提出的总体国家安全观的思想对于全球安全治理和全球安全倡议的提出具有重要作用。2014 年 4 月 15 日，在中央国家安全委员会第一次会议上，习近平总书记在讲话中首次提出总体国家安全观，标志着国家安全理论在我们党的历史上首次形成，我们党对国家安全基本规律的认识达到了新的高度。经过不断发展，总体国家安全观形成了"以人民安全为宗旨、以政治安全为根本、以经济安全为基础、以军事文化社会安全为保障、以促进国际安全为依托"五大要素和"既重视外部安全又重视内部安全、既重视国土安全又重视国民安全、既重视传统安全又重视非传统安全、既重视发展问题又重视安全问题、既重视自身安全又重视共同安全"五对关系的核心要义。2022 年党的二十大报告首次部署国家安全工作，进一步彰显了总体国家安全观在中国式现代化进程中的重要性。总体国家安全观的提出体现了中国共产党"以人民为中心"的政治立场和"胸怀天下"的世界使命，它能够有效破解和科学应对不同国家在发展过程中所遇到的安全方面的重大理论与实践问题，体现了安全、发展、和平的有机统一，为打造具有中国特色的全球安全治理理念、为倡导全球安全倡议提供了坚实的理论基础。

2. 全球安全倡议的核心要义

全球安全倡议体现了马克思主义辩证唯物主义和历史唯物主义的思想，其中"六个坚持"是习近平总书记提出的全球安全倡议的核心要义。这六个部分相互呼应、紧密联系，构成了一个逻辑严密、体系完整的有机整体，回答了有关国际安全理论如何创新等问题。

第一，全球安全倡议的理念指引是坚持共同、综合、合作、可持续的安全观。2014 年 5 月，习近平主席在亚信上海峰会上首次提出"共同、综合、合作、可持续"的亚洲安全观，提出之时就得到了国际社会的热烈响应和广泛支持。随后在 2017 年又将这一地区性的安全观上升为全球性的安全观，并补充了"合作共建、改革创新、法治精神和互利共赢"四点内容。这一安全观是全球安全倡议的重要理念指引，起到统领作用，回答了涉及全球安全治理的系列核心问题。这一安全观回答了"实现什么样的安全""怎样实现安全"以及"为谁实现安全"等系列问题，核心内容就在于以共同安全保障每个国家的安全；综合施策以统筹各类安全；提倡合作，政治对话、和平谈判乃是实现安全的重要途径；通过消除不安全的土壤和环境以寻求可持续的安全。

第二，全球安全倡议的基本前提是尊重各国主权和领土完整。在国际法中，互相尊重主权和领土完整是国家主权的核心要义；在和平共处五项原则中，同样有"互相尊重主权和领土完整"的规定。无论在法理上还是在处理国与国之间关系的具体实践中，这一基本前提都关乎国家的核心利益，抛开这一原则谈论全球安全问题就毫无意义。无论何时中国都始终坚持这一基本前提，无论国家大小、强弱和贫富，都不干涉其主权和领土完整，始终坚持推动各国权利平等、规则平等和机会平等。反观美国等西方国家，它们唯我独尊，肆意践踏国际法的基本准则以及《联合国宪章》的宗旨和原则，随意干涉他国内政，正是这些行为导致了全球的动荡和战乱。

第三，全球安全倡议的根本遵循是《联合国宪章》的宗旨和原则。《联合国宪章》的宗旨和原则是对人类近代史上两次世界大战惨痛教训的深刻反思，它的制度设计和政治安排就是为了实现人类的集体安全、避免战争以实现永久和平的美好愿景。只有坚持遵循《联合国宪章》的宗旨和原则，才能着力化解全球安全的深层次矛盾。中国始终是联合国的坚定支持者和维护者，一直以实际行动支持联合国维护和平、促进发展、应对挑战。联合国至今已成立 70 多年，正面临着前所未有的考验，但这并不意味着其中的相关规定失去了作用，当今世界发生的诸多不公和对抗，就是因为没有真正履行和维护《联合国宪章》的宗旨和原则，这是影响全球安全的根本所在。同时，从世界面临的传统安全和非传统安全来看，无论是地区冲突还是气候变化，只要世界各国都能以

《联合国宪章》为根本准则，坚持共同、合作、综合、可持续的安全观，那么我们终将会战胜各种风险挑战。

第四，全球安全倡议的重要原则是重视各国安全合理关切。1975 年通过的《赫尔辛基最后文件》中提出了"安全不可分割原则"，意即一国安全不应以牺牲他国安全为代价。中国坚持这一原则并在实践中倡导自身安全与共同安全的不可分割，传统安全与非传统安全的不可分割，安全与发展的不可分割等，致力于实现普遍安全和共同安全。人类同处一个地球家园，是不可分割的安全共同体。安全由世界各国共享，倘若一国追求的安全建立在损害他国安全的基础之上，那么这种安全的获得既有损国际道德也不可持续。全球安全倡议就是倡导世界各国的安全利益是平等的，每个国家都有安全方面的正当诉求，这种诉求理应得到其他国家的尊重和重视，每个国家都应在现有国际关系的框架内实现和谐相处，以合作应对挑战。

第五，全球安全倡议的必由之路是对话协商、和平解决。没有矛盾就没有世界。由于文化传统差异、意识形态之别，国家之间的分歧与争端是客观存在的。但是解决分歧与争端不应该用战争和制裁的方式，这样只能使文明的悲剧轮番上演，相反对话协商才是化解矛盾的有效途径。对话协商建立在各国平等的基础之上，这将最大限度地以最低成本降低安全风险，本质上来看是一种双赢和多赢的结果。美国作为世界大国，坚持以权力为主导的霸权模式既无益于化解争端，同时还将战争地区的人民推向了灾难的深渊，极力破坏了世界的和平与发展，对国际与地区安全造成猛烈冲击。例如，美国挑起俄乌冲突和巴以冲突，并且作为联合国安理会五大常任理事国之一，极力阻挠巴以冲突的停火协议。而中国始终坚守大国责任，坚持公道正义，依据当事国的需求和愿望进行劝和促谈和斡旋。例如，2023 年 3 月，中国成功斡旋沙特阿拉伯和伊朗同意恢复外交关系，凸显了自己作为世界性大国的巨大影响力，对中东乃至世界的和平做出了重大贡献。

第六，全球安全倡议的应有之义是统筹维护传统领域和非传统领域安全。

这是全球安全倡议的归宿，也是落脚点所在。当今世界，传统安全与非传统安全两者相互交织、相互转化，使全球安全问题呈现出复杂多变的发展趋势，这使得安全的内涵与外延不断扩大，凸显内外联动性、跨地区性和多样性等特征。内外联动性体现在安全问题的相互联系和相互作用，从而外溢为全球性安全风险；跨地区性体现在安全问题绝不能"自扫门前雪"，只能团结合作以共同应对；多样性体现在安全问题的种类越来越多，尤其在与科学技术相关的领域。面对国际安全领域呈现出的新形势，我们必须统筹维护传统安全和非传统安全，积极践行共商共建共享的全球治理观，通过国际组织和多边平台机制，促进世界各国共同安全。

安全是事关各国人民福祉、事关人类前途命运的大事。2023 年 2 月，《全球安全倡议概念文件》正式由新华社公布。文件从背景、核心理念与原则、重点合作方向以及合作平台和机制等四个方面丰富和细化了全球安全倡议。为各国更好参与和践行谋划了项目、平台和机制。截至目前，全球安全倡议的基本内涵已经得到国际社会超过 80 个国家和地区的积极响应。全球安全倡议是中国为世界所贡献的又一个重要的国际公共产品，具有重要的时代价值，主要体现在对于全球安全治理困境的纾解。全球安全倡议集中彰显了新时代中国的全球安全观，既向世界表明了大变局下应当树立什么样的安全世界，同时也从实践层面构建了全球安全的根本前提、基本遵循以及重要原则等。这标志着以习近平同志为代表的中国共产党人对全球安全治理认识的整体跃升，也为推动构建人类命运共同体贡献了安全稳定的国际环境。

2023 年 3 月，习近平总书记在中国共产党与世界政党高层对话会上向世界各国政党发出了全球文明倡议，提出要"尊重世界文明多样性、弘扬全人类共同价值、重视文明传承和创新、加强国际人文交流合作"。至此，全球文明倡议与全球发展倡议、全球安全倡议共同构成了"全球三大倡议"。

二、"全球三大倡议"的内在关联

习近平总书记在纪念毛泽东同志诞辰 130 周年座谈会上的讲话中指出，继续推进社会主义建设事业，要推动构建人类命运共同体，要"弘扬全人类共同价值，推动落实全球发展倡议、全球安全倡议、全球文明倡议，推动构建持久和平、普遍安全、共同繁荣、开放包容、清洁美丽的世界"①。可以说，包括全球文明倡议在内的三大倡议已成为推动构建人类命运共同体的重要实践方案，是推动人类命运共同体从理念走向实践的重要倡议，体现了中国特色大国外交理论、实践和价值层面的统一性。全球发展倡议、全球安全倡议和全球文明倡议已经提出并落地生根，推动着人类社会朝着更加美好的未来前进。展望未来，中国将继续携手各国积极落实三大倡议的举措，致力于让人类命运共同体这一引领时代发展的旗帜高高飘扬在人类社会前进的康庄大道上。

（一）"三大全球倡议"的提出在于破解全球治理困境

全球发展倡议、全球安全倡议和全球文明倡议的提出具有相同的时代背景，即都是在世界百年未有之大变局加速演进的时代背景下出场的。进入新时代后，世界之变、时代之变以及历史之变都在以前所未有之方式展开，地球村里的每个国家都面临着纷繁复杂、前所未有的挑战。这些挑战遍布发展、安全以及文明等各个领域，人类社会的发展处在何去何从的十字路口。在这番时代背景下，中国始终坚持胸怀天下，以一个大国的身份和地位在百年变局深化演进的形势中，统筹国内国际两个大局，统筹发展与安全两件大事，统筹精神和物质两大力量，时刻关注国际发展形势。以习近平同志为核心的党中央带领全国各族人民在实现以中国式现代化全面推进中华民族伟大复兴的历史进程中，在回答时代之问的过程中，先后为国际社会贡献了全球发展倡议、全球安全倡议和全球

---

① 习近平：《在纪念毛泽东同志诞辰 130 周年座谈会上的讲话》，载《人民日报》2023 年 12 月 27 日。

文明倡议。"三大全球倡议"的提出具有共同的目的，即破解全球治理困境，并以此为实践来推动构建人类命运共同体。三大倡议的先后面世，展现了中国多角度的理论思考，代表了中国全球治理思想体系的健全完善，体现了为世界和平发展努力的追求，展示了中国智慧、中国机遇以及中国贡献。

（二）"三大全球倡议"具有相同的战略内涵和战略理念

"三大全球倡议"的提出着眼于世界百年未有之大变局所带来的严峻挑战，因此三大倡议布局长远，致力于消除分歧和矛盾，以团结合作来实现共同发展、共同安全和文明互鉴，具有丰富的战略内涵和战略理念。

首先，"三大全球倡议"分别从发展、文明和安全三个维度指引着人类社会的前进方向，为构建人类命运共同体提供了战略性的引领。"三大全球倡议"是相辅相成、相互联系的。在人类社会中，和平稳定、物质富足和精神富有是基本追求。其中，全球发展倡议是全球安全倡议和全球文明倡议的物质基础，物质生产力的发展是人类社会前进的决定性力量，只有首先解决物质需求，才有可能去谈及安全和文明。全球安全倡议是全球发展倡议和全球文明倡议的根本前提，国际社会只有保持安全稳定，物质生产才能继续进行下去，文明才能绵延不断。人类历史已经证实，当战乱发生时，世界各国各民族的发展会迟滞甚至倒退，文明蒙尘甚至中断。全球文明倡议是全球发展倡议和全球安全倡议的文化根基和精神支撑。统筹发展与安全，化解人类面临的共同挑战，需要文明发挥力量。因此可以说，"三大全球倡议"指明了人类社会的发展方向，三者彼此呼应、相得益彰，在国际社会凝聚起加强合作、共迎挑战的强大力量。

其次，"三大全球倡议"体现并弘扬了"和平、发展、公平、正义、民主、自由"的全人类共同价值。其中，全球发展倡议以"六个坚持"为主要内涵，强烈突出了"发展"的重要价值。同时，全人类共同价值的要素也指引和支撑着全球发展倡议的落实。正如习近平主席在演讲中所提到的，落实全球文明倡议就是要大力弘扬全人类共同价值，摒弃小圈子以及零和博弈思维。全球安全倡议同样也是以"六个坚持"为主要内涵，强烈突出的是"和平"的重要价值。同样，全人类共同价值的要素也指引和支撑着全球安全倡议的实施。正如习近平主席在提出这一倡议时所指出的，要践行全球治理观，共同倡导弘扬全人类共同价值。全球文明倡议与全人类共同价值的关联更加紧密，其中"共同倡导弘扬全人类共同价值"是全球文明倡议的核心要义之一。

最后，"三大全球倡议"在价值理念上体现的是"人民至上"以及"外交为民"的价值理念。党的十八大以来，以习近平同志为核心的党中央围绕这一主题发表了系列重要论述，树牢了群众观点，贯彻了群众路线，永远把人民群众对美好生活的向往作为奋斗目标。其中，全球发展倡议的根本目的在于通过普惠包容来实现充分平衡的发展，最终实现世界人民的幸福、实现人的自由解放和全面发展。全球安全倡议的根本目的在于通过强调尊重世界各国人民自主选择的发展道路和社会制度，通过倡导共同、综合、可持续的安全观积极维护和捍卫世界各国人民的安全。全球文明倡议则是立足于人民，强调各国人民在人文交流合作中实现民心相通、相知相亲，进而增强政治互信，推动人类文明的进步发展。

第二节　从"人类社会现代化"视角
透视全球文明倡议

现代化是人类文明演进的必然结果，是一个世界性的历史变化过程，既是世界性的普遍现象，又在方式和路径等方面表现出特殊性。全球文明倡议的正式提出，要追溯至2023年3月习近平总书记在中国共产党与世界政党高层对话会上发表的《携手同行现代化之路》的主题演讲。正是在这一演讲中，习近平总书记在最后向世界政党发出全球文明倡议。那么，全球文明倡议的提出对于人类社会尤其是发展中国家的现代化之路将会产生哪些积极作用呢？全球文明倡议与中国式现代化的文明观之间具有何种内在联系呢？厘清这一系列问题，将对于开展全球文明倡议的价值研究具有重要启示意义。

一、人类社会现代化的发展历程

现代化，其核心内容在于人类社会从农业文明开始向工业文明转变。实现现代化是人类社会始终追求的目标。人类社会现代化的发展历程，开始于 15～16 世纪的西欧。这是因为现代化最早是以资本主义的形式出现的，而资本主义最早就是脱胎于西欧的封建社会。在近代世界到来之前，农业文明是文明的主基调，巩固和发展农业社会是文明发展的指向。历史发展到中世纪以后，西欧发生了几件大事，首先就是曾经束缚和奴役农民的农奴制度开始瓦解；其次是主张个性解放和提倡科学文化的文艺复兴运动席卷欧洲，极大地解放了人们的思想；最后就是宗教改革运动的发生打开了自由思想的大门，对于民族国家的形成具有十分重要的意义。经过这几件大事，原本处于落后状态的西欧扭转了局面，成为世界发展潮流的引领者。除了思想解放以外，地理大发现也是西欧踏上现代化之路的重要推动力量。在《共产党宣言》中，马克思和恩格斯曾这样描述"地理大发现"："美洲的发现、绕过非洲的航行，……使商业、航海业和工业空前高涨，因而使正在崩溃的封建社会内部的革命因素迅速发展。"

民族国家是现代化的起点，但是民族国家的建立并不意味着现代化就已经启动，他们实现经济快速发展的条件还不充分，克服君主独裁专制是政治现代化开启的标志。纵观西欧的现代化发展史，英国的起步是最早的。学者们在分析这一历史现象的原因时指出，英国最早起步是因为它在政治上实现了三个基本条件：一是国家统一，二是国家独立自主，三是国家摆脱了个人专制制度。英国为了摆脱个人专制制度，先是通过暴力手段发动革命将国王送上断头台，后通过光荣革命非暴力手段建立新的政治制度。光荣革命后，英国成为君主立宪制国家。紧随其后，美国通过独立战争建立起美利坚合众国，在第一任总统华盛顿的领导下，美国创造了一种新的国家制度，采用自由、民主、权力制衡的原则，否定了王权，建立了共和国，进一步发展了民主和自由原则。法国则通过发动大革命为现代化国家的建设扫除了障碍，《人权宣言》则为法国建立现代社会提供了原则。这些国家通过政治体制变革，为日后工业化即经济现代化开始提供了重要条件。通过英美法等国的现代化历程我们可以看出，政治现代化的发展早于经济现代化，政治上的现代化有利于为经济现代化即工业化扫除障碍。

英国在光荣革命后建立起了当时在政治和社会上最适宜经济发展的国家。政治制度的宽松促使人们不断追求财富，社会思想的解放推动了各种发明创造的问世。也正是在这一过程中，以珍妮机、蒸汽机为代表，英国率先进入了工业化时代，完成了人类历史上一次划时代的伟大革命。随后，这一工业化的浪潮席卷了欧美资本主义国家，在短短几十年的时间里，资本主义社会创造出极大的物质财富。工业化的发展必然会催生出一个新的现代社会。在经历过一段工业化发展的进程后，这些资本主义国家在各个方面都发生了重大变化，一个相对成熟的现代社会在逐渐形成。这一现代社会的形成主要包括两个方面：一是形成了现代经济。"蒸汽时代"开始进入到"电气时代"，工业总产值开始占据首位。二是形成了现代政治，包括议会民主、政党政治、官僚体制等。除此之外还包括现代意识形态、现代国际关系和现代经济思想等内容。

19世纪下半叶到20世纪初，工业革命的浪潮开始冲出西欧和北美的地理界限，向世界其他地区扩张，俄国、东欧、拉丁美洲、亚非等国家和地区先后被卷入工业化浪潮，一个全球现代化的时代已然开启。西方资本主义国家通过先进的生产方式开启了现代化之路，作为早发型现代化，为世界现代化树立了标杆。这一现代化跟随资本主义扩散至世界各地，广大发展中国家纷纷效仿。但是不可否认的是，西方现代化虽然起步早，但是西方现代化遵循资本的固有逻辑，在追求资本无限扩张和价值增值的过程中，创造出了人类最为先进的文明成果的同时，也造成了社会深层次的危机。在资本主义社会中，资本才是真正的主人，西方现代文明形态本质上是资本逻辑的外部表现。西方现代化所创造出的成就表明人类理性思维具有强大力量，衍生出了"现代化＝理性化"的发展逻辑。但是，倘若对理性思维过度崇拜必将会导致理性的膨胀，西方现代化过程中的负面效应也就随之显现出来。

中国的现代化进程虽然也是在西方资本主义向全球扩散这一历史进程中开启的，但是中国没有完全效仿西方现代化的道路与模式，没有陷入"现代化 = 西方化"的迷思，而是结合中国自身实际开创出一条与西方现代化不同的中国式现代化新道路。

二、中国式现代化的出场及本质特征

（一）中国式现代化的出场

任何一种具有价值理念和目标的理论命题的提出都是在继承原有理论基础上实现的创新超越。中国式现代化是世界现代化的重要组成部分，是中国共产党带领中国人民在探索现代化建设过程中产生的一个重要概念。中国式现代化的出场，绝非自然形成与随意选择，而是在历史逻辑、理论逻辑与实践逻辑的辩证统一中不断深化发展的。

首先，从历史发展脉络考察其必然性。近代以来，西方国家以坚船利炮击碎了中国"天朝上国"的美梦，以工业文明冲击了中国的农耕文明。各阶级救亡图存，挽救中华民族危机的种种现代化尝试均未能如愿。真正开始探索中国式现代化的发展道路则是在中国共产党成立后才步入正轨。中国式现代化是中国共产党团结带领中国人民在百年艰辛探索的伟大实践中生成并深化发展的。新民主主义革命时期，中国共产党主动承担起民族复兴的历史重任，经过 28 年的浴血奋战推翻了压在中国人民头上的"三座大山"，为现代化发展奠定了坚实的基础。新中国成立后，中国共产党既缺乏现代化建设的经验又面临西方资本主义国家的重重封锁，在历经"以苏为师"到"以苏为鉴"后，中国共产党逐步擘画了"四个现代化"的宏伟蓝图，为中国式现代化的出场提供了思想基础。毛泽东同志指出："建设社会主义，原来要求是工业现代化，农业现代化，科学文化现代化，现在要加上国防现代化。"① 改革开放后，邓小平同志立足和平与发展的时代主题，明确指出了"中国式的四个现代化"命题。自此，中国共产党在政治、经济与文化方面开始独立探索具有中国特色的发展道路。在党的十五大至十九大报告中，中国共产党对现代化发展的勾勒逐渐清晰，形成了建设富强、民主、文明、和谐、美丽的社会主义现代化强国的目标。进入新时代，以习近平同志为核心的党中央发扬伟大的历史主动精神，开创了中国式现代化的新道路，实现了中国式现代化的创新突破。

其次，从理论渊源洞察其科学性。"一个民族要走在时代前列，就一刻不能没有理论思维，一刻不能没有正确思想指引。"② 中国式现代化的构建是一个复杂艰巨的系统工程，必须具有科学的理论指引。中国式现代化的生成是"两个结合"的光辉典范，是马克思主义基本原理与中国具体实际相结合，与中华优秀传统文化相结合的产物。第一，中国式现代化继承发展了马克思主义的现代化理论，马克思和恩格斯所处的时代，是资本主义现代化快速发展、科学社会主义从空想到科学的社会历史时期。马克思和恩格斯在对世界历史、东方国家发展道路以及西方现代化发展模式等问题的深入思考中阐释了关于现代化的相关论断，形成了马克思主义的现代化理论。马克思主义现代化理论基于生产和资本逻辑指出，现代化是传统农业社会向现代工业社会以及更高的社会形态转变的历史过程，现代化不是西方国家的专利；在考察东方国家发展道路的过程中指出民族国家发展道路的"多样性原则"；在批判西方现代化道路中奠定了现代化理论的根基，指出现代化的本质是人的现代化。第二，中国式现代化是对中华优秀传统文化的创造性转化与创新性发展，中华优秀传统文化中蕴含的"民惟邦本""天人合一""和合共生"等哲学思想为中国式现代化的生成提供了重要的文化基因。

---

① 《毛泽东文集》（第八卷），人民出版社 1999 年版，第 116 页。
② 《习近平谈治国理政》（第四卷），外文出版社 2022 年版，第 29 页。

最后，从现实基础把握其合理性。"问题是创新的起点，也是创新的动力源。"中国式现代化道路的成功开辟，是以习近平同志为核心的党中央坚持问题导向，直面和破解新时代实现民族复兴面临的问题与挑战的必然结果。实现中华民族伟大复兴的历史征程上，国内外环境日益复杂，风险挑战明显增多。如何化解出现在民族复兴之路上的现实羁绊？党的二十大报告给出的"以中国式现代化全面推进中华民族伟大复兴"是顺应时代发展潮流的回答与战略思考。从国内看，党的十八大以来中国经济实现飞速发展，但是从发展规模维度观之，城镇化水平、老龄化问题以及高质量发展程度等问题，使实现现代化的目标从整体上看依旧复杂艰巨；从发展层次维度观之，城乡发展差距、收入分配差距以及精神文明的滞后等不平衡与不充分的问题依旧突出。从国际看，世界百年未有之大变局加速演进，国际秩序深刻调整，经济复苏乏力、环境严重破坏、网络安全严峻，气候变化无常，文化霸权泛起，等等，人类面临的共同挑战前所未有。

（二）中国式现代化的中国特色与本质特征

现代化始于西方，是生产力与生产方式发展到一定阶段的产物。长期以来，以英美为代表的西方资本主义国家通过资本原始积累和殖民掠夺的方式实现了资本主义的快速发展，率先走上了一条以资产阶级民主政治和相关制度体系、资本主义工业化为主要内容的现代化道路，并自诩为先进文明的典范，视自身为人类社会走上现代化道路的唯一模式，在世界历史进程中长期占据主导地位。中国共产党成立后，坚持以马克思主义理论为指导，带领中国人民开辟的中国式现代化新道路实现了对西方现代化模式的批判与超越，打破了西方资本主义国家在现代化理论方面的霸权地位，揭示了世界现代化发展模式普遍性与特殊性的辩证统一关系。中国式现代化实现了对西方现代化的超越，主要体现在中国式现代化所独有的"中国特色"和"本质特征"。正是因为这些鲜明特色与本质特征，中国式现代化道路才取得了一个个历史性成就。

　　第一，中国式现代化具有鲜明中国特色。习近平总书记在党的二十大报告中明确指出："中国式现代化，是中国共产党领导的社会主义现代化，既有各国现代化的共同特征，更有基于自己国情的中国特色。"① 中国式现代化的"中国特色"集中体现在五个方面，即中国式现代化的五大特征：中国式现代化是人口规模巨大的现代化，是全体人民共同富裕的现代化，是物质文明和精神文明相协调的现代化，是人与自然和谐共生的现代化，是走和平发展道路的现代化。这五个方面的"中国特色"从总体上建构与阐释了中国式现代化的科学内涵，旗帜鲜明地指出了我国现代化建设的努力方向与实践目标。除此之外，五大特征中也内蕴中国式现代化的本质特征。从本质特征把握中国式现代化是理解其科学内涵的必要路径。

　　第二，中国式现代化彰显本质特征。坚持中国特色社会主义是推进中国式现代化的本质要求。以中国式现代化全面推进中华民族伟大复兴必须准确把握其本质，即"是什么"的问题。中国式现代化的本质特征集中体现在以下两个方面：首先，中国式现代化是中国共产党领导的现代化。一方面，中国共产党的坚强领导是中国式现代化道路的根本保证。中国共产党的领导直接关系中国式现代化的根本方向、前途命运、最终成败。正是中国共产党的坚强领导，我们作为后发国家才能克服生产力水平、社会自组织能力、市场经济等方面的弊端，最终踏上独立自主地探索适合自身国情的现代化道路，确立现代化目标。另一方面，实现社会主义现代化是一项极其庞大的系统工程，只有坚持中国共产党的领导，才能击破强大的守旧力量以及阻碍中国式现代化发展的外部因素，进而凝聚全体人民团结奋斗的强大合力。其次，社会主义与现代化相互依存，中国式现代化是社会主义的现代化，是马克思主义基本原理与中国具体实际相结合、与中华优秀传统文化相结合的社会主义现代化。中国式现代化在指导思

---

　　① 习近平：《高举中国特色社会主义伟大旗帜　为全面建设社会主义现代化国家而团结奋斗——在中国共产党第二十次全国代表大会上的报告》，人民出版社 2022 年版，第 22 页。

想、基本立场、机制目标、制度安排、领导力量等方面处处彰显区别于资本主义的社会主义现代化特色。最后，中国式现代化走的是一条新型的现代化发展道路。在马克思看来，西方资本主义国家在资本增殖的逻辑指导下而实现的现代化是畸形的现代化，并不是以真正解决人的现代化为旨归。而中国式现代化始终将实现人的现代化作为终极目的，坚持物质文明与精神文明协调发展，坚持普惠共赢与和谐发展，在实现自身现代化的过程中进一步拓展了人类现代化内涵，为发展中国家实现现代化提供了中国经验。

二、全球文明倡议与中国式现代化的内在关系

全球文明倡议彰显了中国式现代化的文明意蕴，全球文明倡议的底气支撑与力量源泉来自中国式现代化理论所蕴含的文明观。中国式现代化新道路始终坚持先进文化的前进方向，汲取中华文明的智慧结晶，植根中华文化沃土，以世界上一切优秀文明为有益借鉴，坚持尊重人类文明多样性，坚持文明之间的交流互鉴，创新了人类现代化的道路，创造出了人类文明的新形态。

（一）中国式现代化创造人类文明新形态

人类社会发展史，就是一部文明形态演进史，而世界各民族在追求现代化的进程中对原有文明的重构，则是人类文明形态演进的重要推动力。古老而伟大的中华民族在五千多年的文明发展中创造出了对世界历史产生变革性影响的中华古代文明，为人类文明进步尤其为西方资本主义现代文明的发展做出了不可磨灭的历史性贡献。西方资本主义现代文明的发展进程，是以推进现代化为内涵、以打破世界各民族之间隔阂为表征的历史进程。在这一进程中，受高度秩序化、封闭化、集权化的政治体系影响的中华古代文明，未能准确识变、主动求变，在面对英国等西方资本主义文明国家的坚船利炮时，中华民族千百年来所形成的文化自信被重重击碎，中国逐步沦为半殖民地半封建社会，在中华民族遭受空前劫难之时，中华民族被迫进行现代性转型，以重新建构中华文明，

探寻民族复兴之路，再创中华文明之新辉煌。

现代化道路的探索必然伴随着文明的现代转型。在新时代 10 年的伟大变革中，中国共产党团结带领全国人民成功走出了一条中国式现代化道路，进而创造了人类文明新形态，这既是中国共产党价值旨归的具体体现，也是以现代化建设推进中华民族伟大复兴历史征程中结出的文明果实。人类文明新形态，是在遵循人类文明发展规律基础上形成的文明样态，以人民至上为价值取向，以协调发展为内在品质，以和平、团结、平等为发展原则，本质上表现为中国特色社会主义的文明形态。实现中华民族伟大复兴，不是重拾辉煌灿烂的过去，而是要创造人类文明新形态，以人类文明新形态彰显中华民族在人类历史进程中的地位，为人类文明做出更大贡献、担负更多责任。可以说，人类文明新形态的创造，有力回答了"实现中华民族伟大复兴的目标、程度、样态"等复杂问题，成为中华民族伟大复兴的鲜明指向。

置于中华民族发展史视域下，在辉煌灿烂的中华古代文明中理解创造人类文明新形态的意义，一方面，创造性转化和创新性发展了中华古代文明的崇高价值与精髓要义，展现了中华民族强劲的生命力、创造力，展示了中国共产党理论创新与创造的强大伟力，进一步提升了中华民族的自信心和凝聚力，开启了中华民族引领人类文明发展进步的新征程；另一方面，人类文明新形态根本区别于西方资本至上的文明形态，对世界文明多样性做出了杰出贡献，为人类文明发展进步指明了前进方向。新时代蓝图已绘就，新征程号角已吹响。中华民族在中国共产党的正确领导下，定将实现民族复兴的历史伟业，为人类文明发展做出更大更重要的贡献。

（二）中国式现代化的文明观与全球文明倡议所彰显的文明观一脉相承

人类社会现代化的历史进程，伴随着文明的创造，其本质就是文明形成与文明演进的过程。同时，推动人类社会现代化的历史进程又需要树立理性的文明观。长期以来，西方资本主义国家将其文明自诩为最高贵的文明，在现代化进程中形成的西方中心主义文明观以孤立抽象的自我个体为中心，主张传统文化与现代文化的二元对立，预设人类文明的不平等地位，并以普世价值的话语陷阱肆意干涉他国独立自主选择适合本国的现代化发展道路。

习近平总书记指出："中国式现代化蕴含的独特世界观、价值观、历史观、文明观、民主观、生态观等及其伟大实践，是对世界现代化理论和实践的重大创新。"① 那么，中国式现代化文明观的基本内容是什么？具体表现为哪些基本特征和独特价值？

文明观，指的是人们对于文明发展规律等基本问题的看法和根本观点，包括如何对待不同文明以及不同文明之间如何相处等问题的看法。中国式现代化的文明观是中国共产党团结带领全国人民在中国式现代化的历史进程中，在马克思主义指导和中华优秀传统文化熏陶下，在实践中总结升华所形成的独特文明观。中国式现代化的基本内涵主要体现在以下几点：第一，中国式现代化文明观是协调发展的文明观。中国式现代化涉及经济、政治、文化、社会和生态等各领域的变革，在这些领域中所创造出来的文明形态也是协调发展与共同推进的文明形态。第二，中国式现代化文明观是以人民为中心、促进人的全面发展的文明观，这深刻诠释了文明观的价值追求。第三，中国式现代化文明观是传统文明与现代相融通的文明观，是在回答传统文明与现代文明关系的过程中形成的，传统文明与现代文明相结合的文明观。第四，中国式现代化文明观是民族与世界相统一的文明观，深刻回答了本土文明与外来文明的关系，是倡导文明交流互鉴的文明观。第五，中国式现代化文明观是和平发展的文明观，在实践演进中诠释了文明观的和平属性，是以和平方式所创造出的文明新形态。②

全球文明倡议倡导的文明观，是坚持文明"平等、互鉴、对话、包容"的文明观，以文明交流超越文明隔阂、文明互鉴超越文明冲突、文明包容超越文

---

① 《习近平在学习贯彻党的二十大精神研讨班开班式上发表重要讲话》，载《人民日报》2023年2月8日。

② 陈金龙：《论中国式现代化的文明观》，载《马克思主义与现实》2023年第3期。

明优越的文明观，它与中国式现代化所形成的文明观一脉相承。

首先，全球文明倡议倡导的文明观有利于打破"现代化＝西方化"的迷思。中国共产党团结带领全国人民在推进中国式现代化的进程中始终坚持以马克思主义文明观为根本遵循，吸收中华优秀传统文化的优秀基因，形成了中国式现代化的文明观，创造了人类文明新形态。习近平总书记强调，中国式现代化蕴含的独特世界观、价值观、历史观、文明观、民主观、生态观等及其伟大实践，是对世界现代化理论和实践的重大创新。中国式现代化的文明观根本不同于西方文明观，它是倡导协调发展与和平发展、坚持以人民为中心、融通传统与现代、实现民族性与世界性有机结合的文明观。中国式现代化的文明观是推动人类现代化进程的重要力量，对于人类文明发展将产生广泛而深远的影响。而全球文明倡议从理性文明观的角度打破了"现代化＝西方化"的迷思，从文明的维度为推动人类社会现代化进程注入了新思路。其次，全球文明倡议倡导的文明观有利于破除人类文明不平等的误区。全球文明倡议主张不同文明间平等发展，重视文明的传承与创新，强调不同文明间的交流与合作，反映了中国共产党愿与世界各国政党共同推进彰显本国特色的现代化事业。基于全球文明倡议的号召，各国政党将继续弘扬"平等、互鉴、对话、包容"的文明观，围绕人类现代化事业发展交流互鉴，在多元共存中推进各国实现现代化的历史进程。

（三）全球文明倡议将推动中国式现代化的进程

全球文明倡议在世界范围内的实施将有助于消弭冷战思维与强权政治对世界和平发展带来的消极影响，对于中国式现代化的进程将起到积极的促进作用。全球文明倡议对中国式现代化的推进作用表现在三个方面：一是为中国式现代化营造和平稳定的国际环境，二是助力中国式现代化实现多元宏伟的发展目标，三是全球文明倡议在其具体实践过程中所取得的成就将有助于增强中国式现代化的普惠性。

首先，全球文明倡议将为中国式现代化的推进营造和平稳定的国际环境。以中国式现代化全面推进中华民族伟大复兴，和平的国际环境和稳定的国际秩序是重要保障。当前，世界面临的不稳定性和不确定性日益突出，全球动荡源与风险点增多，人类社会正处在一个挑战层出不穷、风险逐渐增多的时代。习近平总书记指出："中国人民的梦想同各国人民的梦想息息相通，实现中国梦离不开和平的国际环境和稳定的国际秩序。"① 和平发展的国际环境的营造与稳定的国际秩序的构建，不是任何一个国家的独角戏，需要世界各国人民的共同努力，在此基础上，相互尊重、交流互鉴显得尤为重要。通过全球文明倡议，中国将与其他国家在互学互鉴中增进理解，在增进理解中实现合作，在实现合作中应对威胁挑战，有效治理全球性非传统安全问题，进而为中国梦的实现营造良好的外部环境，也为世界梦的实现创造有利机遇。

其次，全球文明倡议将助力中国式现代化实现多元宏伟的发展目标。中国式现代化不同于西方现代化，中国式现代化追求多元化的发展目标，既追求实现物质层面的财富，又追求精神生活的共同富裕；既追求经济高质量发展，又追求中华民族生态文明的永续发展。全球文明倡议倡导不同文明要相互尊重，坚持交流合作、传承创新，这就为中国式现代化实现宏伟目标提供了有效路径，比如在交流互鉴中吸收借鉴其他文明的成功经验，在国际交流合作中解决自身在科学技术等领域存在的"卡脖子"问题，借助文明交流互鉴的广阔舞台，通过讲好中国故事来提升中国的世界影响力和国际感召力，从而实现提升中国文化软实力的目的。

最后，全球文明倡议将有助于增强中国式现代化成果的普惠性。团结合作与共同发展是人类社会走向现代化正确且唯一的途径。正如习近平总书记所指出的："我们要弘扬立己达人精神，增强现代化成果的普惠性。"② 全球文明倡

---

① 《习近平谈治国理政》（第三卷），外文出版社 2020 年版，第 20 页。
② 刁大明：《增强现代化成果的普惠性》，载《人民日报》2023 年 9 月 8 日。

议是推动构建人类命运共同体的重要实践方案，它将推动中国式现代化的成果惠及更多国家，以此来促进全球世界各国的共同发展。第一，全球文明倡议所倡导的全人类共同价值将使世界各国紧密相连，利益相互交融，凝聚思想共识，促进世界各国的共同发展。第二，全球文明倡议倡导文明交流互鉴，倡导国际人文交流合作，这将有利于中国式现代化的成功经验借此进行国际传播，使中国式现代化带来的红利和机遇惠及更多发展中国家。第三，在文明的国际交流与合作中，将有助于推动世界各国人民的共同发展以及人类文明的整体性进步。

第三节　从 "人类命运共同体" 视角透视全球文明倡议

人类命运共同体是习近平总书记提出的重要外交理念，是习近平新时代中国特色社会主义思想的重要内容。在中国知网（CNKI）期刊数据中以此为关键词进行检索发现，与"人类命运共同体"相关的研究成果已有数万篇，这足以说明学者们对人类命运共同体理念的高度关注。从人类命运共同体的视角来透视解读全球文明倡议，就要弄清全球文明倡议提出的历史必然性，以及全球文明倡议在推动构建人类命运共同体方面发挥着什么样的作用。

一、人类命运共同体的提出与要义

推动构建人类命运共同体既是新时代坚持和发展中国特色社会主义的必然选择，也是维护世界各国人民共同利益的必然要求。今年是人类命运共同体理念提出 11 周年，经过新时代的伟大变革，这一核心理念逐渐得到国际社会普遍认可并多次写入联合国重要文件，正在成为全球和平安全发展的新方案、重塑全球治理的新思路、文明交流互鉴的新范式。构建人类命运共同体是一个系统工程，习近平总书记为这一理念从政治、安全、经济、文化、生态五个方面构筑了"建设持久和平、普遍安全、共同繁荣、开放包容、清洁美丽的世界"为路径的总布局。

（一）人类命运共同体的提出

中国共产党既是为中国人民谋求幸福的政党，也是为世界人类进步事业而奋进的政党。中国共产党自诞生之日起，就十分重视与外部世界的关系。建党初期，共产国际对于中国共产党的组织筹备工作发挥了积极作用。中华人民共和国成立后特别是进入改革开放与社会主义现代化建设的新时期，中国共产党在外交理念上坚持胸怀天下的世界观与方法论，以和平共处五项原则为指导处理国与国之间的关系，以党际关系四项基本原则为指导处理党与党之间的关系，准确研判国际形势发展变化，确立和平与发展是当今时代主题，在世纪交替的时代背景下主张建立国际政治经济新秩序，坚持走和平发展道路的理念，倡导构建一个"友好相处、平等对话、发展繁荣"的和谐世界等。党的十八大以来，以习近平同志为核心的党中央继承和发展了中华人民共和国成立以来不同历史时期的重大外交政策和理念主张，汲取中华优秀传统文化的精髓，深刻把握人类社会历史发展的规律，着眼于中国人民与世界人民的共同利益，以巨大的政治勇气、强烈的世界使命担当，在深入思考"建设一个什么样的世界、如何建设这个世界"等关乎人类前途命运、关乎文明发展方向的重大课题时，高瞻远瞩地提出了人类携手面对共同困境、携手创造美好未来的方案——推动构建人类命运共同体。

人类命运共同体是引领世界大变局的人间正道，它的出场经历了从"命运共同体"到"人类命运共同体"的不断发展与完善的过程。

"命运共同体"的概念最早出现在党的十七大报告中，用来指称中国大陆与中国台湾之间特殊的两岸关系。后来，这一名词逐渐用来强调国与国之间的关系。2011年9月，中国共产党成立90周年之际，国务院新闻办公室发表了《中国的和平发展》白皮书。白皮书指出，"不同制度、不同类型、不同发展阶段的国家相互依存、利益交融、形成'你中有我、我中有你'的命运共同体"①。由此可见，这一概念开始在全球层面思考国与国之间的关系。2012年，党的十八大报告首次提出"倡导人类命运共同体意识"。党的十八大以后，"构建人类命运共同体"成为习近平总书记在众多场合尤其是国际场合谈及的重要关键词。2013年3月23日，习近平总书记在莫斯科国际关系学院发表演讲时提出，人类生活在同一个地球村里，越来越成为你中有我、我中有你的命运共同体。这是习近平担任国家主席后的首次外访。2015年3月，在博鳌亚洲论坛的演讲中，习近平主席提出了迈向命运共同体的"四个坚持"。2017年1月，在联合国日内瓦总部，习近平主席首次阐释了人类命运共同体的基本内涵：坚持对话协商，建设一个持久和平的世界；坚持共建共享，建设一个普遍安全的世界；坚持合作共赢，建设一个共同繁荣的世界；坚持交流互鉴，建设一个开放包容的世界；坚持绿色低碳，建设一个共同繁荣的世界。"五个世界"的人类命运共同体的总体布局已然形成。从这以后，人类命运共同体所倡导的核心理念逐渐被联合国以及世界上大多数国家所认可，在联合国的多项决议和文件中都可以看到人类命运共同体的理念。2017年10月，党的十九大报告将"坚持推动构建人类命运共同体"列入了新时代坚持和发展中国特色社会主义的基本方略。2018年3月，"推动构建人类命运共同体"正式写入新的宪法修正案中。

勇立时代潮头，深刻洞察世界发展大势。2013年至今，人类命运共同体理念的提出已有11年。在新时代10年的伟大变革中，在人类命运共同体理念的指导下，中国共产党坚持胸怀天下，应变局、解困局、迎新局，始终不渝走和平发展道路，以新型国际关系构建新型政党关系，秉持正确义利观处理与广大发展中国家的关系，通过"一带一路"倡议、全球发展倡议、全球安全倡议、全球文明倡议等一系列实践方案，为维护世界和平和人类社会共同发展做出了新的历史贡献，为应对世界之变、时代之变和历史之变提供了中国智慧和中国

---

① 《2011年中国政府白皮书汇编》，人民出版社2011年版，第183页。

方案。

（二）人类命运共同体的要义

人类命运共同体理念是世界人民共同的思想精华，是人类社会历史发展的现实产物。11 年来，这一理念的深刻内涵不断丰富发展。

首先，关于人类命运共同体的基本内涵。理解人类命运共同体，首先需要从其基本内涵着手。习近平总书记关于构建人类命运共同体的相关论述系统性地阐述了人类命运共同体的基本内涵，其中构建"五个世界"是人类命运共同体的主要内容。关于"五个世界"的表述，深刻揭示了人类命运共同体的精髓，从政治、安全、经济、文化、生态等五维视域展示了这一理念的整体性意涵。第一，从政治维度来看，人类命运共同体强调要建设一个持久和平的世界，就是要构建一个平等相待、互商互谅的政治共同体。和平是人类社会生存和发展的基础，和平与发展是当今时代的主题。进入 21 世纪后，世界上的绝大多数国家和地区都已经进入了历史上发展的最快时期，全球化的日益加深推动世界历史的发展，使世界各国紧密地联系在一起。但是以美国为首的西方资本主义国家仍然固守冷战思维和强权政治，崇尚零和博弈，破坏了世界和平发展的历史进程。这种开"历史倒车"的逆势行为势必造成国际社会的强烈谴责。因此，构建人类命运共同体在政治维度的主张就是要树立正确的国际权力观，迈向政治共同体，平等相待与互商互谅，打造开放包容的国际关系。第二，从安全维度来看，人类命运共同体强调要建设一个普遍安全的世界，意在构建一个公道正义、共建共享的安全共同体。安全与和平有异曲同工之处，安全的生存与发展环境对于民族和国家来说必不可少。安全是人类社会千百年来所祈求的，但是当今世界各种传统安全与非传统安全依旧威胁人类安全生存。同时，各种安全问题错综复杂，联动性突出、跨国性突出、多样性突出。针对此番国际安全局势，人类命运共同体适时提出。它主张世界各国合作构建以实现持久安全，它主张改革创新以实现安全科学治理，它主张坚持法治精神以确保公平正义。

人类命运共同体是解决全球安全问题，建设普遍安全共同体的根本出路。第三，从经济维度来看，人类命运共同体坚持合作共赢，意在构建开放创新、包容互惠的世界发展共同体。发展和安全对于人类社会来说是生存的前提和基础，人类社会的进步必然离不开发展，发展是维护人类权力和利益的有效手段，是全人类实现美好生活的经济保障。当前，科技革命的发展虽然已经为人类社会创造出巨大的物质财富，使人们的生活水平得到了极大提高，但是这种巨大财富和普遍提高是从整体意义上而言的。事实上，发展的不平衡、不充分依旧是广大发展中国家面临的主要问题。不仅如此，少数发达资本主义国家奉行强权思维，采取以邻为壑的老办法，严重阻碍了发展中国家的发展。因此，人类命运共同体紧紧攥住发展这一"总钥匙"和"总开关"，坚持以创新驱动发展，打造全球经济增长极；坚持开放包容，打造内外联动的增长模式；坚持平衡和普惠，打造公平正义的治理模式。第四，从文化维度来看，人类命运共同体强调要坚持交流互鉴，建设一个和而不同、兼收并蓄的人文共同体。"一花独放不是春，百花齐放春满园"。坚持文明交流互鉴是五千多年中华文明发展至今的重要经验，是世界社会主义五百年对人类文明演进规律的探索，是中国共产党带领中国人民取得重大成就的科学判断。因此，人类命运共同体倡导构建的人文共同体能够助力人类迈向更加美好的未来。第五，从生态维度来看，人类命运共同体强调建设一个绿色发展、清洁美丽的人与自然生命共同体。生态兴则文明兴，生态衰则文明衰。生态环境是自然界的重要组成部分，保持良好的生态环境就是对自然的保护。人类只有保护自然，尊重自然，才能实现永续发展。人类对自然的每一次无节制地索取和破坏，自然界必然会以人们想不到的方式无情和残酷地惩罚人类。因此，人类命运共同体倡导要坚持"人与自然和谐共生"的理念，创新发展提出"绿水青山就是金山银山"的理念，揭示了生态环境与生产力发展之间的关系。

综上分析，平等相待、互商互谅的政治共同体，公道正义、共建共享的安全共同体，开放创新、包容互惠的世界发展共同体，和而不同、兼收并蓄的人文共同体，绿色发展、清洁美丽的人与自然生命共同体等，从五个维度和视域构成了人类命运共同体的基本内涵，极大地增强了新时代中国特色大国外交的说服力和感召力，为国际社会携手应对共同挑战绘制了美丽的蓝图，为世界各国人民实现美好生活的目标指明了前进方向。[①]

其次，关于人类命运共同体的类型与层次。人类命运共同体是中国共产党从全球层面提出的世界发展理念，是构建人类命运共同体的归宿和最高目标。以此为总体引领，人类命运共同体形成了一个完整的体系，可以从三个角度将其分为区域性命运共同体、领域性命运共同体和双边命运共同体等。第一，区域性命运共同体是指根据地理位置以及文化传统等因素，中国与某一区域建立起来的命运共同体，主要包括中非命运共同体、中欧命运共同体、中阿命运共同体、中拉命运共同体以及亚太命运共同体等；第二，领域性命运共同体是指根据世界局势的发展变化，通过建立命运共同体以共同解决人类面临的风险挑战，主要包括网络空间命运共同体、海洋命运共同体、核安全命运共同体、人类卫生健康共同体、全球发展共同体等；双边命运共同体是指在外交政策和方针的指引下，中国与某一具体国家建立起来的命运共同体，主要包括习近平主席与柬埔寨、老挝、缅甸、哈萨克斯坦、巴基斯坦、古巴等 20 多个国家领导人深入沟通，倡导中国同各国构建的命运共同体。

再次，以人类命运共同体作为"主干"和"根脉"，[②] 新时代的外交理念与实践不断创新与发展，一系列充满中国智慧的倡议和主张枝繁叶茂，结出了累累硕果，形成了"和平、发展、公平、正义、民主、自由"的全人类共同价值，"相互尊重、公平正义、合作共赢"的新型国际关系，"共商、共建、共享"的全球治理观，"共同、综合、合作、可持续"的安全观等诸多具有丰富

---

① 殷文贵：《深刻理解构建人类命运共同体的基本内涵》，载《内蒙古大学学报（哲学社会科学版）》2022 年第 1 期。

② 《共行天下大道　共创美好未来——写在习近平主席提出构建人类命运共同体理念十周年之际》，载《人民日报》2023 年 3 月 23 日。

内涵的国际公共产品，以中国智慧和中国方案充实着世界文明的思想宝库。

最后，关于人类命运共同体的实践方案。人类命运共同体的提出，不仅为国际社会提供了一种理念，更为重要的是行动。中国既是倡议者，又是践行者。第一，在人类命运共同体面世的 11 年里，中国共产党通过发出全球发展倡议以及"一带一路"国际合作，将发展置于突出位置，深化南南合作，不断通过自身的发展为世界发展提供新的机遇。第二，在人类命运共同体面世的 11 年里，中国共产党发出全球安全倡议，以《全球安全倡议概念文件》明确了 20 个重点合作方向以及 5 个合作平台与机制，为解决全球安全问题贡献了更为系统的思路和举措。第三，在人类命运共同体面世的 11 年里，中国共产党通过发出全球文明倡议来开创世界不同国家人文交流合作、民心相融相通的新局面。第四，在人类命运共同体面世的 11 年里，中国共产党通过积极参与全球气候治理，成为全球生态文明建设的积极参与者和引领者。

二、人类命运共同体视域下的全球文明倡议

2023 年版的《习近平新时代中国特色社会主义思想学习纲要》中，在提及推动构建人类命运共同体部分，全球文明倡议成为推动构建人类命运共同体的重要内容。通过上述对人类命运共同体内涵要义的梳理，全球文明倡议已然成为构建人类命运共同体的实践支撑，它既与人类命运共同体理念的基本内涵具有内在关联，也与这一理念具有外在联系。

（一）全球文明倡议与人类命运共同体理念具有深刻内部关联

全球文明倡议的核心要义主要概括为"四个共同倡导"，即尊重世界文明多样性、弘扬全人类共同价值，重视文明传承和创新、加强国际人文交流合作。四个"共同倡导"从不同的维度为构建人类命运共同体提供了新助力。

首先，尊重世界文明多样性是全球文明倡议的逻辑前提，也是推动构建人类命运共同体的基础保证。人类虽然生活在共同的地球村中，但是这并不意味

着人类文明千篇一律。相反，由于各国历史背景、地理风貌以及建构过程中存在的差异，各国和各民族的文明有着专属于自身的独特符号、风俗习惯以及发展阶段。中华文明在五千多年的发展历程中逐渐孕育积淀成了自己的价值观、道德观等。在传统价值观以及道德观的影响下，中国在对外交往中从来不将自己的价值观强行施加于他国。在文明交流中也从未试图以中华文明来取代其他文明，而是始终坚持求同存异的基本原则，承认差异、尊重差异，寻找不同国家在利益、价值等层面的最大公约数，从而实现利益共生、权利共享和责任共担的目的。

人类命运共同体的核心要义主要概括为从政治、经济、安全、文化和生态维度建设"五个世界"。建设"五个世界"总目标的实现，离不开尊重世界文明多样性作为底色和保证。建设一个平等相待、互商互谅的政治共同体，需要尊重各国主权和领土完整，尊重各国自主选择发展道路的权力，在冲突和矛盾面前以对话协商化解之，进而促进世界和平。建设一个公道正义、共建共享的安全共同体，需要尊重理解不同文化所尊崇的价值观以及他们的文化风俗特点，坚决摒弃意识形态争论，以共同安全替代绝对安全。建设一个开放创新、包容互惠的世界发展共同体，需要借助文明多样的基本特性来擦出创新思维的火花，激发世界经济发展的动力，实现真正的互利合作共赢。建设一个和而不同、兼收并蓄的人文共同体，更加需要不同文明相互尊重，让交流互鉴发展成为文明发展进步的动力。建设一个绿色发展、清洁美丽的人与自然生命共同体，需要世界各国人民在相互尊重的前提下实现和谐相处和共生共存，以生态文明筑牢人类永续发展的根基。

其次，弘扬全人类共同价值既是全球文明倡议的价值指引，也是推动构建人类命运共同体的价值遵循。尊重文明多样性并不是完全否定文明之间没有共同之处。在和平与发展的人类共同目标与追求下，不同文明之间有着共同的价值标尺，那就是习近平总书记提出的"和平、发展、公平、正义、民主、自由"的全人类共同价值。全人类共同价值建立在广泛凝聚共识和追求共同利益这一基础上，超越了不同文明、制度的局限性，真正实现了对不同文明涵养下的世界各国价值的真正认同。全人类共同价值也是构建人类命运共同体的价值基础，只有坚持和弘扬这一共同的价值基础，才能建立起公正合理的国际秩序，为促进世界多极化以及国际关系民主化做出更大贡献。

再次，重视文明传承和创新是全球文明倡议的动力支撑，也是构建人类命运共同体的关键核心。文明不仅具有传统性同时也具有现代性，文明需要实现现代转型，但在实现转型的过程中不能全面抛弃传统性，文明的现代转型只有建立在对传统性的现代改造上才能真正实现人类文明的永续发展。构建人类命运共同体需要从传统与现代中找寻文明的力量。

最后，加强国际人文交流合作是全球文明倡议的实践指向，也是构建人类命运共同体的实践方案。罗伯特·杰维斯在《国际政治中的知觉与错误知觉》中指出，处于同样环境中的人表现出不同的行为，往往是因为人们对世界的认识不同、对其他行为体的看法不同所造成的。当错误知觉出现时，国家之间就会产生隔阂。当隔阂产生时，只有通过国际人文交流才能搭建起友好交流的桥梁，从而维护世界的和平与稳定，才能为构建人类命运共同体扫除障碍。

（二）全球文明倡议与人类命运共同体理念具有深刻外部联系

全球文明倡议不仅与人类命运共同体的内涵紧密相连，同时也与"一带一路"倡议、中国特色大国外交、全球发展倡议、全球安全倡议等构建人类命运共同体的实践方案紧密相连，为构建人类命运共同体提供精神力量。

首先，全球文明倡议为"一带一路"倡议的顺利开展提供了助力。2013年至今，"一带一路"倡议提出已经11周年。11年来，"一带一路"倡议从理念逐步转化为行动，从愿景逐渐成为现实，取得了显著成就。截至目前，已有150多个国家和30多个国际组织加入"一带一路"大家庭，中老铁路、雅万高铁等标志性项目加快建设互联互通的基础设施，中国与共建国家双向投资累计超过了3800亿美元，与45个共建国家和地区签署了高等教育学历学位互认协议，与 144 个共建国家签署文化和旅游合作文件。新时代，全球文明倡议将继续为"一带一路"倡议提供新的助力。

其次，全球文明倡议为中国特色大国外交和新型国际关系的建构提供助力。《中华人民共和国对外关系法》于 2023 年 6 月 28 日由第十四届全国人民代表大会常务委员会审议通过，其中在阐述对外关系的目标任务时指出，"推动践行全球发展倡议、全球安全倡议和全球文明倡议"。全球文明倡议写入了中国首部对外交往的法律，成为新时代开展对外工作的基本遵循。①

最后，全球文明倡议为全球发展倡议以及全球安全倡议的推行提供了文化支撑。全球发展倡议重在强调在尊重世界不同国家发展道路的基础上开展治国理政的经验交流，凝聚国际共识，营造良好的发展环境，从而推动世界发展的命运共同体的构建。全球安全倡议重在强调坚持共同、综合、合作和可持续的安全观，为世界提供安全、可持续发展的环境。全球文明倡议的提出本着相互尊重与相互信任的精神开展合作，本着实现互利共赢和和平发展的目的，它为其他倡议的顺利推进贡献了文化力量，提供了文化支撑。

---

① 邢丽菊、鄢传若斓：《全球文明倡议：推动构建人类命运共同体的精神动力》，载《边界与海洋研究》2023 年第 5 期。

第五章　落实全球文明倡议的实践思考

世界百年未有之变局加速演进，人类又一次站在历史的十字路口。习近平总书记在汲取马克思主义文明观思想精华，赓续中国共产党文明交流互鉴优良传统的基础上，将中华优秀传统文化的精神内核推向世界层面，提出了全球文明倡议。全球文明倡议与全球发展倡议、全球安全倡议共同构成"三大全球性倡议"。三大倡议主题是从发展、安全再到文明的递进式拓展，既反映了世界人民对发展、和平与文明进步的强烈渴望与迫切需求，也高度浓缩了中国共产党对现代化道路理论体系与实践认识的深化。"文明是实践的事情，是社会的素质。"全球文明倡议的提出，是合规律性与合目的性的统一，使新时代文明交流互鉴观实现了从理念到行动的整体跃迁。中国既要做全球文明倡议的首倡者，更要以实际行动推动全球文明倡议的全面落地实施，做全球文明倡议的行动派。

第一节　落实全球文明倡议的现实挑战

总体来看，当今世界文明交流互鉴的总趋势没有变，落实全球文明倡议符合世界各国人民的基本利益，也是体现人类文明发展规律的重要举措。但是不可否认的是，"西方中心主义"对人类文明进步的威胁在进一步加大，落实全球文明倡议仍然面临着不可忽视的阻碍因素。文明多样性是人类社会的基本特征。尊重世界文明多样性，以交流互鉴的姿态与不同文明交流合作，反对文明优越论和文化霸权主义已经得到大多数国家的拥护。在世界范围内不同类型的文化之间交流、交融、交锋，既有利于促进各民族增进对彼此文化的了解，也有利于促进人类思想文化的发展，当然，在这一过程中不可避免地会产生许多新矛盾新问题。发达资本主义国家凭借其在经济、科技和军事等方面的强大优势，极力向世界上其他国家尤其是第三世界国家推行自己的民主模式，在与第三世界国家合作时强行灌输自己的意识形态和价值观，目的在于塑造这些国家的经济政治制度进而使它们在选择现代化道路时效仿西方，"文明冲突论""文明优越论""文化帝国主义"的沉渣不时泛起，扰乱了文明交流互鉴的大趋势，成为世界动荡不安的麻烦制造者，也是我们在落实全球文明倡议时必须正确认识和努力解决的问题。

一、"文明冲突论"

在西方传统的国际关系理论中，习惯于从实力地位和地缘政治的维度观察世界，其中"文明冲突论"就是强烈的排他性思维的体现。"文明冲突论"最早是由美国学者塞缪尔·亨廷顿教授提出的。1993 年夏，美国《外交》杂志刊登了亨廷顿的《文明的冲突?》一文。文章中表达了这样一种观点：在当前世界形势下，政治意识形态因素和经济意识形态因素已经不再是导致全球冲突不断的根本原因。随着历史的发展，文化的差异将成为人类社会发生冲突的主导因素，并日益主宰全球政治。① 文章刊发后，其新颖的观点旋即在世界范围内引发强烈反响和广泛争议。借着这一股谈论"文明冲突"的浪潮，亨廷顿又于1996 年出版了《文明的冲突与世界秩序的重建》一书。

（一）亨廷顿"文明冲突论"的内容与本质

亨廷顿作为"文明冲突论"观点的缔造者，是美国著名的保守派政治学家，他毕业于哈佛大学，是保守现实主义的代表人物。20 世纪 50 年代，亨廷顿开始担任哈佛大学政府学院的高级研究员，是政府学院的客座教授、政府系主任和国际事务中心主任，并担任过美国国防部和其他政府部门的顾问。

---

① Samuel P. Huntington, "The Clash of Civilization?", Foreign Affairs, Summer1993, p. 22.

1987 年，由于他对比较政治学的发展做出了杰出贡献，被选为美国政治科学协会主席。在政治思想上，他以反理性和保守主义著称；在学术上，他以善于提出极具争议性的理论观点而闻名。他的丰富的军旅生涯和从政经历对他的政治思想产生了重要影响。《变化社会中的政治秩序》《文明的冲突与世界秩序的重建》《第三波：20 世纪后期的民主化浪潮》是其对中国产生重要影响的主要代表著作。其中《变化社会中的政治秩序》是亨廷顿在哈佛大学执教时从宏观上论述不同类型新兴国家在走向现代化的道路上所遇到种种问题的专著。《第三波：20 世纪后期的民主化浪潮》则是亨廷顿重点论析第三波民主化转型的原因、过程、特征以及走向等问题的著作，是对 200 多年来世界民主化运动的全景式扫描。

理解亨廷顿"文明冲突论"的基本观点，就不能不谈及它提出时的国际背景。1985 年的苏联，国内经济政治发展面临着严重危机，时年上台执政的戈尔巴乔夫试图通过一系列改革缓解当时国内处于危机边缘的形势。但是戈尔巴乔夫的错误改革理念不仅没有缓解危机局面，反而使国内局势失去控制。改革失误，直接造成了东欧剧变，最终导致了苏联解体，也结束了 40 年的冷战国际局势。冷战的结束意味着曾经影响国际局势的苏美两个超级大国营造的社会主义阵营与资本主义阵营的对垒将不再是世界冲突的主要原因。但是，冷战的结束并不意味着冲突的消亡，后冷战时代的世界政治遵循什么样的走向？如何在新的国际环境中维护美国的国家利益呢？美国一众学者在分析思考这些问题时产生了不同的观点。亨廷顿的弟子弗朗西斯·福山认为，冷战的结束就意味着和谐世界的到来。著名国际关系理论家约翰·米尔斯海默以较为悲观的态度坚守国际政治的原有运行逻辑，认为大国政治仍难逃权力政治悲剧。亨廷顿则独辟蹊径，在总结思考冷战后国际政治实例的基础上，以"文明冲突论"的观点激起国际政治领域的巨浪。他在《文明的冲突与世界秩序的重建》的前言部分就曾明确表示，提出"文明冲突论"的观点旨在为后冷战时代全球政治的演变做出解释，提供一个有用的看待全球政治的框架或范式。①

《文明的冲突与世界秩序的重建》被称作是"冷战结束以来最重要的一部著作"。在书中，亨廷顿以"文化和文化认同"为主题线索，形成了冷战后世界上的结合、分裂和冲突模式。全书通过十二章分析回答了五个方面的内容：第一部分是"一个多文明的世界"。这一部分引用"如果没有真正的敌人，也就没有真正的朋友。除非我们憎恨非我族类，我们便不可能爱我族类"为开篇，认为冷战后的全球政治已经变成多极的和多文明的。冷战后的世界是一个包含了七个或八个主要文明的世界，包括：中华文明、西方文明、日本文明、印度文明、伊斯兰文明、东正教文明、拉丁美洲文明以及可能存在的非洲文明。亨廷顿指出，国际关系的主要行为者已经是文明的核心国家。第二部分是"变动中的各文明力量对比"。亨廷顿指出，文明间的权力均势正在发生十分显著的变化，这种变化就是西方文明的衰落，以及以中华文明和伊斯兰文明为代表的亚洲文明的崛起。21世纪初期，人类社会将发生非西方国家权力和文化的复兴，不可避免地要经历非西方文明内部以及西方文明之间的冲突。亨廷顿毫不避讳地谈到，"中国正逐渐成为最有可能在全球影响方面向西方挑战的国家"。第三部分是"正在形成的文明秩序"。亨廷顿认为，冷战的结束使意识形态界定的联盟正在被文化和文明界定的联盟所替代。文明之间的断层即将成为全球政治冲突的中心地带。第四部分是全书的核心部分，以"文明的冲突"为标题。这一部分分析了基于文明的国际秩序中的冲突。亨廷顿认为，21世纪的世界主要文明之间将不再是和谐的，冲突将会成为主导模式。第五部分是"文明的未来"，亨廷顿提出了未来基于文明的国际秩序中，美西方应如何更好地维护自己的利益。结尾处亨廷顿指出，文明的冲突是对世界和平的最大威胁，而建立在多文明基础之上的国际秩序是防止世界战争的最可靠保障。② 一言以蔽之，"文

---

① ［美］塞缪尔·亨廷顿：《文明的冲突与世界秩序的重建》（修订版），新华出版社2010年版，第1页。

② 王帆：《国际关系学名著导读》，学习出版社2012年版，第140－151页。

明冲突论"的核心思想就在于，冷战后国际舞台的冲突将由文明的冲突代替意识形态的差异，各国将按照文明来划分核心圈，文明间的差异使世界各国难以和平共存。

"文明冲突论"的提出已有30多年的历史，它是冷战后最具争议的国际关系理论之一。亨廷顿的确是以敏锐的眼光和超前的思维观察到了后冷战时代非国家行为体的作用日益凸显的现象，为人们提供了一个新的理解战后世界政治的理论框架。但是不可否认的是，将文明与文化认同上升至具有决定性意义的高度实属欠妥，过分夸大文化和民族间冲突的一面是错误、危险和不负责任的。立足人类发展的现实，不同民族和国家的文明互动过程的确是比较复杂的，但是这一互动过程绝不是只有冲突一种色彩，而是兼具对话、冲突、彼此吸纳乃至融合等多种形式。本身这一思想也带有浓厚的西方中心主义色彩。因此"文明冲突论"的观点受到具有学术良知和责任感的世界各国学者的猛烈抨击。其中，中国学者们对这一观点的关注由来已久，对其开展的批判也相对较多。比如复旦大学教授倪世雄认为"文明冲突论"的核心论点经不起理论推敲，与世界秩序理论的一般原则背道而驰。南开大学俞金尧教授则认为，"文明冲突论"遮蔽了国家间的利益纠纷和冲突，掩盖了西方国家于后冷战时期在全世界扩张其利益的实质。华东师范大学瞿骏教授认为，"文明冲突论"的片面夸大，将对我们今日所实践的文明的真正交流与互鉴产生不利影响。

（二）"文明冲突论"在当今的表现和影响

"文明冲突论"虽然提出于30年前，但在当前世界百年未有之大变局加速演进的时代背景下，依旧"余震"不断、沉渣泛起。"新文明冲突论""对华文明冲突论"等论调可以说是"文明冲突论"在当今世界的新变种，成为以美国为首的西方国家肆意破坏国际秩序、维护自身国家利益的战略举措。

一旦有利益的驱使，"文明冲突论"就会甚嚣尘上、沉渣泛起，其在当今世界的新表达和新体现主要是美国政客提出的"对华文明冲突论"。特朗普执政时期，中美两国因贸易冲突而使中美关系跌入到谷底，不仅损害了中美关系，而且也对世界经济健康发展产生了消极影响。在这样的背景下，美国国务院政策规划办公室主任克伦·斯金纳于2019年4月在一次智库论坛上语出惊人，称美国与中国正在进行一场"文明与种族"的较量，提出了这样一个带有强烈种族主义色彩的观点——"对华文明冲突论"①，震惊了国际社会。美国政客提出"对华文明冲突论"的重要背景体现在经济、政治和社会机制等三个方面。第一，15年前爆发的金融海啸给美国带来的消极影响至今没有完全消除，经济发展仍然面临虚拟经济和实体经济发展失衡、福利风险增加以及债务负担沉重等矛盾和冲突。第二，政治极化严重，西式民主开始暴露出其弊端和局限。两党竞争异常激烈导致政党利益凌驾于国家利益之上，选举制度不能真正选出具有丰富从政经验的人，传统的精英政治开始走下坡路等。第三，阶级隔离现象十分严重，阶级固化严重，社会流动几近停止。除了国内面临经济、政治和社会的矛盾冲突外，国际上美国的地位和影响力也在不断下滑。

毋庸置疑，"新文明冲突论"的逻辑和观点是对亨廷顿"文明冲突论"的延续，它散发着强烈且狭隘的种族主义资产阶级立场。它的实质就是在西方中心主义、西方文明优越以及霸权主义思想的影响下，通过这一论调来制造具有共同或相似文明背景的资本主义国家的共同敌人，通过凝聚共识来组建起共同抗衡和压制中国发展的"资本主义统一战线"，进一步维护资本主义国家利益，维护美国的霸权地位。作为世界上最为强大的国家以及西方资本主义文明的核心国家，美国在西方文明哲学基础的影响下，将拜金主义、自私自利以及弱肉强食等演绎到了极致，以至于德国著名的思想家维尔纳·桑巴特在《为什么美国没有社会主义》中这样描述：贪婪在美国随处可见，甚至人们还不知道可以过一种不是资本主义的生活。因此，经历过发展巅峰的美国正如亨廷顿所预言

---

① 《不要逆历史潮流而动——"对华文明冲突论"可以休矣》，载《人民日报》2019年5月21日。

的一样，美国等西方文明正在陷入困境中。尤其是 2008 年席卷全球的金融危机，这不仅是经济危机，更是资本主义制度危机。危机面前，资本主义国家摆脱困境的惯用伎俩就是转嫁危机。尤其是在面对以中国为代表的新兴市场国家日益在全球治理中发挥重要作用之时，美国政客抛出"对华文明冲突论"，其意图不言自明。

无论是亨廷顿于 20 世纪 90 年代提出的"文明冲突论"，还是当今时代"文明冲突论"出现的新变种，它背后都是冷战思维和种族主义在作祟。自从人类社会诞生以来，矛盾与冲突就随之产生，但是人类社会的大多数矛盾和冲突都是起因于利益。两次世界大战的作战双方都是受资本主义文明影响的现代工业化国家。这种"同质文明"的残酷争斗更加凸显"文明冲突论"的荒谬。美国在后冷战时代所发动的每一场战争大多与实际利益相关联，与文明间的冲突和差异并无太大联系。美国在世界日益联系为命运共同体的今天，仍旧以"对华文明冲突论"回应中美关系，这是丧失理智的喧嚣，是违背人类文明发展规律的错误做法。

二、"文化帝国主义论"

文化帝国主义论主要是指西方资本主义国家通过媒介等方式在世界范围内输出其文化和价值观，以此作为推动帝国主义统治的工具。文化帝国主义论的主要代表人物有赫伯特·席勒和约翰·汤林森，他们看似在批判这一行为，实则仍是西方文明优越论的表现。

（一）赫伯特·席勒的"文化帝国主义论"

"文化帝国主义"，是 20 世纪 60 至 70 年代由美国学者赫伯特·席勒首提的文化研究领域的重要概念。赫伯特·席勒（1919~2000）是美国著名的传播政治经济学代表人物，是该领域内的批判领袖。他不仅是积极活动型的学者，而且也是以学术成果影响传播实践的典范。① 他的一生著作等身，影响最为广泛的就是 1969 年出版的《大众传媒与美利坚帝国》一书。除此以外他的代表作还有：《思想管理者》《信息不平等：美国社会危机的加深》《生活在世界头号国家》等。他的系列作品反映了 20 世纪 60 年代以来美国传播政治经济学的发展脉络，并推动了国际社会对世界传播秩序的关注和讨论，他的思想也深刻地影响着发展中国家的传播政策和实践。

"文化帝国主义"是席勒在《大众传媒与美利坚帝国》一书中提出的。它讨论的核心命题是以美国为首的西方发达国家如何通过文化输出来实现对发展中国家的文化霸权和文化控制。在书中，席勒的研究基于这样一个事实：二战后的新兴民族国家通过民族独立和解放运动纷纷摆脱了资本主义的殖民统治，实现了政治上的解放，但是这些新兴民族国家在经济和文化方面仍然受制于资本主义国家。席勒系统梳理了美国政府、军队、企业三者与大众媒介的关系，阐述了商业媒介是通过何种方式与政府和军队结成利益共同体的，同时也批判了美国国家权力对大众媒介的干预，其中特别批判了美国政府在二战后利用大众媒介来为其全球扩张服务，对其他发展中国家实施文化帝国主义的行为。席勒指出，文化帝国主义就是某个国家在步入现代化过程中，在外部压力的作用下被迫去接受世界系统中的核心势力价值，并使社会制度与这个世界系统相互适应的过程。文化帝国主义具有三重特征：一是经济和资本是其运行的基础和后盾，通过占有市场的方式实现文化扩张；二是文化扩张的实质是文化价值的扩张，具体途径为全球化销售带有文化价值的商品，如好莱坞出品的宣扬美国文化和价值观的电影等；三是这样一种文化扩张需要借助信息产品的传播才能够最终实现。

（二）约翰·汤林森的"文化帝国主义论"

20 世纪 80 年代，赫伯特·席勒的文化帝国主义理论遭受了来自不同领域

---

① 郭镇之：《席勒——传播政治经济学的批判领袖》，载《国际新闻界》2002 年第 1 期。

理论发展的抨击，首先就是葛兰西文化霸权理论重新获得重视使人们认识到文化的传播不是单向灌输的过程，而是谈判与斗争、既支配又对抗的过程；其次是随着后现代主义、后殖民主义以及积极观众理论的发展使人们意识到，对于文化帝国主义的解释不能仅仅归结为大众传播，它是与现代性、民族认同等诸多问题紧密联系的。因此，在这样的理论背景下，20 世纪 90 年代，约翰·汤林森出版了《文化帝国主义》一书，通过对"文化帝国主义"以及"媒介帝国主义"等概念的剖析，对文化问题进行了系统分析，提出了自己对冷战后文化格局发生变化的讨论。汤林森在分析"文化""帝国主义"等相关概念时，从"媒介帝国主义""民族国家的话语""批判全球资本主义的话语""现代性批判"四个层面分析解剖了文化帝国主义的内涵。首先，文化帝国主义的特征主要表现为文化大交流的形式下实施不平等的文化霸权。西方资本主义国家凭借其语言文化优势和经济技术优势掌控了文化输出权，将搭载着价值密码和生活情趣的消费品扩散至全世界。其次，媒介帝国主义是文化帝国主义的主要表现形式。汤林森认为，包括电视、电影、流行音乐在内的大众媒介对广大发展中国家的影响是巨大的，它以轻松愉快的方式掩盖了一种文化对另一种文化的侵蚀、威胁。

无论是席勒还是汤林森，他们的文化帝国主义论虽然从表面上看是在批判西方的文化入侵行为和文化殖民主义，并没有公开为资本主义大国文化辩解，但他们具有相同之处，就是始终站在"西方中心主义""西方文明优越论"的视角看待问题。他们的立场虽然隐蔽，但是仍没有完全掩盖这一事实。

进入 21 世纪后，经济全球化、信息技术革命以及知识经济三重叠加，以美国为首的西方资本主义国家凭借其在文化输出、互联网和信息技术等方面的优势，不断垄断国际话语权，通过市场化运作的方式利用媒介输出本国文化，"文化霸权""文化殖民"的行为给世界文明多样性的基本事实造成了极为严重的损害，各民族和国家的文化认同和文化主权遭受不同程度威胁，人类精神文明的发展进程总体受阻。因此，当面对"西方中心主义"和"文明优越论"对世界文明的攻击时，我们必须倡导文明交流互鉴，文明共生共存，团结起来以应对资本主义国家强势的文化入侵。

第二节　落实全球文明倡议的实践路径

在新时代新征程上全面落实全球文明倡议，要以"四个共同倡导"为实践指南，在构建人类命运共同体的理念下协调推进"三大全球性倡议"，坚持以中国式现代化助推世界文明发展，以多边机制建设助力国际人文交流、以全球文明对话合作网络打造实践平台等，让世界文明百花园生机盎然，让各国人民在携手构建人类命运共同体的历程中奏响绚烂的华美乐章。一是统筹推进全球发展倡议、全球安全倡议与全球文明倡议，这是推动构建人类命运共同体的重要实践路径。发展、安全与文明三者紧密相连、互为补充，发展以安全为保障，安全以发展为前提，只有实现和平发展与普遍安全，文明才有立足之地。落实全球文明倡议，必须统筹发展与安全，既促进全球平衡、协调、包容发展，又持之以恒规范国际安全新秩序。二是以中国式现代化助推世界文明发展。扎实推进中国式现代化就是落实全球文明倡议的中国行动。中国共产党带领中国人民成功走上中国式现代化道路，创造了人类文明新形态，并将建设中华民族现代文明作为文化使命。中国式现代化彰显世界意义，是促进世界共同发展的现代化，是坚持理性文明观、在继承传统文明的基础上实现开拓创新的现代化，是代表人类文明进步发展方向的现代化。全球文明倡议是各国实现现代化的底层支撑，中国式现代化的经验将助推各国在理性文明观的指导下探索适合本国的现代化之路。三是以多边机制建设助力国际人文交流。落实全球文明倡议，要在继续推进"中阿文明对话研讨会""亚洲文明对话大会"等现有文明对话交流机制的基础上，加强与联合国文明联盟等部门的沟通对接，以"一带一路"国际合作为基点，深化与世界各国各民族在教育、旅游、文化传承与遗产保护等领域的合作，建立与完善对话交流机制。四是创新人文交流与合作形式，搭建全球文明对话合作网络。落实全球文明倡议，要积极适应数字化智能化的时代要求，充分利用新媒体技术、大数据以及元宇宙的理念，共同探索文明交流互鉴的多元形式，进而搭建"多主体、多机制、多领域、多内容、多形式"的全球文明对话合作网络。

一、协同推进"三大全球倡议"

全球发展倡议是全球安全倡议和全球文明倡议的基础，全球安全倡议是全球发展倡议和全球文明倡议的保障。正如美国陆军战争学院战略研究所埃文·埃利斯教授所言，"三大全球倡议"是在人类命运共同体理念框架下的三位一体的概念，是对西方主导的国际秩序的替代方案。① 因此从三者关系来看，落实全球文明倡议的实践路径，就要统筹协同推进"三大全球倡议"，通过更好落实全球发展倡议和全球安全倡议，从而为全球文明倡议的落实落地提供和平发展、安全稳定的国际环境。

首先，积极落实全球发展倡议，为全球文明倡议的推进提供和平发展的国际环境。中国是全球发展倡议的首提者，也是全球发展倡议的积极推动者和实践者。全球发展倡议以"六个坚持"和"八大合作领域"为主要内容，系统回答了为什么要发展、实现什么样的发展以及怎么实现发展等根本性问题，经过凝练总结形成了全球发展共识。全球发展倡议自 2021 年 9 月提出以来，已经受到了国际社会的高度关注。国外政要以及学者高度肯定了全球发展倡议对于世界发展的重要意义和影响，认为它的提出是适应时代之需，是应对全球共同挑战、深化全球合作的重要方案，有利于进一步打破西方资本主义国家对发展理念的霸权。

全球发展倡议提出至今，它的内涵和外延不断丰富，推动和保障机制不断

---

① 王栋、李宗芳：《国际社会对全球发展倡议的认知述评》，载《国外理论动态》2023 年第 5 期。

完善。自"全球发展倡议之友小组"成立以来，诸多国际项目达成合作并稳步推进，众多发展中国家从中受益，越来越多的国家和国际组织开始认可并加入其中。当然，我们也要看到全球发展倡议的提出也受到了西方资本主义国家的肆意抹黑和舆论虚假叙事的误导。因此，积极落实全球发展倡议必须强化顶层设计、坚持因地制宜。第一，积极落实全球发展倡议，首先需要做好理论的研究、阐释和宣介。全球发展倡议的提出是立足中国发展的自身经验，面向世界时代发展大势的全球公共产品，随着它的内涵不断丰富，在一些管理文件和报告中有必要对其进行理论化的研究，要突出强调其与人类命运共同体和全人类共同价值以及"一带一路"倡议之间的理论逻辑关系，强化其中的共通性，逐渐构建起内涵丰富、逻辑严密的全球发展合作理论体系，从而为凝聚全球发展共识、推动全球合作实践进展打下坚实的基础。第二，积极落实全球发展倡议，要坚持因地制宜、普遍性与特殊性相结合的原则，在充分掌握合作各方的基本需求以后，制定倡议落实的具体举措。基于那些欢迎和支持全球发展倡议的国家，要进一步凝聚共识，完善具体的合作细则；针对那些对全球发展倡议产生疑虑的国家，要以化解疑虑为主，明确倡议落实的步骤和规则；同时对于那些肆意抹黑倡议的国家则要给予有力的反驳，采取灵活的策略，加强国际社会的团结合作，积极阐释全球发展倡议的基本精神。第三，积极落实全球发展倡议，要在充分认识全球发展不平等与不均衡的基础上推动构建全球发展共同体，推动全球发展倡议尽快落实落地。构建全球发展共同体，要加强与区域性和全球性多边机制的对接合作，完善倡议的制度建设。同时，积极推动新发展合作平台的建设，努力建成全球发展促进中心和全球发展知识网络。第四，积极落实全球发展倡议，要借助"一带一路"倡议，发挥二者相互促进的作用。"一带一路"倡议以"共商、共建、共享"为基本原则，这与全球发展倡议"发展优先、普惠平衡、协调包容和合作共赢"的基本原则一致。因此，未来要在积极推动"一带一路"倡议的过程中高效落实全球发展倡议。

其次，积极落实全球安全倡议，为全球文明倡议的推进营造和平稳定的国际环境。全球安全倡议是破解全球安全困境的中国方案。中国是全球安全倡议的提出者，也是全球安全倡议的推动者和引领者。全球安全倡议自 2022 年 4 月提出以来，引起了国际社会的强烈反响。众多智库专家和外国政要认为全球安全倡议的提出将为建立更加合理且高效的国际安全架构提供动力，也将促进全球安全治理不断提质增效。在全球安全倡议提出后，中国已经发布了《全球安全倡议概念文件》，成为推进全球安全倡议走深走实的重要行动指南。落实全球安全倡议是一项较为复杂的实践活动，要倾听国际声音，同时，从宏观上强化顶层设计，做好系统谋划，从微观上着眼实际问题。

第一，积极落实全球安全倡议，首先需要凝聚全球安全共识，增进理念认同。理念共识是行动落实的重要前提。维护国际安全，首先需要树立正确的安全理念。"共同、综合、合作、可持续"的全球安全观是全球安全倡议的核心内容，高度概括了全球安全倡议的精神内核。因此，落实全球安全倡议首先就要弘扬全球安全观，坚持走共建共享共赢的安全之路。大国是维护国际安全的中流砥柱，维护国际安全就要构建"和平共处、总体稳定、均衡发展"的大国关系。第二，积极落实全球安全倡议，要坚定维护联合国的权威地位，维护《联合国宪章》的宗旨和原则，在联合国框架内开展多边合作。在众多的国际组织中，联合国最具权威性和代表性，这也正是全球安全倡议坚决维护联合国基本框架的目的所在。维护联合国的权威地位，大国尤其是联合国的安理会成员国要发挥带头作用，忠实履行职责和使命，积极参与联合国的维和行动，践行"共同但有区别的责任"，完善联合国的体系，提高联合国的办事效率，增强联合国应对前所未有的危机和挑战的能力。第三，积极落实全球安全倡议，要反对单边主义和阵营对抗，践行真正的多边主义，不损害任何国家的核心利益。以安全谋合作、谋发展、谋稳定。积极落实全球安全倡议，稳定国际安全秩序，积极推动大国之间的良性互动。第四，积极落实全球安全倡议，要坚持"安全不可分割"这一核心原则，推动构建人类命运共同体，建设普遍安全的人类命运共同体。面对国际安全问题日益多样化和复杂化，中国积极推动以国际合作化解危机，团结各国人民共同完善全球安全治理体系，积极开展国际反恐合作，建立反恐框架机制，倡导互联网安全，建立网络空间命运共同体，营造多边、民主和透明的全球互联网治理体系，建立全球安全伙伴关系。

中国作为全球发展倡议、全球安全倡议和全球文明倡议的提出者，要推动三大倡议在国际社会上发挥更大作用，得到更多国家和国际组织的支持，就必须从自身出发，统筹发展与安全，解决好改革、发展与稳定的关系，以自身的高质量发展辐射带动更多国家发展；要积极推进国际安全体系和能力现代化，积极贯彻总体国家安全观，以新安全格局保障新发展格局；要坚持互学互鉴，在推动中华优秀传统文化走向世界的过程中，也敞开大门积极迎接世界其他优秀文明成果。中国作为"三大全球倡议"的提出者、推动者和践行者，必须坚持互尊互信、开放包容，才能得到更多国家支持并积极加入。

二、加强全球文明倡议理念的国际传播

2021 年 5 月，中共中央政治局以"加强我国国际传播能力建设"为主题开展了十九届中共中央政治局第三十次集体学习。习近平总书记围绕"加强和改进国际传播工作 展示真实立体全面的中国"发表了重要讲话。习近平总书记指出，要深刻认识新形势下加强和改进国际传播工作的重要性，既要为我国改革发展稳定营造有利的外部舆论环境，也要为推动构建人类命运共同体做出积极贡献。党的十八大以来，习近平总书记围绕"什么是国际传播、为什么要进行国际传播以及如何进行国际传播"等关涉理论与现实的重大问题进行了深邃思考，形成了一系列新理念新思想。这一系列重要论述也为新时代全球文明倡议的国际传播提供了理论指导。

对外传播是中国共产党在各个历史时期都十分重视的重要工作。新民主主义革命时期，中国共产党的主要任务是争取民族独立和人民解放，这一时期党的国际传播工作尚处于萌芽和起步阶段。中国共产党在共产国际的支持下成立，早期的中国共产党人开始接触世界，了解马克思主义科学真理。这一时期，中

国共产党积极邀请国外记者奔赴根据地和解放区参观考察，比如美国记者埃德加·斯诺、安娜·路易斯·斯特朗、艾格尼丝·史沫特莱等，通过记者的视角让世界真正了解中国共产党的事业、了解中国共产党的真实情况。社会主义革命与建设时期，中国共产党的国际传播工作有了一定的发展，中国共产党开始在国际会议上积极发声，宣扬和平共处五项原则，通过国际广播电台等媒介有力回击美西方对新中国的污蔑和抹黑。改革开放与社会主义现代化建设新时期，党和国家的工作重心已经转移到经济建设上来。在这一背景之下，国际传播事业的物质基础得到了加强，中国共产党的国际传播事业得到了新发展。首先，国际传播的方式不断优化，网络媒体在对外传播中的作用愈发凸显；其次，国际传播战略进行了调整，欧美以及周边地区成为外宣战略布局的侧重点。最后，国际传播机制一改管理体制僵化的弊端，国际传播工作的效率进一步提高。

新时代，党中央高度重视国际传播能力建设，讲好中国故事，传播好中国声音，展示了真实立体和全面的中国，国际传播能力建设取得了丰硕的成果。其中的重要成就之一就是借力文化外交进行国际传播。人类文明的发展走向是顺还是逆，关乎世界各国人民的前途命运。全球文明倡议自提出以来，已经在国际社会上得到了诸多国家领导人的响应和支持。同时也有部分学者和领导人对全球文明倡议持狭隘理解，担心加入倡议后会卷入中美大国博弈；甚至也有部分国家对这一倡议抱敌视态度并且对其刻意地歪曲和抹黑。[①] 因此，更高效地在国际范围内传播全球文明倡议的基本理念，成为推动其向实践落地的必然选择。

理论是实践的先导。加强全球文明倡议的国际传播，进而发挥各方共同参与、践行倡议的最大合力，共同造福人类社会，首先需要进一步推动全球文明倡议的理论研究与阐述。针对支持和赞同全球文明倡议基本理念的相关方，我

---

① 孙冰岩：《国际社会对全球文明倡议的认知述评》，载《国外理论动态》2023年第5期。

们要基于"四个共同倡导"的核心内容，深化与其交流合作意向。针对持观望态度和歪曲抹黑态度的相关方，在传播全球文明倡议的过程中，要通过公共外交和民间外交等方式，搭建国际传播平台，就"文明交流互鉴的重要性及其世界意义、文明交流互鉴过程中需秉持的基本原则、文明交流互鉴的核心内容"等问题进行广泛交流传播，厘清历史与现实、民族与世界、传承与创新等关系，为全球文明倡议正本清源，构建全球文明倡议的认识论、方法论和实践论。同时还需要特别注意的是，理论的传播不同于普通的叙事，理论传播侧重系统性观点的外在表达。因此在传播全球文明倡议的基本理念时，要建构属于中国的话语体系和叙事体系，打造超越文明差异和意识形态差异的话语表达体系。

加强全球文明倡议的国际传播，要积极通过各种实践平台展开宣传介绍。把握重大时间节点，高举人类命运共同体理念大旗，依托中国发展的生动实践，将"一带一路"国际合作建成文明交流合作之路，在"亚洲文明对话大会、文化交流年"等一系列中外文明交流互鉴实践中，讲好中国共产党加强治国理政的经验，积极讲好中国共产党推动中华优秀传统文化创造性转化与创新性发展的经验，推进全球文明对话合作网络的建设，携手各国共同建设开放包容、互学互鉴的世界，同世界各国一道为解决人类面临的文明问题做出更大的贡献。

全球文明倡议的国际传播，要通过智能媒体和社交媒体来不断拓展传播渠道。从传播渠道来看，全球文明倡议的国际传播要积极引进和借助新兴技术，以智能媒体和社交媒体助力全球文明倡议传播。当今时代是数字媒体的时代，数字媒体背景下的社交媒介迅速发展。社交媒体的崛起，逐渐抓住了世界各国网民的眼球，也借此形成了一套新型的传播机制。根据权威咨询机构的数据，当前全球共计有 48.8 亿网民活跃在社交媒体中，这一数据约占世界人口的60%。基于此，数字时代全球文明倡议基本理念的国际传播，必须积极主动地借助社交媒体和智能媒体，进而重塑信息传播的话语体系。提出全球文明倡议并不是终点，只有赢得国际社会的广泛支持，并且在国际交往与世界文明交流互鉴中积极响应倡议的原则和理念，这一倡议的提出才能真正发挥其意义。

　　综上所述，习近平总书记在阐述全球文明倡议的内涵要义时就指出，要加强国际人文交流合作，构建全球文明对话合作网络，丰富交流内容，拓展合作渠道，促进各国人民相知相亲。因此，全球文明倡议的落实落地，必须以国际人文交流合作为抓手，致力于构建全球文明对话合作网络。国际人文交流合作是消除文明隔阂、误解和矛盾的重要途径和举措，是世界和平与合作的新压舱石，它有利于构建发展和安全治理这一共同价值理念，为持续繁荣世界文明百花园贡献新的力量。在加强国际人文交流合作时，必须坚持共商共建共享的原则，合力构建一个平等包容的文明交流氛围；必须发挥平台和机制的效应，合力提高人文领域全球治理体系的效能；必须激发各个主体各个领域的潜能，合力推动形成各国人民之间的大交往。

结束语

　　全球文明倡议是继全球发展倡议、全球安全倡议后，新时代中国为国际社会提供的又一重要的公共产品。全球文明倡议着眼于推动文明交流互鉴、促进人类文明进步，为推动人类现代化进程、推动构建人类命运共同体注入强大正能量。全球文明倡议是中国共产党在精神层面为世界文明发展所做的重要贡献，它克服了西方资本主义现代化进程中造成的人与自然、人与社会、人与人关系的全面异化与畸形发展的问题，以一种和谐共生的全新关系规范世界文明发展的新路向。全球文明倡议的重要意义体现在，它为人类文明发展进步提供了新范式，为构建人类命运共同体提供了新助力，为中国提升国际话语权提供了新力量。

　　首先，全球文明倡议为人类文明进步发展提供了新范式。

　　当前，世界处于百年未有之大变局，国际力量对比深刻调整，国际政治和社会思潮深刻演变，人类处在一个挑战层出不穷、风险日益增多的时代。人类面临的共同挑战彰显了重塑世界文明关系、推进全球文明治理的紧迫性。处于历史转型期的人类文明应该向何处去，这既是时代之问又是现实挑战。以陈旧观念对待本土文明以及与其他文明的关系，显然违背了人类社会文明发展的规律。推动人类文明交流互鉴，亟需新的理念指导与价值指引。推动不同文明间的交流互鉴，是中国共产党的优良传统，也是习近平总书记提出全球文明倡议的出发点与落脚点。全球文明倡议倡导世界文明的平等发展、创新发展与共同发展，为人类文明进步发展提供了新范式。

　　全球文明倡议以尊重世界文明多样性为逻辑前提，体现的是全球文明的平等发展。平等互尊是文明共生共存的相处之道。人类文明发展进步必须坚持平等、互鉴、对话、包容的新时代文明观，致力于通过文明的合作与沟通缩小差距、弥合分歧，真正实现文明间发展的权利平等、机会平等。全球文明倡议注重文明的传承与创新，体现的是全球文明的创新发展。人类文明的进步发展，既需要不同文明交流互鉴这一外在动力，也需要重视传承创新，激活自身文化中的优秀因子，实现创造性转化与创新性发展，以获取内在动力。全球文明倡议以弘扬全人类共同价值为价值指引，以加强国际人文交流合作为实践指向，体现的是全球文明的共同发展。由于时空场域的不同，世界文明彰显着各自的独特性，这进一步丰富了世界文明的多样性。人类文明要发展进步，就必须寻找不同文化间的价值共识，以交流互鉴保护世界文明的多样性，促进世界文明的共同发展。

其次，全球文明倡议为构建人类命运共同体提供了新助力。

推动构建人类命运共同体既是新时代坚持和发展中国特色社会主义的实然选择，也是维护世界各国人民共同利益的应然要求。人类命运共同体理念提出已十余年，经过新时代的伟大变革，这一核心理念逐渐得到国际社会普遍认可并多次写入联合国重要文件，正在成为全球和平安全发展的新方案、重塑全球治理的新思路、文明交流互鉴的新范式。构建人类命运共同体是一个系统工程，习近平总书记为这一理念从政治、安全、经济、文化、生态五个方面构筑了以"建设持久和平、普遍安全、共同繁荣、开放包容、清洁美丽的世界"为路径的总布局。其中，从文化层面构建人类命运共同体的路径要求是"坚持交流互鉴，建设一个开放包容的世界"。新时代全球文明倡议坚决摒弃西方文明冲突、文明优越、文明霸权等错误论调，超越了意识形态分歧，从文化层面为构建人类命运共同体提供了新助力。

人类文明是一座百花园，文明的多样性存在决定了人类命运共同体是一个包含多种文明形态的综合体，如何处理好不同文明之间的关系成为重要问题。而全球文明倡议坚持尊重世界文明多样性，以文明平等与包容的新观念为构建人类命运共同体厚植了文化底蕴。构建人类命运共同体不仅需要弥合发展鸿沟、破解安全难题，更需要共同价值指引。而全球文明倡议以"和平、发展、公平、正义、民主、自由"的全人类共同价值为指引，纠正了西方普世价值观，恰为构建人类命运共同体凝聚了价值共识。最后，人类命运共同体既是思想理念，更是行动方案，而全球文明倡议以加强国际人文交流合作为实践指向，倡导构建全球文明对话合作网络，恰为构建人类命运共同体拓展了实践路向。

最后，全球文明倡议为提升中国国际话语权提供了新力量。

全球文明倡议作为中国共产党向国际社会传播人类文明交流互鉴新理念新思路的价值倡议与行动倡议，为提升中国在全球治理中的话语权和影响力提供了新助力。首先，全球文明倡议向国际社会贡献了多元文明体系下不同文明和谐相处的新理念。长期以来，西方资本主义文明占据着话语霸权的地位，以狭隘的资本主义文明理论主导着其他国家与民族的实践活动，导致发展中国家在国际社会上的"失语"。而全球文明倡议超越了过往理念的偏狭与不足，在弘扬中华优秀传统文化优秀因子的基础上，以"平等、互鉴、对话、包容"的文明观跳出了"西方中心主义文明观"的理论陷阱，为不同国家超越文化差异提供了精神纽带，为国际社会和平相处与互学互鉴提供了思想指引。其次，全球文明倡议向国际社会提供了不同文明交流互鉴的新路向。积极参与全球治理是提升中国国际话语权与影响力的有效方法。在参与全球治理中，全球文明倡议在为解决"人类文明向何处发展"的进程中，通过倡导建立全球文明对话合作网络的新路向，大力宣介中国的世界主张，在提升中国话语影响力的过程中提升了中国在国际社会上的话语权。

世界百年未有之变局加速演进，人类又一次站在历史的十字路口。习近平总书记在汲取马克思主义文明观思想精华，赓续中国共产党文明交流互鉴优良传统的基础上，将中华优秀传统文化的精神内核推向世界，提出了全球文明倡议。全球文明倡议与全球发展倡议、全球安全倡议共同构成"三大全球性倡议"。"三大倡议"的主题从发展、安全再到文明的递进式拓展，既反映了世界人民对发展、和平与文明进步的强烈渴望与迫切需求，也高度浓缩了中国共产党对现代化道路理论与实践认识的深化。全球文明倡议的提出，是合规律性与合目的性的统一，使习近平文明交流互鉴观实现了理念到行动的整体跃迁。凡是过往皆为序章，所有未来皆为可盼。新时代，中国既要做全球文明倡议的首倡者，更要以实际行动推动倡议的全面落地实施，做全球文明倡议的真正践行者。我们将坚定站在历史正确的一边、站在人类文明进步的一边，积极弘扬全人类共同价值，深化文明间的交流互鉴，让人类文明之花更加绚丽绽放，让构建人类命运共同体的未来更加光明可期。

附 录

携手同行现代化之路

——在中国共产党与世界政党高层对话会上的主旨讲话

中共中央总书记、中华人民共和国主席 习近平

尊敬的各位政党领导人，女士们，先生们，朋友们：

很高兴同大家相聚，探讨"现代化道路：政党的责任"这一重要命题。

人类社会发展进程曲折起伏，各国探索现代化道路的历程充满艰辛。当今世界，多重挑战和危机交织叠加，世界经济复苏艰难，发展鸿沟不断拉大，生态环境持续恶化，冷战思维阴魂不散，人类社会现代化进程又一次来到历史的十字路口。

两极分化还是共同富裕？物质至上还是物质精神协调发展？竭泽而渔还是人与自然和谐共生？零和博弈还是合作共赢？照抄照搬别国模式还是立足自身国情自主发展？我们究竟需要什么样的现代化？怎样才能实现现代化？面对这一系列的现代化之问，政党作为引领和推动现代化进程的重要力量，有责任做出回答。在这里，我愿谈几点看法。

——我们要坚守人民至上理念，突出现代化方向的人民性。人民是历史的创造者，是推进现代化最坚实的根基、最深厚的力量。现代化的最终目标是实现人自由而全面的发展。现代化道路最终能否走得通、行得稳，关键要看是否

坚持以人民为中心。现代化不仅要看纸面上的指标数据，更要看人民的幸福安康。政党要锚定人民对美好生活的向往，顺应人民对文明进步的渴望，努力实现物质富裕、政治清明、精神富足、社会安定、生态宜人，让现代化更好回应人民各方面诉求和多层次需要，既增进当代人福祉，又保障子孙后代权益，促进人类社会可持续发展。

——我们要秉持独立自主原则，探索现代化道路的多样性。现代化不是少数国家的"专利品"，也不是非此即彼的"单选题"，不能搞简单的千篇一律、"复制粘贴"。一个国家走向现代化，既要遵循现代化一般规律，更要立足本国国情，具有本国特色。什么样的现代化最适合自己，本国人民最有发言权。发展中国家有权利也有能力基于自身国情自主探索各具特色的现代化之路。要坚持把国家和民族发展放在自己力量的基点上，把国家发展进步的命运牢牢掌握在自己手中，尊重和支持各国人民对发展道路的自主选择，共同绘就百花齐放的人类社会现代化新图景。

——我们要树立守正创新意识，保持现代化进程的持续性。面对现代化进程中遇到的各种新问题新情况新挑战，政党要敢于担当、勇于作为，冲破思想观念束缚，破除体制机制弊端，探索优化方法路径，不断实现理论和实践上的创新突破，为现代化进程注入源源不断的强大活力。要携手推进全球治理体系改革和建设，推动国际秩序朝着更加公正合理的方向发展，在不断促进权利公平、机会公平、规则公平的努力中推进人类社会现代化。

——我们要弘扬立己达人精神，增强现代化成果的普惠性。人类是一个一荣俱荣、一损俱损的命运共同体。任何国家追求现代化，都应该秉持团结合作、共同发展的理念，走共建共享共赢之路。走在前面的国家应该真心帮助其他国家发展。吹灭别人的灯，并不会让自己更加光明；阻挡别人的路，也不会让自己行得更远。要坚持共享机遇、共创未来，共同做大人类社会现代化的"蛋糕"，努力让现代化成果更多更公平惠及各国人民，坚决反对通过打压遏制别国现代化来维护自身发展"特权"。

——我们要保持奋发有为姿态，确保现代化领导的坚定性。现代化不会从天上掉下来，而是要通过发扬历史主动精神干出来。作为现代化事业的引领和推动力量，政党的价值理念、领导水平、治理能力、精神风貌、意志品质直接关系国家现代化的前途命运。自胜者强。政党要把自身建设和国家现代化建设紧密结合起来，踔厉奋发，勇毅笃行，超越自我，确保始终有信心、有意志、有能力应对好时代挑战、回答好时代命题、呼应好人民期盼，为不断推进现代化进程引领方向、凝聚力量。

女士们、先生们、朋友们！

实现现代化是近代以来中国人民矢志奋斗的梦想。中国共产党 100 多年团结带领中国人民追求民族复兴的历史，也是一部不断探索现代化道路的历史。经过数代人不懈努力，我们走出了中国式现代化道路。

中国共产党第二十次全国代表大会提出，要以中国式现代化全面推进中华民族伟大复兴。中国式现代化是人口规模巨大、全体人民共同富裕、物质文明和精神文明相协调、人与自然和谐共生、走和平发展道路的现代化，既基于自身国情、又借鉴各国经验，既传承历史文化、又融合现代文明，既造福中国人民、又促进世界共同发展，是我们强国建设、民族复兴的康庄大道，也是中国谋求人类进步、世界大同的必由之路。我们将坚持正确的方向、正确的理论、正确的道路不动摇，不走改旗易帜的邪路。我们将始终把自身命运同各国人民的命运紧紧联系在一起，努力以中国式现代化新成就为世界发展提供新机遇，为人类对现代化道路的探索提供新助力，为人类社会现代化理论和实践创新做出新贡献。

中国共产党将致力于推动高质量发展，促进全球发展繁荣。我们将加快构建新发展格局，不断扩大高水平对外开放，持续放宽市场准入，让开放的大门越开越大。随着中国现代化产业体系建设的推进，我们将为世界提供更多更好的中国制造和中国创造，为世界提供更大规模的中国市场和中国需求。我们将坚定支持和帮助广大发展中国家加快发展，实现工业化、现代化，为缩小南北差距、实现共同发展提供中国方案和中国力量。我们愿同各国政党一道，推动共建"一带一路"高质量发展，加快全球发展倡议落地，培育全球发展新动能，构建全球发展共同体。

中国共产党将致力于维护国际公平正义，促进世界和平稳定。中国式现代化不走殖民掠夺的老路，不走国强必霸的歪路，走的是和平发展的人间正道。我们倡导以对话弥合分歧、以合作化解争端，坚决反对一切形式的霸权主义和强权政治，主张以团结精神和共赢思维应对复杂交织的安全挑战，营造公道正义、共建共享的安全格局。世界不需要"新冷战"，打着民主旗号挑动分裂对抗，本身就是对民主精神的践踏，不得人心，贻害无穷。中国实现现代化是世界和平力量的增长，是国际正义力量的壮大，无论发展到什么程度，中国永远不称霸、永远不搞扩张。

中国共产党将致力于推动文明交流互鉴，促进人类文明进步。当今世界不同国家、不同地区各具特色的现代化道路，植根于丰富多样、源远流长的文明传承。人类社会创造的各种文明，都闪烁着璀璨光芒，为各国现代化积蓄了厚重底蕴、赋予了鲜明特质，并跨越时空、超越国界，共同为人类社会现代化进程做出了重要贡献。中国式现代化作为人类文明新形态，与全球其他文明相互借鉴，必将极大丰富世界文明百花园。

女士们、先生们、朋友们！

"一花独放不是春，百花齐放春满园。"在各国前途命运紧密相连的今天，不同文明包容共存、交流互鉴，在推动人类社会现代化进程、繁荣世界文明百花园中具有不可替代的作用。在此，我愿提出全球文明倡议。

——我们要共同倡导尊重世界文明多样性，坚持文明平等、互鉴、对话、包容，以文明交流超越文明隔阂、文明互鉴超越文明冲突、文明包容超越文明优越。

——我们要共同倡导弘扬全人类共同价值，和平、发展、公平、正义、民主、自由是各国人民的共同追求，要以宽广胸怀理解不同文明对价值内涵的认识，不将自己的价值观和模式强加于人，不搞意识形态对抗。

——我们要共同倡导重视文明传承和创新，充分挖掘各国历史文化的时代价值，推动各国优秀传统文化在现代化进程中实现创造性转化、创新性发展。

——我们要共同倡导加强国际人文交流合作，探讨构建全球文明对话合作网络，丰富交流内容，拓展合作渠道，促进各国人民相知相亲，共同推动人类文明发展进步。

我们愿同国际社会一道，努力开创世界各国人文交流、文化交融、民心相通新局面，让世界文明百花园姹紫嫣红、生机盎然。

中国共产党将致力于加强政党交流合作，携手共行天下大道。我们愿同各国政党和政治组织深化交往，不断扩大理念契合点、利益汇合点，以建立新型政党关系助力构建新型国际关系，以夯实完善全球政党伙伴关系助力深化拓展全球伙伴关系。中国共产党愿继续同各国政党和政治组织一道，开展治党治国经验交流，携手同行现代化之路，在推动构建人类命运共同体的大道上阔步前进。

女士们、先生们、朋友们！

人类社会现代化的征程难免遭遇坎坷，但前途终归光明。中国共产党愿同各方一道努力，让各具特色的现代化事业汇聚成推动世界繁荣进步的时代洪流，在历史长河中滚滚向前、永续发展！

谢谢大家！

（习近平：《携手同行现代化之路——在中国共产党与世界政党高层对话会上的讲话》，人民出版社 2023 年版）

附录二

论伟大建党精神在中国共产党精神谱系中的地位

习近平总书记在庆祝中国共产党成立 100 周年大会上首次提出了"伟大建党精神",并将其内涵概括为"坚持真理、坚守理想,践行初心、担当使命,不怕牺牲、英勇斗争,对党忠诚、不负人民"。① 中国共产党人的精神谱系,是党团结带领全国各族人民在革命、建设与改革等伟大事业中所形成的精神的集中概括,是党的性质、宗旨、政治品格、优良作风的高度凝练。伟大建党精神是中国共产党的精神之源,厘清其在中国共产党精神谱系中的作用,对于赓续中国共产党人精神谱系的血脉,走好新时代赶考之路、凝聚起向第二个百年奋斗目标进军的磅礴伟力具有重要意义。

一、伟大建党精神开启了中国共产党精神谱系的篇章

谱系,是宗族繁衍的脉络;是事物变迁的见证;也是精神传承的丰碑。中国共产党人的精神谱系就是一座百年精神传承的丰碑,它是对党在革命、建设、改革以及中国特色社会主义进入新时代各个时期的伟大实践中所形成的精神的集中概括,它是指引中国道路不断探索前行的强大的精神力量。中国共产党人的精神谱系,是由多种具体精神形态所构成的系统的、有层次的、形式丰富多样而特质内在统一的体系。在这个精神体系中,"伟大建党精神"具有重要地位,发挥强大引领作用。习近平总书记指出:"伟大建党精神,是中国共产党的精神之源。中国共产党在弘扬伟大建党精神的进程中,逐步构建起中国共产党

---

① 习近平:《在庆祝中国共产党成立 100 周年大会上的讲话》,载《人民日报》2021 年 7 月 2 日。

人的精神谱系。"① 这就进一步指出了伟大建党精神在中国共产党精神谱系中的地位：伟大建党精神开启了党的精神谱系的篇章。我们说伟大建党精神开启了中国共产党精神谱系的篇章，不是单纯从时空角度强调精神形态所产生的先后顺序，而是从理论逻辑与实践逻辑上阐明伟大建党精神是党的精神谱系的源头活水。

中国共产党精神谱系的产生和发展离不开马克思主义理论的指导，而伟大建党精神则是在马克思主义理论指导下产生的首个精神形态，由此揭开了党的精神谱系的篇章。"只有以先进理论为指南的党，才能实现先进战士的作用"。② 同样，只有依据先进理论指导生成的精神形态，才能在具体实践中发挥精神所蕴含的力量。因此，探讨伟大建党精神是中国共产党精神谱系的开篇这一问题，就需要阐明中国共产党的先驱们是如何在马克思主义先进理论指导下创建了中国共产党，又是如何在马克思主义基本原理与中国具体实际相结合的过程中树立了共产主义远大理想，进而成为领导中国革命走向成功的核心。

马克思主义是贯穿中国共产党精神谱系全过程的一条重要线索。选择马克思主义作为中国共产党的指导思想，不是历史的偶然，而是历史发展的必然结果。近代中国，鸦片战争的炮火轰开了中国封闭的大门，中国逐渐沦为半殖民地半封建社会，中华民族遭遇了千百年来最为严重的危机。面对此种境况的农民阶级、地主阶级和民族资产阶级纷纷探求救国救民的方案。这在一定程度上唤起了民众思想的觉醒，打击了帝国主义的嚣张气焰。尤其是孙中山领导的辛亥革命，彰显了革命先驱们"为振兴中华而矢志不渝的崇高精神"。③ 但是由于农民阶级、地主阶级和民族资产阶级都不是最先进的阶级，他们缺乏正确思想的指引，均未能使中国摆脱帝国主义和封建主义的残酷压迫。在内忧外患、矛

---

①　习近平：《在庆祝中国共产党成立 100 周年大会上的讲话》，载《人民日报》2021 年
7 月 2 日。

②　《列宁选集》第一卷，人民出版社 2012 年版。

③　《在纪念辛亥革命 110 周年大会上的讲话》，载《人民日报》2021 年 10 月 9 日。

盾尖锐的历史背景下，马克思主义成为解决当时所面临的历史性课题的"行得通"的主义。中国先进知识分子真切地意识到只有马克思主义才能解决中国面临的问题。五四运动爆发后，马克思主义开始在中国得到广泛传播，知识分子逐渐接受马克思主义理论，开始积极投身工人运动实践活动中，这为中国共产党的诞生、伟大建党精神的萌发提供了重要的推动力。党的诞生是中国历史上开天辟地的大事，它一经诞生就将为中国人民谋幸福、为中华民族谋复兴作为自己的初心与使命。中国共产党的成立离不开对马克思主义真理的坚持、对共产主义理想信念的坚守；离不开对革命先驱和共产党人初心使命的传承；离不开对无畏牺牲、英勇斗争品格的发扬；离不开对人民至上、忠诚于党的信奉，最终凝结成了伟大建党精神这一中国共产党的精神之源，中国共产党精神谱系之源，开启了党的精神谱系的新篇章。

伟大建党精神从理论与实践上开启了中国共产党人精神谱系的新篇章。在理论层面上，伟大建党精神的形成始终不能脱离马克思主义理论的指导，没有马克思主义理论的正确指导，就没有中国共产党，也就无法凝结成伟大建党精神。伟大建党精神确立了马克思主义理论的指导地位，为中国共产党精神谱系奠定了理论基石。在实践层面上，伟大建党精神的形成始终不能脱离中国共产党的先驱们心怀人民、创建中国共产党的伟大实践。在建党过程中，中国共产党人所涌现出的精神品质最终凝结成伟大建党精神的基本内涵，这也为中国共产党精神谱系奠定了主基调。问渠哪得清如许，为有源头活水来。伟大建党精神不仅仅是中国共产党精神谱系的开篇，更是精神谱系的活水。在伟大建党精神的激励下，中国共产党人团结奋斗、矢志不渝，发扬建党精神的内在动力，在百年征途中相继诞生了近五十种精神形态①，这些具体精神形态都是在马克思主义指导下，在坚守共产主义理想的过程中产生的，是伟大建党精神这一源

---

① 王炳林、张雨：《伟大建党精神和中国共产党精神谱系的关系探析》，《中国高校社会科学》2021 年第 5 期。

头在不同历史时期的活水涌流。

二、伟大建党精神奠定了中国共产党精神谱系的基调

伟大建党精神的内涵高度凝练了中国共产党人的崇高理想、政治担当、人民立场、价值追求，是对中国共产党人精神谱系的最新总结概括和提炼。① 伟大建党精神的内涵奠定了中国共产党精神谱系的基调，生动诠释了共产党人精神谱系的核心要义，为提炼中国共产党精神谱系中具体精神形态的内涵奠定了基础。中国共产党精神谱系中具体的精神形态虽然产生于不同的历史时期、结合于不同的实践条件、具有不同的名称，在具体内涵上也有不同的侧重点，但是这些具体精神形态有着共同的特质与核心要义：坚定理想信念，坚持人民至上，敢于斗争、敢于胜利，艰苦奋斗、无私奉献②，这些共同的特质与核心要义都与伟大建党精神的内涵一脉相承。

（一）伟大建党精神奠定了中国共产党精神谱系的灵魂

伟大建党精神奠定了中国共产党精神谱系的灵魂，这个灵魂就是坚定的理想信念。理想信念是共产党人的"精神之钙"，因为共产党人对马克思主义的信仰不变、对共产主义的信念不变，共产党人才创造了难以置信的奇迹。"坚持真理、坚守理想"是伟大建党精神的内涵之一，同时也是共产党人坚定理想信念的最初体现，它是建党精神的灵魂所在，奠定了党的精神谱系的精神内核。

五四运动爆发前，在各种救亡运动皆以失败告终的情况下，先进的知识分子努力探寻适合中国国情的"主义与思想"。在经过短暂的尝试后，这些主义皆因为无法带领中华民族实现伟大复兴而束之高阁。这时，俄国十月革命给中国送来的马克思主义使人们逐步认识到共产主义才是中华民族的未来。正是对马克思主义真理的坚持、对共产主义理想的坚守，中国共产党才得以建立。中

---

① 张志丹：《伟大建党精神的多维诠释》，《马克思主义理论学科研究》2021 年第 7 期。
② 邓纯东：《中国共产党精神谱系中的核心理念》，《人民论坛》2021 年第 15 期。

国共产党成立后，无数共产党人经受住了考验，不仅用自己的生命践行真理与理想，而且与错误思想做斗争，誓死捍卫马克思主义真理。他们将共同的理想信念置于个人生命之上，不惜牺牲个人宝贵的生命，如夏明翰被杀前的铮铮誓言："砍头不要紧，只要主义真，杀了夏明翰，还有后来人"①；如方志敏临别前的呐喊："敌人只能砍下我们的头颅，决不能动摇我们的信仰。"

中国共产党在光辉的百年奋斗历程中，始终发扬伟大建党精神，将坚定理想信念作为取得各项事业胜利的关键所在，将坚定理想信念作为激励中国共产党人奋勇前行的核心所在，奠定了精神谱系的精神之魂。在"坚持真理、坚守理想"的伟大建党精神激励下，中国共产党在新民主主义革命时期"胸怀理想、坚定信念，艰苦奋斗、敢于胜利，依靠群众、无私奉献"，形成了伟大的井冈山精神和长征精神；社会主义革命与建设时期，雷锋同志"热爱党、热爱祖国、热爱社会主义的崇高理想和坚定信念"，凝结成了雷锋精神。这些具体的精神形态有力彰显了伟大建党精神的宏伟力量。

（二）伟大建党精神奠定了中国共产党精神谱系的主题

伟大建党精神奠定了中国共产党精神谱系的主题，这个主题就是为中国人民谋幸福、为中华民族谋复兴。"践行初心、担当使命"是伟大建党精神的内涵之一，同时也是初心使命的最早表述。《中国共产党第一个纲领》中就明确指出："消灭资本家私有制，没收机器、土地、厂房和半成品等生产资料，归社会公有。"② 因此它不仅是伟大建党精神之本，同时也奠定了中国共产党精神谱系的主题。

1922 年，党的二大随即制定出党的最高纲领和最低纲领，为革命的进行提供了准确的方向。在坚守马克思主义真理的过程中，共产党人以党的二大确立的纲领为方向，牢固树立起"为中国人民谋幸福、为中华民族谋复兴"的主

---

① 《中共党史人物传》（第二卷），中国人民大学出版社 2017 年版。
② 《建党以来重要文献选编》（1921－1949），中央文献出版社 2011 年版。

题，在工人中广泛传播马克思主义，从而为领导被压迫工人群起反抗提供了理论准备。土地革命战争时期，中国共产党把马克思列宁主义基本原理同中国具体实际相结合，成功开辟了农村包围城市、武装夺取政权的道路，建立了苏维埃政权。为了使农民能够拥有自己的土地而翻身做主人，中国共产党在广大农村地区开展了土地革命，极大提高了农民群众的生产积极性。中华人民共和国成立后，中国共产党始终将人民放在最高位置，一切以人民的利益为中心，从而确立了社会主义的基本制度，建设中国特色的社会主义，推动中国特色社会主义进入新时代。中华民族迎来了从站起来、富起来到强起来的历史性飞跃。

中国共产党在百年奋斗历程中所取得的一切成就，皆是因为始终践行和担当为中国人民谋幸福、为中华民族谋复兴的初心与使命。中国共产党人发扬伟大建党精神，将初心使命作为党的奋斗目标，奠定了精神谱系的主题。在"践行初心、担当使命"伟大建党精神激励下，中国共产党牢记祖国和人民赋予的使命。进入新时代，中国共产党人"牢记使命、艰苦创业"，凝结成了塞罕坝精神。这些具体的精神形态有力彰显了伟大建党精神的主题。

（三）伟大建党精神奠定了中国共产党精神谱系的底色

伟大建党精神奠定了中国共产党精神谱系的底色，这个底色就是敢于斗争、勇于胜利。这是马克思主义政党的鲜明特征，是中国共产党领导中国人民奋勇前行的强大精神动力。共产党人依靠不怕牺牲、敢于斗争、勇于胜利的强大精神力量最终完成许多不能完成的任务。在这种精神力量的推动下，伟大建党精神将"不怕牺牲、英勇斗争"作为自己的内涵，激励共产党人执着坚守理想信念、牢记初心使命，进而奠定了党的精神谱系的鲜明底色。

为了实现共产主义的远大理想，中国共产党人发扬不怕牺牲、英勇斗争的精神品格，彰显了中国共产党人奋不顾身、舍生忘死的高尚精神。为有牺牲多壮志，敢教日月换新天。为了革命事业走向成功，为了劳苦大众翻身解放，许多共产党人以自己的鲜血和生命，捍卫了共产主义的信念。共产党人用自己宝贵的生命为党的事业和革命胜利做出了巨大贡献，他们用自己的生命构筑了钢铁长城般的伟大建党精神。在社会主义革命与建设时期，共产党人始终发扬不怕牺牲、英勇斗争的精神，为建设积贫积弱的新中国努力奋斗，雷锋、王进喜、邓稼先……他们充分彰显了共产党人崇高的追求。新时代以来，中国共产党人持续坚定理想信念、发扬精神品格，决战决胜脱贫攻坚、打赢疫情防控阻击战，为实现人民幸福生活、保卫人民生命健康而鞠躬尽瘁。

中国共产党的精神谱系中凝结着共产党人的鲜明底色。因为敢于斗争、勇于胜利，中国共产党不惧革命道路上的困难与挑战；中国共产党不畏强敌、不惧风险。"不怕牺牲、英勇斗争"的伟大建党精神，用坚强的意志和斗争精神升华中国共产党的精神谱系，深刻揭示了中国共产党人无比坚强的忘我精神和不怕牺牲的英雄气概。在伟大建党精神的激励下，中国共产党发扬不怕牺牲、英勇斗争的品质，形成了"长征精神""王杰精神""抗洪精神""抗击非典精神"等精神形态，将伟大建党精神的内涵融入每一种精神中，将伟大建党精神的内涵发扬光大。

（四）伟大建党精神奠定了中国共产党精神谱系的根本

伟大建党精神奠定了中国共产党精神谱系的根本，这个根本就是一切为了人民，坚持人民至上。"对党忠诚、不负人民"，是伟大建党精神的重要内涵，它是伟大建党精神的根本，是"坚持真理、坚守理想，践行初心、担当使命，不怕牺牲、英勇斗争"内涵的最终落脚点与归宿。对党忠诚就是要忠诚于党的信仰、忠诚于党的性质和宗旨、忠诚于党的理论和路线方针政策，归根到底就要忠诚于党的初心使命、忠诚于为人民群众而奋斗的目标、忠诚于人民至上的价值追求。不负人民，就是始终坚持以人民为中心，牢记党的根基在人民、力量在人民、血脉在人民，这是中国共产党的宗旨和初心使命的体现，是马克思主义政党与其他政党相区别的标志，是中国共产党无往不胜的密码。

在建党初期，李大钊、陈独秀等党的先驱们就曾表示他们尤其关注劳苦大众的生活，表达了他们为人民群众谋幸福的初心。在调查北京底层民众的生活时，陈独秀深切同情工人阶级悲惨的生活现状，向社会发出了"八小时工作制"的呼吁。正是因为受到底层人民的影响，才直接推动了"南陈北李相约建党"。在国民大革命与土地革命时期，中国共产党就将"对党忠诚"作为入党的资格与条件，这尤其体现在当时的入党誓词中。井冈山时期，毛泽东同志十分重视党和红军的建设，他亲自主持新党员的入党宣誓，并带领新党员宣读誓词："牺牲个人，严守秘密，阶级斗争，努力革命，服从党纪，永不叛党。"共产党人在实际中践行了他们的入党宣誓，为了保守党的秘密、为了人民群众的幸福生活，他们不惜牺牲个人生命。在国民党军统特务严刑拷打面前，江竹筠宁死不屈，忍受敌人的严刑拷打，靠的就是对党的忠诚、为人民谋解放的决心。人民对美好生活的向往是中国共产党干事创业的根本，对党忠诚、不负人民的伟大建党精神，激励着中国共产党人在百年历程中时刻将人民放在心上，把人民群众的利益作为一切工作的出发点和落脚点，在新民主主义革命时期形成了"善处逆境、宁难不苟"的红岩精神和"爱党爱军、无私奉献"的沂蒙精神，在新时代形成了"攻坚克难、不负人民"的脱贫攻坚精神与"生命至上、舍生忘死"的伟大"抗疫精神"，不断结合时代内涵赋予中国共产党精神谱系新的意义，从而奠定了党的精神谱系的根本。

三、伟大建党精神是赓续中国共产党精神谱系的不竭动力

历史川流不息，精神代代相传。"我们党之所以历经百年而风华正茂、饱经磨难而生生不息，就是凭着那么一股革命加拼命的强大精神。"[①] 在百年中形成并不断发展的中国共产党人的精神谱系，是我们鼓舞斗志、凝聚力量、开拓前行的强大动力。新时代传承精神基因，赓续中国共产党人的精神谱系具有重要的现实意义。伟大建党精神是中国共产党的宝贵精神财富，是在新时代激励中

---

① 习近平：《在党史学习教育动员大会上的讲话》，《求是》2021 年第 7 期。

华儿女为开启全面建设社会主义现代化国家新征程而开拓前行的精神力量。弘扬伟大建党精神将是新时代赓续中国共产党精神谱系的不竭动力。

（一）弘扬伟大建党精神，赓续中国共产党精神谱系的理想信念之魂

理想信念之火一经点燃，就永远不会熄灭。理想信念是中国共产党精神谱系的灵魂。弘扬伟大建党精神，赓续中国共产党的精神谱系，就要坚持马克思主义不动摇，坚守共产主义远大理想与中国特色社会主义这一共同理想，从伟大建党精神中感悟真理力量。弘扬伟大建党精神、坚定理想信念，既要坚持学习马列主义经典著作以及中国特色社会主义思想体系，也要从党史中汲取补足精神之钙的养分。

首先，马克思主义真理是我们党的理论之源，也是我们党的理想信念之魂。伟大建党精神确立了马克思主义在中国共产党内的指导地位。弘扬伟大建党精神，要始终坚持马克思主义的基本立场、观点和方法，同时不将马克思主义作为教条，而是要将其与中国具体实际相结合、与中华优秀传统文化相结合。其次，中国共产党精神谱系的百年发展历程，就是在马克思主义理论基础之上而进行的精神的升华与积淀。"历史是最好的教科书。对我们共产党人来说，中国革命历史是最好的营养剂"。① 新时代，弘扬伟大建党精神，要从党的历史中感悟精神的力量。党的历史是接续进行社会革命与自我革命的历史，也是不断进行理论创新与创造的历史。知史才能爱党、爱国，只有正确了解中国共产党精神谱系形成的历史条件、发挥的历史作用，才能使其对开创未来发挥引领作用。弘扬伟大建党精神，以理想信念之火点燃传承精神谱系的火种，使党的精神谱系成为激励每一位中华儿女团结奋进的精神力量。

（二）弘扬伟大建党精神，赓续中国共产党精神谱系的永恒课题

初心易得，始终难守。弘扬伟大建党精神，要始终牢记初心和使命，从伟

---

① 习近平：《以史为鉴、以史明志、知史爱党、知史爱国》，《求是》2021 年第 12 期。

大建党精神中感悟中国共产党初衷不变的鲜明特质，进一步推动中国共产党精神谱系的繁荣发展。习近平总书记指出："一个忘记来路的民族必定是没有出路的民族，一个忘记初心的政党必定是没有未来的政党。"① 初心与使命是激励中国共产党人奋勇前行的动力。中国共产党人不能忘记当初为什么出发，只有永远坚守初心，党的事业才能繁荣发展，人民的幸福生活才能稳稳到来。新时代，弘扬伟大建党精神，就要把"不忘初心、牢记使命"作为赓续中国共产党精神谱系的永恒课题，把中国共产党人在伟大建党精神中所发扬的践行初心使命的精神永远传承下去。弘扬伟大建党精神，就要始终坚持学习，将中国共产党善于学习的优良传统发扬光大，以与时俱进的品质、努力学习的劲头牢记初心使命。弘扬伟大建党精神，就要坚持发展中国特色社会主义，用马克思主义中国化的最新思想和党的创新理论统一思想、意志和行动，坚持党的基本理论、路线、方针和政策不动摇；就是要始终坚持人民至上，将人民群众的切身利益放在至高无上的位置，为实现人民群众日益增长的美好生活需要奠定坚实基础。

（三）弘扬伟大建党精神，赓续中国共产党精神谱系的鲜明品格

弘扬伟大建党精神，锤炼不怕牺牲、敢于斗争、勇于胜利的品格，从伟大建党精神中体悟中国共产党鲜明的特质和精神优势。精神是一个民族赖以生存和发展的灵魂，不怕牺牲是共产党人的红色基因，敢于斗争是我们党战无不胜的强大精神力量。马克思曾指出："共产党人的目的只有用暴力推翻全部现存的社会制度才能达到。无产者在这个革命中失去的只是锁链，他们获得的将是整个世界。"② 因此，中国共产党始终敢于斗争，勇于胜利，并在斗争中不断成长。无论是在新民主主义革命时期的井冈山精神、长征精神，还是在社会主义革命与建设时期的焦裕禄精神，抑或新时期的伟大抗疫精神、脱贫攻坚精神，其生成都不能缺少斗争精神作用的发挥。新时代，弘扬伟大建党精神，就要始

---

① 《习近平谈治国理政》第三卷，外文出版社 2020 年版。
② 《马克思恩格斯文集》第二卷，人民出版社 2009 年版。

终发扬斗争精神，增强斗争本领，团结一切可以团结的力量，将其作为中国共产党精神谱系不断发展壮大的力量之源。当前世界正处于百年未有之大变局，国际国内面临着复杂的挑战，实现第二个百年奋斗目标，奋力开启全面建设社会主义现代化国家新征程、走好新时代的赶考之路，更要发扬伟大建党精神，勇于斗争，以"必然胜利"的气势战胜一切风险挑战。

（四）弘扬伟大建党精神，站稳中国共产党精神谱系的人民立场

弘扬伟大建党精神，必须始终贯彻以人民为中心的发展思想，从伟大建党精神中感悟人民的力量。人无精神则不立，国无精神则不强。[1] 中国共产党历经风霜而风华正茂、饱经沧桑而历久弥坚的密码就在于善于运用精神发挥的强大力量。近代历史充分证明，在中国共产党的正确领导下才建立了新中国；坚持中国共产党的领导，中华民族伟大复兴的历史任务终将会实现。中国共产党也正是因为紧紧依靠人民群众，发动人民战争，最终才战胜了强大的敌人。新时代，弘扬伟大建党精神，就是要忠诚于党的事业、不辜负人民群众的殷切希望。对党忠诚，就要对标入党誓词，严格遵守党的纪律，严密保守党的秘密；就要维护党中央的权威和集中统一领导。不负人民，就要坚持以人民为中心的发展思想，始终将人民群众对美好生活的向往作为我们的奋斗目标，坚持走群众路线，从群众中来、到群众中去，在任何时候和任何情况之下都不能脱离人民群众，依靠人民的力量赓续中国共产党的精神谱系，使中国共产党的精神谱系在为实现人民对美好生活的向往而奋斗的征程中焕发生机活力。

（此文荣获湖南省政治学会 2021 年年会学术研讨会论文评选二等奖）

---

① 《习近平谈治国理政》第二卷，外文出版社 2017 年版。

附录三

新时代伟大变革在中华民族发展史上的里程碑意义

走过百年奋斗历程的中国共产党，深刻改变了中华民族的发展方向与进程，深刻改变了中华民族的前途命运。新时代 10 年来，在习近平新时代中国特色社会主义思想的指引下，党和国家事业取得历史性成就、发生历史性变革，推动我国迈上了全面建设社会主义现代化国家的新征程。党的二十大报告指出，新时代 10 年的伟大变革在中华民族发展史上具有里程碑意义。基于中华民族发展史视域下深刻认识新时代伟大变革的里程碑意义，就要从辉煌灿烂的中华古代文明中深刻认识创造人类文明新形态的重要意义，就要从中华民族与贫困做斗争的历史中深刻认识全面建成小康社会的重要意义，就要从近代中华民族对现代化的探索中深刻认识中国式现代化新道路的重要意义，就要从中华民族追求人民当家做主的历史中深刻认识全过程人民民主的重要意义，就要从实现中华民族伟大复兴的历史征程中深刻认识铸牢中华民族共同体意识的重要意义，从而全方位多视角理解新时代伟大变革的里程碑意义。

一、从中华民族与贫困做斗争的历史中深刻认识全面建成小康社会的里程碑意义

贫困与人类社会发展相伴，是困扰中华民族乃至世界各国发展的一大难题。一部中国史就是一部中华民族与贫困不懈斗争的历史。近代以来，由于封建统治的腐朽没落加之帝国主义的强势入侵，自给自足的小农经济在西方资本主义强大的世界市场面前不堪一击，中华民族在亡国灭种的边缘徘徊，贫困更为严重地困扰着中国人民。摆脱贫困、实现小康这一中华民族的千年梦想在近代西

方资本主义的入侵下更显强烈。中国共产党在政局动荡、民不聊生的情况下应运而生,成立之日起就将消除贫困、实现民富国强作为始终不渝的奋斗目标。中国共产党将劳苦大众作为最可靠的同盟军,带领人民为实现中华民族伟大复兴而艰辛奋斗。改革开放以后,中国共产党提出"解放生产力,发展生产力。消灭剥削,消除两极分化,最终达到共同富裕"① 的社会主义本质,谋划了"建设小康社会"的现代化奋斗目标。

新时代,以习近平同志为核心的党中央锚定全面建成小康社会这一事关人民群众幸福、事关民族复兴伟业的关键性问题,以"决不落下一个贫困地区、一个贫困群众"的承诺,拉开了新时代脱贫攻坚的序幕。② 新时代 10 年的伟大变革中,中国共产党将脱贫攻坚作为全面建成小康社会的底线任务,团结全党全国各族人民以精准扶贫的制胜法宝赢得了脱贫攻坚的全面胜利,极大地改善了人民群众的生活条件,人民群众的获得感、幸福感、安全感大幅提升,为逐步实现共同富裕奠定了扎实基础。2021 年 7 月,习近平总书记向世界庄严宣告:"我们实现了第一个百年奋斗目标,在中华大地上全面建成了小康社会,历史性地解决了绝对贫困问题。"③ 从中华民族与贫困做斗争的历史中认识新时代10 年伟大变革的里程碑意义,就在于全面建成小康社会,标志着在中华大地上消除了绝对贫困,中华民族伟大复兴的历史伟业迈出了关键一步,顺利完成了第一个百年奋斗目标,开启了全面建设社会主义现代化国家的新阶段,以史无前例的历史性成就振奋了中华儿女实现民族复兴的志气、骨气、底气和勇气,是中华民族伟大复兴进入不可逆转历史进程中的物质保证。

---

① 《邓小平文选》第三卷,人民出版社 1993 年版。
② 《习近平谈治国理政》第四卷,外文出版社 2022 年版。
③ 《习近平谈治国理政》第四卷,外文出版社 2022 年版。

二、从中华民族追求人民当家做主的历史中深刻认识全过程人民民主的里程碑意义

实现人民当家做主是中华民族千年的政治理想，也是中国共产党矢志不渝的初心使命。① 在中华民族悠久的发展史中，虽然中华古代文明没有孕育产生系统的民主制度和理念，但确实存在对中华民族发展产生深远影响的民本思想，如孟子主张的"民贵君轻"思想、管仲的"藏富于民、让利于民"的思想等。近代以来，民主的实践活动与现代化的探索相伴而生。受西方民主思想影响，中国在早期的民主实践中曾先后效仿西方资本主义的议会制、总统制等模式，生搬硬套外国民主模式，其结果注定走向失败。中国共产党成立后，马克思主义的民主政治理论为中华民族追求民主指明了方向。马克思主义民主政治理论与中国具体实际相结合是中国共产党开展民主实践的根本遵循。新民主主义革命时期，党在实践中不断深化对人民民主的认识，建立起了人民当家做主的新中国。改革开放与社会主义现代化建设新时期，党带领人民不断发展社会主义民主政治，走出了一条具有中国特色适合中国人民的民主道路。

新时代 10 年的伟大变革中，习近平总书记在深化对民主政治发展规律的认识基础上，提出了全过程人民民主的重大理念。全过程人民民主是中国共产党的独特创造，是中国共产党人对马克思主义民主理论的独特贡献，开辟了马克思主义民主理论新境界，开启了人民当家做主的崭新篇章。全过程人民民主，就是要加强人民当家做主的制度保障，全面发展协商民主重要形式，积极发展基层民主，巩固和发展最广泛的爱国统一战线。全过程人民民主，是最广泛、最真实、最管用的社会主义民主。② 全过程人民民主与中华民族伟大复兴的逻

---

① 龚云：《新时代的伟大变革在中华民族发展史上具有里程碑意义》，《世界社会主义研究》2022 年第 8 期。

② 《习近平谈治国理政》第四卷，外文出版社 2022 年版。

辑关系体现在，全过程人民民主是实现人民当家做主的有效形式，人民代表大会制度等是全过程人民民主的重要制度载体。只有使全过程人民民主贯穿各项制度始终，才能创新民主政治实现方式，全面保障人民群众依法享有各项权利，进而凝聚中华民族伟大复兴的磅礴伟力，才能更好发挥社会主义制度的优越性。从中华民族追求人民当家做主的历史中认识新时代 10 年伟大变革的里程碑意义，就在于全过程人民民主不仅在制度程序上保障人民当家做主，而且真正实现了参与实践上的人民当家做主，为中华民族伟大复兴筑牢了坚实的民主基石。

三、从近代中华民族探索现代化的历史中深刻认识中国式现代化新道路的里程碑意义

以现代化之路推进中华民族伟大复兴是近代以来中国人民梦寐以求的奋斗目标。中国共产党自诞生以来就为实现民族复兴而团结奋斗，这一团结奋斗的历程又集中体现为对现代化建设的不懈探索。新时代 10 年的伟大变革中，以习近平同志为核心的党中央在深刻把握社会主义基本矛盾的基础上，在全面总结新中国成立以来尤其是改革开放以来现代化建设经验的基础上，坚持把实现人民对美好生活的向往作为现代化建设的出发点和落脚点，带领人民成功推进和拓展了中国式现代化，走出了一条既遵循现代化普遍规律又兼备中国特色的社会主义现代化道路。党的二十大阐述了中国式现代化的科学内涵："中国式现代化是人口规模巨大的现代化，是全体人民共同富裕的现代化，是物质文明和精神文明相协调的现代化，是人与自然和谐共生的现代化，是走和平发展道路的现代化。"[①] 这一科学内涵意蕴深远、紧密联系、融会贯通，既是对新时代 10 年来中国共产党治国理政的成功经验的总结，也为我们继续推进中国式现代化提供了根本遵循、擘画了美好蓝图。

---

① 习近平：《高举中国特色社会主义伟大旗帜　为全面建设社会主义现代化国家而团结奋斗——在中国共产党第二十次全国代表大会上的报告》，人民出版社 2022 年版。

新时代 10 年伟大变革开创的中国式现代化新道路，是在继承发展过往现代化模式基础上形成的更高阶段的现代化发展形态，在中华民族追求现代化的历史进程中具有里程碑意义，在中华民族发展史上具有里程碑意义，是全面推进中华民族伟大复兴的正确途径。

第一，中国式现代化新道路实现了由被动防御性现代化向内生自主性现代化的跃迁，是中国共产党领导的具有中国特色的社会主义现代化。中华民族探索现代化的道路，缘于近代以来半殖民地半封建社会的社会性质。为了拯救处于危难之际的中华民族，中国人民开始奋起反抗，无论是"中学为体，西学为用"的地主阶级洋务派学习西方先进器物的尝试，还是资产阶级维新派学习西方君主立宪制的探索，他们为现代化而制定的方案皆是对西方资本主义现代化的全盘模仿或部分效仿，是为抵御帝国主义入侵而被动采取的防御性措施。中国由于受到西方资本主义现代文明充满血腥与暴力的资本原始积累以及不平等贸易的侵略，加之国内封建主义和官僚资本主义等落后力量的层层压迫，种种现代化方案均以失败告终。这些失败的经验教训历史性地确证：被动的、依赖的现代化模式不能真正使中华民族走向复兴。[①] 进入改革开放尤其是中国特色社会主义新时代以来，中国共产党对现代化道路的探索因坚守独立自主、自力更生而走向成熟。邓小平同志创造性提出"中国式的四个现代化"这一全新概念，明确指出"搞现代化建设，要适合中国情况，走出一条中国式的现代化道路"。[②] 习近平总书记在党的二十大报告中明确提出："中国式现代化是中国共产党领导的社会主义现代化。既有各国现代化的共同特征，更有基于自己国情的中国特色"。[③] 中国式现代化新道路，基于自身发展而制定的种种方案彰显出

---

① 张占斌、王海燕等：《中国式现代化的战略阶段、文明形态和时代意义》，《当代世界与社会主义》2022 年第 4 期。

② 《邓小平文选》第二卷，人民出版社 1994 年版。

③ 习近平：《高举中国特色社会主义伟大旗帜　为全面建设社会主义现代化国家而团结奋斗——在中国共产党第二十次全国代表大会上的报告》，人民出版社 2022 年版。

内源性、独立性、创造性等特征，实现了由被动防御性向内生自主性的跃迁。

第二，中国式现代化新道路确立了物的现代化向人的现代化发展的最终目标，是实现人的自由而全面发展的现代化。物的现代化与人的现代化是现代化进程中的两种形态、两个阶段。物的现代化是实现人的现代化的必要条件，人的现代化则是物的现代化的目的与归宿。① 基于对社会主要矛盾的认识，中国共产党在社会主义革命与建设时期的现代化探索中，将发展重点集中在物质文明方面，精神文明发展则相对滞后。这一时期党团结带领全国人民实行"一五计划"，完成农业、手工业、资本主义工商业的社会主义改造，集中全民族力量探索符合中国国情的社会主义建设道路。马克思指出："人的本质在其现实性上，是一切社会关系的总和。"② 人既是现代化实践活动的主体，又是现代化实践活动的归宿，脱离了人的现代化是失去灵魂的现代化。新时代以来，我们党始终贯彻以人民为中心的发展思想，在全面建成小康社会、扎实推进全体人民共同富裕的同时，不断推进物质文明与精神文明的协调发展。习近平总书记在党的二十大报告中指出："中国式现代化是物质文明和精神文明相协调的现代化"，并将"丰富人民精神世界"作为中国式现代化的本质要求之一。③

第三，中国式现代化新道路实现了片面性现代化向整体性现代化的转变，是"五大文明"协调发展的现代化。1964 年，周恩来同志提出了内含"农业、工业、国防和科学技术"④ 的"四个现代化"，一定意义上鼓舞了全国各族人民进行社会主义现代化建设的信心。但是基于生产力落后、经济基础薄弱的基本国情，"四个现代化"不是全面的现代化，而是侧重物质文明发展的现代化。改革开放以后，在生产力获得快速发展的同时，中国共产党对现代化建设的部

---

① 杜玉华、王晓真：《中国式现代化道路的理论基础、历史进程及实践转向》，《吉首大学学报（社会科学版）》2022 年第 3 期。

② 《马克思恩格斯选集》第一卷，人民出版社 2012 年版。

③ 习近平：《高举中国特色社会主义伟大旗帜　为全面建设社会主义现代化国家而团结奋斗——在中国共产党第二十次全国代表大会上的报告》，人民出版社 2022 年版。

④ 《周恩来选集》下卷，人民出版社 1984 年版。

署也日渐成熟。党的十二大报告中首次提及"建设高度物质文明的同时，一定要努力建设高度的社会主义精神文明"①，标志着"两个文明"现代化基本布局的定型。党的十六大报告论述了"不断促进社会主义物质文明、政治文明和精神文明的协调发展，推进中华民族的伟大复兴"②，标志着三个文明总体布局的形成。党的十七大提出了"生态文明"概念。党的十九大则完整全面地提出了"物质文明、政治文明、精神文明、社会文明、生态文明全面提升"③ 的社会主义现代化建设目标，标志着"五大文明"协调发展的现代化的确立。五大文明协调发展的中国式现代化新道路实现了现代化的整体性构建，既为探索新道路指明了前进方向，也丰富和发展了人类文明新形态。

四、基于辉煌灿烂的中华古代文明深刻认识人类文明新形态的里程碑意义

人类社会发展史，就是一部文明形态演进史，而世界各民族在追求现代化的进程中对原有文明的重构，则是人类文明形态演进的重要推动力。古老而伟大的中华民族在五千多年的文明历史中创造出了对世界历史产生变革性影响的中华古代文明，为人类文明进步尤其是西方资本主义现代文明的发展做出了不可磨灭的历史性贡献。西方资本主义现代文明的发展进程，是以推进现代化为内涵、以打破世界各民族之间隔阂为表征的历史进程。在这一进程中，受高度秩序化、封闭化、集权化的政治体系影响的中华古代文明，未能准确识变、主动求变，在面对英国这一西方资本主义文明国家的坚船利炮时，中华民族千百年来所形成的文化自信被重重击碎，中国逐步沦为半殖民地半封建社会，在中华民族遭受空前劫难之时，被迫进行了现代性转型，以重新建构中华文明，探

---

① 《十二大以来重要文献选编》上卷，中央文献出版社 2011 年版。
② 《十六大以来重要文献选编》上卷，中央文献出版社 2005 年版。
③ 《十九大以来重要文献选编》上卷，中央文献出版社 2019 年版。

寻民族复兴之路，再创中华文明之新辉煌。

现代化道路的探索必然伴随着文明的现代转型，在新时代 10 年的伟大变革中，中国共产党团结带领全国人民成功走出了中国式现代化道路，进而创造了人类文明新形态，这既是中国共产党价值旨归的具体体现，也是以现代化建设推进中华民族伟大复兴历史征程中结出的文明果实。人类文明新形态，是在遵循人类文明发展规律基础上形成的文明样态，是以人民至上为价值取向，以协调发展为内在品质，以和平、团结、平等为发展原则，本质上表现为中国特色社会主义的文明形态。"实现中华民族伟大复兴，不是重拾辉煌灿烂的过去，而是要创造人类文明新形态，以人类文明新形态彰显中华民族在人类历史进程中的地位，为人类文明做出更大贡献、担负更多责任。"① 可以说，人类文明新形态的创造，有力回答了"实现中华民族伟大复兴的目标、程度、样态"等一系列复杂问题，成为中华民族伟大复兴的鲜明指向。

置于中华民族发展史视域下，在辉煌灿烂的中华古代文明中理解创造人类文明新形态的意义，一方面，创造性转化和创新性发展了中华古代文明的崇高价值与精髓要义，展现了中华民族强劲的生命力、创造力，展示了中国共产党理论创新与创造的强大伟力，进一步提升了中华民族的自信心和凝聚力，开启了中华民族引领人类文明发展进步的新征程；另一方面，人类文明新形态根本区别于西方资本至上的文明形态，对世界文明多样性做出了杰出贡献，为人类文明进步发展指明了前进方向。孙中山先生曾预言："一旦我们革新中国的伟大目标得以完成，不但在我们的美丽的国家将会出现新纪元的曙光，整个人类也将得以共享更为光明的前景。"新时代的蓝图已经绘就，新征程的号角已经吹响。中华民族在中国共产党的正确领导下，定将实现民族复兴的历史伟业，为人类文明发展做出更大更重要的贡献。

---

① 陈金龙、蒋先寒：《人类文明新形态的由来、特征与价值》，《学术研究》2021 年第 9 期。

五、基于中华民族大家庭深刻认识铸牢中华民族共同体意识的里程碑意义

中华民族由56个各具特色而又内在统一的民族组成，多民族是我国的显著特色，也是我国发展的积极因素。各民族独特的历史构成悠久的中华文明，各民族独特的文化传统构成灿烂的中华文化。在中华民族发展史中，每一个民族都对中华民族的发展做出了不可磨灭的历史性贡献。处理好民族问题、做好民族工作是中国共产党一以贯之的方针。新时代10年的伟大变革，以习近平同志为核心的党中央，将铸牢中华民族共同体意识作为新时代党的民族工作的主线，党的民族工作实现了高质量发展。主要体现在：形成了习近平总书记关于加强和改进民族工作的重要思想；中华民族的凝聚力显著增强；积极贯彻总体国家安全观，有力维护了民族团结。

首先，形成了习近平总书记关于加强和改进民族工作的重要思想。

重视民族工作是中国共产党的优良传统，其中中央民族工作会议就是党重视民族工作的重要体现。中央民族工作会议是党从战略和全局的高度对民族工作进行部署的重要会议。自改革开放以来，党中央在1992~2021年间共召开了五次中央民族工作会议。在第五次中央民族工作会议上，习近平总书记基于战略与全局的高度，全面总结新时代以来民族工作取得的历史性成就，继承发展党的民族理论与政策，提出了党关于加强和改进民族工作的重要思想，并以"十二个必须"诠释了这一重要思想的科学体系。"十二个必须"是习近平总书记关于加强和改进民族工作重要思想的逻辑架构，深刻回答了新时代党的民族工作"由谁领导、如何定位、如何开展"等问题。① 深刻理解贯穿其中的思想方法、工作方法，是我们正确理解新时代10年伟大变革中民族工作实现高质量

---

① 严庆：《深刻理解党关于加强和改进民族工作的重要思想》，《湖北民族大学学报（哲学社会科学版）》2021年第6期。

发展的关键。习近平总书记关于加强和改进党的民族工作的重要思想回应了党的民族工作的时代要求，政治立场鲜明、内涵丰富，是新时代党的民族工作理论与实践智慧的结晶，为开创党的民族工作新局面指明了正确方向。在团结各族人民为实现中华民族伟大复兴而奋斗的历史征程中，正是因为有了习近平总书记关于加强和改进党的民族工作的重要思想的指引，有了铸牢中华民族共同体意识这一坚固的思想长城，新时代党的民族工作才能取得高质量发展，从而有力彰显了新时代 10 年的伟大变革在中华民族发展史上的里程碑意义。

其次，铸牢中华民族共同体意识，中华民族凝聚力显著增强。

中华民族凝聚力是中华民族在长期发展过程中形成的，蕴藏在每个民族成员心中，是团结、维系中华民族永续发展的内在力量。中国共产党自成立以来就积极提升中华民族的凝聚力。新民主主义革命时期，中国共产党武装夺取政权、促进国共合作、构筑新的社会秩序，以中华民族形成的强大凝聚力打败了日本帝国主义侵略者、建立了新中国，结束了民族被奴役被压迫的历史。① 新中国成立以来，党坚持各民族一律平等的原则，给予少数民族和地区政治上的改革，经济、教育上的扶持，文化习俗上的尊重，形成了平等、团结、互助、和谐的社会主义民族关系，使各民族像石榴籽一样紧紧抱在一起。这种和谐的关系、兄弟般的感情就是中华民族凝聚力的生动体现。新时代 10 年来，习近平总书记立足实现中华民族伟大复兴的战略全局，着眼新时代民族工作的突出特点，创造性提出"铸牢中华民族共同体意识"这一重要论断，成为各民族立足新时代提升凝聚力的思想武器，是在民族平等、民族团结的关系中对中华民族凝聚力的升华。②

坚持和完善党的全面领导是铸牢中华民族共同体意识的根本政治保证。新时代 10 年的伟大变革中，以习近平同志为核心的党中央总揽全局、协调各方，

---

① 何雄浪、严凤茗：《新民主主义革命时期中国共产党提升民族凝聚力的贡献》，《民族学刊》2022 年第 1 期。

② 王震中、姚圣良：《论中华民族凝聚力的构成要素》，《民族研究》2022 年第 1 期。

将党的领导贯穿于民族工作全过程，形成了"党委统一领导、政府依法管理、统战部门牵头协调、民族工作部门履职尽责、各部门通力合作、全社会共同参与"的新时代党的民族工作格局，通过党的全面领导增强了新时代中华民族的凝聚力。推动各民族共同实现社会主义现代化是铸牢中华民族共同体意识的基础保障。实现共同富裕的道路上，一个民族也不能少，一个民族也不能掉队。新时代10年的伟大变革中，以习近平同志为核心的党中央坚持政府、市场、社会全面参与的"全国一盘棋"发展模式，鼓励东部发达地区对口支援少数民族地区，补齐医疗、教育、基础设施等发展短板，增强了各民族人民群众的获得感、幸福感和安全感，以推动经济振兴的关键性举措为中华民族共同体提供物质基础，增强了新时代中华民族的凝聚力。构筑中华民族共有精神家园是铸牢中华民族共同体意识的内在要求。精神的力量源自文化的自信。中华文化是中华民族的根与魂，是维系民族生存发展、凝聚民族共同体的思想基础。中华民族多元一体格局，一体包含多元，多元组成一体，一体离不开多元，多元也离不开一体，一体是主线和方向，多元是要素和动力，两者辩证统一。① 新时代10年的伟大变革中，以习近平同志为核心的党中央既强调增进各民族对中华文化的认同，正确处理中华文化与各民族文化的关系；又强调继承和发扬各民族传统文化中的积极因素。以增进文化认同的基础工作为中华民族共同体提供精神力量，增强了新时代中华民族的凝聚力。防范化解民族领域重大风险是铸牢中华民族共同体意识的外在保障。新时代10年的伟大变革中，面对境外敌对势力频频以意识形态问题对我国民族团结进步事业的干扰渗透，以习近平同志为核心的党中央，坚决守住意识形态主阵地，牢牢掌握意识形态工作领导权，肃清了民族分裂、宗教极端思想的毒瘤，化解了阻碍新时代增强民族凝聚力的重大风险隐患。

最后，积极贯彻总体国家安全观，有力维护了民族团结。

---

① 《习近平关于社会主义政治建设论述摘编》，中央文献出版社2017年版。

"实现中华民族伟大复兴的中国梦，保证人民安居乐业，国家安全是头等大事。"① 我们党诞生于国家内忧外患、民族危亡之时，对于国家安全的重要性有着刻骨铭心的深刻认识。新中国成立后，我们党始终把维护国家安全作为工作重点常抓不懈。党的十八大以来，以习近平同志为核心的党中央立足中国安全实际与世界安全发展形势，在全面总结治国理政经验的基础之上，形成了关于总体国家安全观的重要论述，是新时代维护国家安全与社会稳定的根本遵循。在新时代党的民族工作中，我们党始终坚持贯彻总体国家安全观，在政治安全、文化安全、社会安全等领域，有效遏制了民族分裂势力、宗教极端势力、暴力恐怖势力，为维护民族团结进步做出了重要贡献。

新时代 10 年的伟大变革中，习近平总书记将坚持党对民族工作的领导作为民族团结的坚强政治保障，坚持完善民族区域自治制度，有效预防和化解了民族隔阂、民族冲突现象对民族团结的破坏。积极引导宗教与社会主义社会相适应，坚持"保护合法、制止非法、遏制极端、抵御渗透、打击犯罪"的原则处理宗教问题。我们党始终高举各民族大团结的旗帜，坚持各民族共同团结奋斗、共同繁荣发展的主题，不断加强新形势下的反分裂斗争，创新开展民族团结宣传教育的方式方法，以推动民族事务治理体系和治理能力现代化为民族团结护航，最大限度地团结了各族人民群众。新时代 10 年的伟大变革中，以习近平同志为核心的党中央牢牢坚持党对意识形态工作的领导权，抵御了境外敌对势力对我国进行的意识形态渗透，坚持弘扬社会主义核心价值观，全国各族人民像石榴籽一样紧密团结在党中央周围。新时代 10 年的伟大变革中，习近平总书记高度重视新疆、西藏等边疆地区发展，召开两次中央新疆工作座谈会，从四个全面战略布局出发，明确了维护新疆社会稳定和长治久安的总目标，提出了"依法治疆、团结稳疆、文化润疆、富民兴疆、长期建疆"的基本方略；召开两次中央西藏工作座谈会，创造性发展党的治边治藏理论，提出了"依法治藏、

富民兴藏、长期建藏、凝聚人心、夯实基础"治理西藏的重要原则、"十个必须"的治藏方略，极大地维护了社会稳定，促进了民族团结。

结语

纵观近代中华民族发展的历史，中国人曾因为苦于探寻救国救民的方案而在精神上陷入困惑、迷茫、被动。马克思列宁主义在中国传播后，这种精神上的被动从根本上得以扭转。毛泽东同志指出："自从中国人学会了马克思列宁主义以后，中国人在精神上就由被动转入主动。"理论一经掌握群众，也会变成物质力量。中国共产党人在坚持运用马克思主义武装全党的同时，使作为历史创造者的人民群众掌握了马克思主义这一思想武器，从而具备了主动的精神力量。中国共产党人在实践过程中充分认识到马克思主义科学真理的绝对性与相对性特性，既不照搬照抄书本上现成的结论，也不全盘效仿已有模式，而是在坚持马克思主义基本原理的同时将其与中国具体实际和中华优秀传统文化相结合，在实现民族复兴的历史伟业中将其与中国人民自立自强的品质内在结合，这是马克思主义指导中国人民在精神上由被动转入主动的内在逻辑。

党的二十大报告指出："新时代的伟大变革，中国人民的前进动力更加强大、奋斗精神更加昂扬、必胜信念更加坚定，焕发出更为强烈的历史自觉和主动精神。"新时代 10 年的伟大变革之所以能使中国人民面对民族复兴的历史伟业时更加自信，面对西方资本主义的意识形态渗透时更加自立，面对前进道路上的风险挑战时更加自强，焕发出强烈的历史自觉和主动精神，归根到底是有习近平新时代中国特色社会主义思想这一马克思主义中国化最新理论成果引领航向，归根到底是确立了习近平新时代中国特色社会主义思想的指导地位，确立了习近平同志党中央的核心、全党的核心地位，以"两个确立"为中国人民提供更为主动的精神力量。① 在习近平新时代中国特色社会主义思想的指引下，

---

① 王炳林：《充分发挥更为主动的精神力量》，《中国高校社会科学》2022 年第 1 期。

中国人民更加自信自立自强，志气、骨气、底气极大增强，正在以前所未有的历史主动精神，谱写中华民族复兴的崭新篇章。

（此文荣获湖南省政治学会 2022 年"以中国式现代化全面推进中华民族伟大复兴"学术研讨会征文活动一等奖）

参考文献

［1］许正林.欧洲传播思想史（修订版）［M］.上海：上海人民出版社，2022.

［2］钱满素.文明给谁看［M］.北京：东方出版社，2018.

［3］王寿林.中国共产党为什么能跳出历史周期率［M］.济南：济南出版社，2023.

［4］钱乘旦.世界现代化历程［M］.南京：江苏人民出版社，2015.

［5］徐远和.儒家思想与东亚社会发展模式［M］.南宁：广西人民出版社，2002.

［6］孙海英.新型城镇化进程中农民政治权益维护研究［M］.徐州：中国矿业大学出版社，2020.

［7］马树同，倪德海.中华法系——世界法治文明中的中国贡献［M］.北京：法律出版社，2017.

［8］约翰·汤林森.文化帝国主义，冯建三译［M］.上海：上海人民出版社，1999.

［9］赫伯特·席勒.大众传播与美利坚帝国，刘晓红译［M］.上海：上海译文出版社，2006.

［10］曲青山.中国共产党百年辉煌［M］.北京：人民出版社，2021.

［11］武斌.文明的力量：中华文明的世界影响力［M］.广州：广东人民出版社，2019.

［12］孙海英，陈永莲.沂蒙精神与临沂革命老区跨越式发展研究［M］.济南：山东人民出版社，2017.

［13］戴圣鹏．马克思主义文明观研究［M］．北京：中国社会科学出版社，2020．

［14］于洪君．理解"百年未有之大变局"［M］．北京：人民出版社，2020．

［15］王帆，凌胜利．人类命运共同体：全球治理的中国方案［M］．长沙：湖南人民出版社，2017．

［16］刘鸿武．新时期中非合作关系研究［M］．北京：经济科学出版社，2016．

［17］潘吉星．中国古代四大发明——源流、外传及世界影响［M］．合肥：中国科学技术大学出版社，2002．

［18］周大鸣，何星亮．文化多样性与当代世界［M］．北京：民族出版社，2008．

［19］徐东升，汲广运．马克思主义群众观视域下的沂蒙精神研究［M］．北京：人民出版社，2019．

［20］向云驹．东西方文明交流互鉴论要［M］．北京：中国文联出版社，2023．

［21］袁银传，王馨玥．总体国家安全观的基本内涵、基本要求和实现路径［J］．思想教育研究，2023（4）：3－9．

［22］蔡翠红，于大皓．中国"三大倡议"的全球治理逻辑及实践路径——基于国际公共产品供给视角的分析［J］．东北亚论坛，2023（5）：3－18．

［23］吴凯．以"三大倡议"审视人类命运共同体的文明新境界［J］．探索，2023（4）：1－14．

［24］陈国恩．新文化运动百年纷争中的新旧矛盾与中西冲突［J］．广东社会科学，2020（6）：148－159．

［25］张宇伯，王丹．习近平总体国家安全观的三重意蕴：生成渊源、价值关切和时代观照［J］．学术探索，2022（10）：39－45．

［26］卢俞成，林春逸．习近平新时代观的文明向度［J］．学习论坛，2021（5）：30－37.

［27］侯冠华．习近平全球发展倡议的多维论析［J］．理论探索，2023（2）：79－86.

［28］刘军，李海青．习近平关于新时代文明观重要论述的内在逻辑及现实价值［J］．理论视野，2021（6）：37－42.

［29］阮晓菁，肖玉珍．习近平关于"中华优秀传统文化创造性转化、创新性发展"论述研究［J］．思想理论教育导刊，2019（1）：30－33.

［30］张晶晶．汤因比文明演进的内在规律及其评析［J］．临沂大学学报，2021（6）：60－68.

［31］裴长洪．世界文明多样性与中国式现代化文明新形态［J］．南京社会科学，2023（5）：1－12.

［32］贾凤姿，戴昕哲．世界文明多样性的追根溯源［J］．理论界，2008（8）：146－147.

［33］江畅．世界共同体与文明多样性［J］．江苏海洋大学学报（人文社会科学版），2020（3）：1－12.

［34］陈须隆，张敬芳．三大全球倡议的普惠性［J］．现代国际关系，2023（8）：5－20.

［35］金建萍，马奇云．全人类共同价值的内涵旨趣及现实构建［J］．理论与评论，2022（5）：31－40.

［36］张新平，代家玮．全人类共同价值的基本内涵、世界意义与实践路径［J］．社会主义核心价值观研究，2022（3）：5－15.

［37］邢丽菊，鄢传若斓．全人类共同价值：理论内涵、特征与弘扬路径［J］．国际问题研究，2022（1）：52－66.

［38］李学勇，林伯海．全人类的共同价值是对"普世价值"的回击与超越［J］．社会主义核心价值观研究，2019（3）：82－88.

［39］高正礼，赵祝涛．全球文明倡议与中国式现代化的文明意蕴［J］．
当代中国与世界，2023（3）：71－80.

［40］刘先春，张艳霞．全球文明倡议的提出依据、理论内涵及价值意蕴
［J］．学术探索，2023（9）：32－40.

［41］朱旭，贺钰晶．全球文明倡议的内在逻辑、理论基础与时代价值
［J］．人文杂志，2023（10）：1－10.

［42］廖炼忠．全球发展倡议与人类命运共同体构建［J］．世界民族，
2023（1）：1－10.

［43］李永胜，张玉容．论全人类共同价值对"普世价值"的超越［J］．
西安交通大学学报（社会科学版），2022（6）：77－84.

［44］李志强．论全球发展倡议的重大意义［J］．人民论坛·学术前沿，
2022（7）：17－21.

［45］蒲公英．金砖国家人文交流合作机制分析［J］．俄罗斯东欧中亚研
究，2017（4）：46－56.

［46］张英岗．对世界文明多样性原因的探讨［J］．湖北经济学院学报
（人文社会科学版），2008（2）：28－29.

［47］程子龙．"全球发展倡议"与"一带一路"建设［J］．湖北社会科
学，2022（6）：40－46.

［48］耿嘉晖．"三大倡议"的时代意义与推进路径探析［J］．中共济南
市委党校学报，2023（4）：24－30.

［49］肖晗，宋国新．百年变局下全球安全治理体系的变革需求与中国作为
［J］．政治学研究，2023（4）：24－34.

［50］彭博，薛力．全球安全倡议的文明基底、理论逻辑与实践路径［J］．
国际安全研究，2023（06）：79－101.

［51］孙悦．全球文明倡议的内涵意蕴、生成逻辑及世界意义［J］．延边
党校学报，2023（05）：14－18.

[52] 孙冰岩. 国际社会对全球文明倡议的认知述评 [J]. 国外理论动态, 2023（05）: 18 - 25.

[53] 杨鲁慧. 三大全球倡议: 中国式现代化视域下的全球治理观 [J]. 亚太安全与海洋研究, 2023（05）: 18 - 33.

[54] 李国强. 从中华文明的突出特性看全球文明倡议 [J]. 当代中国与世界, 2023（03）: 4 - 11.

[55] 陈志敏, 姚乐. 全球文明倡议与构建新型文明关系 [J]. 当代中国与世界, 2023（03）: 12 - 20.

[56] 卢光盛, 王子奇. 全球文明倡议的丰富内涵与世界意义 [J]. 当代中国与世界, 2023（03）: 43 - 53.

[57] 朱中博. 全球文明倡议: 缘起、内涵与中国实践 [J]. 国际问题研究, 2023（05）: 19 - 47.

[58] 贺鉴, 秦凯. 以全球文明倡议破解文明发展"困境"推动构建人类命运共同体 [J]. 湖南省社会主义学院学报, 2023,（04）: 31 - 35.

[59] 王二亚. 全球文明倡议: 为人类文明进步注入强大中国力量 [J]. 学习月刊, 2023（08）: 21 - 22.

[60] 吴志成. 全球文明倡议的核心要义与推进路径 [J]. 国际问题研究, 2023（04）: 17 - 35.

[61] 王枫桥. 习近平关于全球文明倡议的深刻内涵及意义 [J]. 理论视野, 2023（07）: 29 - 35.

[62] 戴圣鹏. 全球文明倡议的三重解读 [J]. 理论月刊, 2023（07）: 5 - 9.

[63] 卢静. 全球文明倡议: 理念与行动 [J]. 人民论坛, 2023（11）: 84 - 88.

[64] 李艳平, 陈绍辉. 马克思的文明理论与人类文明新形态的实践创新——兼论全球文明倡议的世界意义 [J]. 社会主义研究, 2023（03）: 32 - 38.

［65］邵新盈．全球文明倡议的生成逻辑、时代价值和实践路径［J］．当代世界，2023（05）：62 – 68.

［66］徐克谦．全球文明倡议下中非哲学会话比较的若干思考［J］．西亚非洲，2023（03）：26 – 50.

［67］戴圣鹏．全球文明倡议的价值彰显与现实基础［J］．湖北社会科学，2023（05）：5 – 10.

［68］蒯正明．"现代化之问"的中国方案和全球文明倡议：政党的责任与担当［J］．理论探讨，2023（03）：31 – 36.

［69］王栋，李宗芳．国际社会对全球发展倡议的认知述评［J］．国外理论动态，2023（05）：3 – 10.

［70］门洪华．中国三大全球倡议的战略逻辑［J］．现代国际关系，2023（07）：5 – 21.

［71］刘卿．全球安全倡议对全球人权治理的启迪及意义［J］．国际问题研究，2023（04）：1 – 16.

［72］阙道远．全球安全倡议：推进全球安全治理的中国智慧［J］．湖湘论坛，2023（04）：11 – 20.

［73］王志民，岑英武．全球安全倡议的核心要义与实践进路［J］．中国高校社会科学，2023（04）：82 – 95.

［74］王丽君，和晓强．全球安全倡议：现实背景、理论逻辑、时代价值［J］．理论导刊，2023（07）：4 – 9.

［75］王雨．全球安全倡议的生成逻辑、科学内涵与重大意义［J］．新疆社会科学，2023（02）：83 – 91.

［76］凌胜利，王秋怡．全球安全倡议与全球安全治理的中国角色［J］．外交评论（外交学院学报），2023（02）：1 – 21.

［77］贺鉴．文明交流互鉴视域下新时代中非命运共同体的建构贺鉴［J］．思想战线，2023（02）：57 – 68.

[78] 杨艳琴.习近平文明交流互鉴观的辩证法底蕴 [J].实事求是，2023（02）：5-12.

[79] 邓勇，王凤祥.习近平关于世界文明交流互鉴重要论述的生成背景、科学内涵和时代意义 [J].甘肃理论学刊，2023（01）：30-38.

[80] 谢小飞，吴家华.习近平关于文明交流互鉴重要论述的核心要义与价值意蕴 [J].重庆邮电大学学报（社会科学版），2023（01）：19-26.

[81] 吕晓斌.文明交流互鉴的价值意蕴、原则遵循和实践路径 [J].河南社会科学，2023（01）：44-51.

[82] 杨玉洁，万伦来.人类文明新形态下文明交流互鉴的内在意涵 [J].中共山西省委党校学报，2022（06）：29-35.

[83] 吴志成，李佳轩.新时代文明交流互鉴观析论 [J].世界经济与政治，2022（06）：4-25.

[84] 毕亚娜，刘海义.习近平关于文明交流互鉴重要论述的时代背景、内涵与实践路径 [J].理论建设，2022（02）：42-50.

[85] 张志洲.文明交流互鉴推动人类发展进步 [J].红旗文稿，2021（17）：45-47.

[86] 张荣军，王健.马克思世界历史理论视域下文明交流互鉴思想探析 [J].贵州社会科学，2020（09）：24-29.

[87] 刘庆柱，尚元昕.世界文明史视域下的中华文明"突出特性"阐释 [J].中州学刊，2023（12）：124-129.

[88] 何星亮.和平性——中华文明的突出特性 [J].西北民族大学学报（哲学社会科学版），2023（04）：1-5.

[89] 王炜民.论中华文明的概念和内涵 [J].阴山学刊，2004（04）：62-66.

[90] 吴志成.携手推动"三大全球倡议"落地走实 引领人类发展迈向光明未来 [N].光明日报，2023-09-12.

［91］吴晓丹．全球文明倡议：点燃人类文明之光［N］．光明日报，2023 - 05 - 05.

［92］张东刚，林尚立．奋力书写促进全球发展的高校篇章［N］．光明日报，2023 - 11 - 17.

［93］孙吉胜．全球文明倡议：推动建设开放包容的世界［N］．光明日报，2023 - 05 - 07.

［94］景向辉．"三大倡议"：引领世界潮流浩荡大势［N］．北京日报，2023 - 06 - 19.

［95］唐爱军．人类文明交往与全球文明倡议［N］．光明日报，2023 - 04 - 26.

［96］马秋丽．文明观的中国表达［N］．光明日报，2023 - 06 - 09.

［97］徐步，邢丽菊．全球文明倡议：促进人类文明交流互鉴的中国方案［N］．学习时报，2023 - 07 - 14.

［98］卢瑞瑞．全球文明倡议：从文明观维度打破"现代化 = 西方化"迷思［N］．学习时报，2023 - 05 - 12.

［99］王学斌．"全球文明倡议"：筑牢人类命运共同体的柱石［N］．学习时报，2023 - 03 - 24.

［100］权衡．"百年未有之大变局"：表现、机理与中国之战略应对［J］．科学社会主义，2019（03）：9 - 13.

［101］王发龙，张程锦．中国推进"一带一路"建设的非传统安全风险——基于反对型利益相关者行为的视角［J］．人文杂志，2023（04）：77 - 89.

［102］王发龙．全球深海治理：发展态势、现实困境及中国的战略选择［J］．青海社会科学，2020（03）：59 - 69.

［103］刘慧，杨志刚．恩格斯与海德门关系的变化及其原因探析［J］．当代世界与社会主义，2020（06）：100 - 106.

［104］陈三营，刘月．沂蒙精神的网络化传播研究［J］．临沂大学学报，

2023（03）：41 – 48.

[105] 杨志刚，王俊涛．理论、实践与贡献：中国特色社会主义文明发展述论 [J]．理论探讨，2020（05）：74 – 79.

[106] 苏媛，令小雄，妥亮．中华文明的理论意蕴、突出特性及实践路径 [J]．新疆师范大学学报（哲学社会科学版），2024（3）：72 – 86.

[107] 王伟光．中国共产党百年华诞与世界文明交流互鉴 [J]．红旗文稿，2021（13）：4 – 8.

[108] 崔乃文．古代中华文明交流互鉴的影响与意义 [J]．人民论坛，2023（20）：104 – 106.

[109] 惠春琳．文明交流互鉴的理论逻辑与实践启示 [J]．山东大学学报（哲学社会科学版），2022（02）：97 – 107.

[110] 曹顺庆，李甡．变异学：探究人类文明交流互鉴的规律 [J]．成都大学学报（社会科学版），2020（03）：1 – 10.

[111] 王连杰，丁晓强．理解中国共产党文化观的三重维度——基于对百年历程中三次文化论争的考察 [J]．青海民族大学学报（社会科学版），2021（02）：51 – 61.

[112] 粟锋．习近平新时代文明观的理论程式与实践指向——兼驳美国政客的"文明冲突论"[J]．湖南省社会主义学院学报，2020（02）：19 – 22.

[113] 何鹏璋．人类命运共同体理念的中华优秀传统文化意蕴论析 [J]．中共银川市委党校学报，2023（02）：26 – 32.

[114] 胡钰．全球文明观的基本理念与国际传播 [J]．对外传播，2023（08）：8 – 12.

[115] 孟美辰，张久安．全球文明倡议的时代意涵、舆论反应与传播思考 [J]．对外传播，2023（07）：60 – 62.

[116] 张立波．元叙事、历史叙事与行动叙事：新文明观的三重叙事 [N]．学习时报，2023 – 09 – 04.

后　记

　　文明交流互鉴是人类文明发展进步的本质要求。全球文明倡议以"四个共同倡导"为新时代的世界不同文明进行交流互鉴提供了范式借鉴和实践思考。基于文明交流互鉴的视域探讨全球文明倡议的基本内涵、理论支撑、价值意义和实践路径等问题，在百年未有之大变局加速演进的时代背景下推动构建人类命运共同体具有重要意义，对于建设中华民族现代文明具有重要意义。

　　本书历经题目选取、资料搜集以及框架敲定等过程，在历经数次修改完善后最终定稿。本书的顺利出版，首先要特别感谢临沂大学马克思主义学院孙海英教授的支持。本书在写作过程中还吸收借鉴了国内学界的已有研究成果。在运用文献资料时，本书严格遵循基本的学术规范，属于直接引用的，均在文中以脚注标识；凡属综合借鉴的，有的在文中做出脚注，有的在文后以参考文献的形式列出。

　　由于作者水平和经验有限，书中定会存在瑕疵，不当之处敬请读者批评指正。

李明磊

2024 年 2 月于湖南大学

［117］彭钊．运用红色资源培育青年奋斗精神的价值与方略［J］．青年学报，2023（06）：49-54.

［118］贾耀，黄梓根．中国共产党"赶考"精神的科学内涵、时代价值和实践要求［J］．文化软实力，2023（02）：57-65.

［119］吴博，陈晓红．习近平总书记关于应对外部环境风险重要论述的深刻意蕴［J］．湖湘论坛，2022（05）：5-12.

［120］石仲泉．毛泽东的科学文化现代化观雏论［J］．马克思主义与现实，2024（02）：14-24.